기독교문서선교회 (Christian Literature Center: 약칭 CLC)는 1941년 영국 콜체스터에서 켄 아담스에 의해 시작되었으며 국제 본부는 미국 필라델피아에 있습니다.
국제 CLC는 59개 나라에서 180개의 본부를 두고, 약 650여 명의 선교사들이 이동 도서차량 40대를 이용하여 문서 보급에 힘쓰고 있으며 이메일 주문을 통해 130여 국으로 책을 공급하고 있습니다. 한국 CLC는 청교도적 복음주의 신학과 신앙 서적을 출판하는 문서선교기관으로서, 한 영혼이라도 구원되길 소망하면서 주님이 오시는 그날까지 최선을 다할 것입니다.

추천사

다니엘 아킨 박사
사우스이스턴침례신학대학원 총장

나는 이 책이 집필되기를 간절히 바랐다. 당신은 이 책의 모든 내용에 동의하지 않을지 모른다. 나도 그랬다. 그러나 데이비드 실즈(David Sills)는 선교에 대한 총체적이고 성경적인 방법론이 찾음과 추수의 전략 모두 포함해야 한다고 주장한다. 그것은 복음 전도와 제자도, 교회 개척과 신학적 훈련을 포함하는 것이다. 이들은 각각 왕이신 예수 그리스도를 모든 종족 가운데 전하는 데 있어 필수적인 요소다. 단 하나라도 소홀히 하는 것은 세계 선교의 책무에 심각한 피해를 주는 것이다. 이 책은 한참 전에 집필됐어야 할 책이다. 지금이라도 이 책이 나온 것을 환영한다. 나는 이 책의 내용이 실행되기를 기도한다.

데이비드 J. 헤셀그레브 박사
트리니티복음주의신학대학원 선교학 명예교수

선교학자 루퍼스 앤더슨(Rufus Anderson, 1796-1880)이 선교현장을 방문하고 꼼꼼히 관찰했을 당시는 북미 선교부가 이제 막 본궤도에 진입한 때였다. 그는 선교사들이 갑자기 철수할지라도 학교, 진료소와 이와 유사한 기관들은 계속될 것으로 생각했으나, 가장 고통받을 곳은 교회일 것이라고 결론을 내렸다.

왜 그럴까?

적절한 리더십이 부족했기 때문이다. 그 후로 선교와 선교학 모두 큰 변화를 겪었다. 그러나 현재까지 지속하고 있는 것도 있는데 그것은 바로 불균형이다. 어떤 선교사는 '치고 빠지기' 복음 전도에 열을 올리기도 하고 또 다른 곳에서는 빈곤을 없애고 사회를 변화시키는 것에 모든 것을 거는 선교사도 있다. 이런 것들 모두 온전한 교회 세우기를 망각한 처사가 아닐 수 없다. 그러나 다행히도 교회의 주인이신 주님은 선교학자들이 선교사들의 불균형을 채우기 위해 연구하고 글을 쓰도록 촉구하셨다. 실즈 박사의 이 책은 그러한 노력 중 하나며 매우 가치 있는 책이라 생각한다. 선교에 소명이 있는 신자들, 선교사, 교사들에게 추천한다. 이 책은 전 세계 교회의 섬김과 성숙에 관한 것이다.

데이비드 하워드
라틴아메리카선교회 증경 회장

선교사는 미전도 종족의 사람들에게 전도하고 나서 또 다른 미전도 종족에게 나가야 할 것인가?

아니면 선교사가 그곳의 사람들에게 가르치고 제자로 삼아야 하는가?

데이비드 실즈 박사는 이 매력적인 주제를 둘러싸고 소용돌이치는 모든 문제를 다루고 있다. 숙련된 선교사로서 탁월한 실력을 갖춘 학자로서 그의 자격은 이 중요한 문제를 고심할 수 있는 진정성을 제공한다. 나는 이 책이 성경적, 신학적, 실천적 통찰력의 넓이와 깊이가 있으며 읽기 쉽게 쓰여서 더 강력히 추천하는 바다.

알버트 몰러 2세 박사
서던침례신학대학원 총장

데이비드 실즈는 뛰어난 선교학자이며, 신실한 교사이고, 오랜 경험을 지닌 선교사다. 이 책에서 그는 오늘날 지상 대 명령에서 가장 시급한 문제 일부를 명확히 하기 위해 위기에 처한 모든 것을 다룬다. 이 책은 지상 대 명령에 헌신한 모든 사람이 반드시 읽어야 할 책이다.

러셀 무어
서던침례교단 윤리와 종교의 자유 위원회 회장

데이비드 실즈는 우리의 왕 되신 예수님의 변화시키는 메시지를 들어본 적이 없는 사람들에게 복음을 전하면서 선교사가 되는 것이 무엇을 의미하는지 알고 있다. 그는 또한 다음 세대의 교회를 세우게 될 목회자들을 훈련하면서 신학 교수가 된다는 것이 무엇을 의미하는지 알고 있다. 이 도발적인 책에서 실즈는 지상 대 명령을 받은 신자들이 복음의 세계적인 선포와 함께 목회자들의 훈련에 다시 참여할 것을 촉구한다. 실즈의 모든 권고에 동의하지 않는 사람들조차도 그가 제기하는 질문에 참여함으로써 유익을 얻을 것이다. 이 책은 복음주의적이고, 공감적이며, 선교 실천적으로 최고의 의미에서 도발적이라고 표현할 수 있겠다.

데이비드 싯톤
모든 부족에게 선교회 회장

이 책의 주제(Reaching and Teaching)는 선교 기관들과 신학교들을 포함해 21세기 서구의 교회들이 가지고 있는 선교에서 매우 부족한 면에 대한 환영할만한 폭로라고 할 수 있다. 문화 간 사역에서 상당 기간을 사역했던 열심 있는 선교사라면 첫 40여 페이지를 읽을 때 선교 초기에 선교사들이 종종 저지르는 때로는 파괴적인 실수들을 볼 수 있을 것이다. 그 점잖은 책망을 달게 받으라. 그러면 남은 페이지를 통해서 지혜와 통찰력을 얻을 수 있을 것이다. 실즈 박사는 귀 기울일 만한 사람이다. 나는 선교사와 현지인들을 훈련해 잘 듣고 배우도록 할 피 선교지의 교사들도 격려한다.

에드워즈 스테처
라이프웨이 리서치 회장

복음으로 모든 종족에게 다가가는 것은 교회의 책무다. 실즈는 이 책의 주제로 현지교회 지도자들의 제자도와 훈련 과정의 속도에 대한 유용한 지침을 제공한다. 실즈는 열정을 가지고 그리스도를 위해 선교사와 선교 단체, 그리스도를 위한 종족에 전달하는 일에 신학적인 훈련을 주춧돌로 삼을 것을 요구한다.

Reaching and Teaching
A Call to Great Commission Obedience

선교 사역을 위한
가르침의 기술

Reaching and Teaching
A Call to Great Commission Obedience

Reaching and Teaching - A Call to Great Commission Obedience
Written by David Sills
Translated by Jihoon Shin

This book was first Published in the United States by Moody Publishers, 820 N. LaSalle Blvd., Chicago, IL 60610 with the title *Reaching and Teaching*, Copyright ⓒ 2010 by M. David Sills. Translated by permission. All rights reserved.

Korean Edition Copyright ⓒ 2020 by Christian Literature Center, Seoul, Korea.

선교 사역을 위한 가르침의 기술

2020년 7월 20일 초판 발행

지 은 이 | 데이비드 실즈
옮 긴 이 | 신지훈

편　　집 | 김현준
디 자 인 | 김현진
펴 낸 곳 | (사)기독교문서선교회
등　　록 | 제16-25호(1980.1.18.)
주　　소 | 서울특별시 서초구 방배로 68
전　　화 | 02-586-8761~3(본사) 031-942-8761(영업부)
팩　　스 | 02-523-0131(본사) 031-942-8763(영업부)
이 메 일 | clckor@gmail.com
홈페이지 | www.clcbook.com
송금계좌 | 기업은행 073-000308-04-020 (사)기독교문서선교회

ISBN 978-89-341-2154-1(93230)

이 도서의 국립중앙도서관 출판예정도서목록(CIP)은 서지정보유통지원시스템 홈페이지 (http://seoji.nl.go.kr)와 국가자료공동목록시스템(http://www.nl.go.kr/kolisnet)에서 이용하실 수 있습니다. (CIP제어번호: CIP2020021797)

이 한국어판 저작권은 Moody Publishers와(과) 독점 계약한 (사)기독교문서선교회가 소유합니다. 신저작권법에 의하여 한국 내에서 보호를 받는 저작물이므로 무단 전재와 무단 복제를 금합니다.

선교 사역을 위한

가르침의 기술

Reaching and Teaching
A Call to Great Commission Obedience

데이비드 실즈 지음
신지훈 옮김

CLC

목차

추천사   1
    다니엘 아킨 박사 | 사우스이스턴침례신학대학원 총장
    데이비드 J. 헤셀그레브 박사 | 트리니티복음주의신학대학원 선교학 명예교수
    데이비드 하워드 | 라틴아메리카선교회 증경 회장
    알버트 몰러 2세 박사 | 서던침례신학대학원 총장
    러셀 무어 | 서던침례교단 윤리와 종교의 자유 위원회 회장
    데이비드 싯톤 | 모든 부족에게 선교회 회장
    에드워즈 스테처 | 라이프웨이 리서치 회장

저자 서문   13

역자 서문   15

제1부 서론   17

제2부 본론   20

제1장 가르침의 사명 : 지상 대 명령에서 빠뜨린 것   23
    1. 범위   25
    2. 필요   26
    3. 예화로 보여주는 필요   29
    4. 세계적 필요들   38
    5. 결론   41

제2장 현지인 훈련하기: 얼마나 해야 충분할까?   43
   1. 선교사의 책무를 고려하기   45
   2. 그들을 가르치기   47
   3. 논리적인 관점   48
   4. 순종을 정의하기   49
   5. 선교 전략   52
   6. 얼마나 오래 있어야 할까?   55
   7. 권위와 영향력   56
   8. 선교사의 역할   58
   9. 결론   61

제3장 최소한의 의무: 우리는 무엇을 가르쳐야 할까?   64
   1. 문제를 식별하기   66
   2. 전인적인 접근   70
   3. 실행   83
   4. 결론   83

제4장 선교사들과 현지인들: 누가 가르쳐야 하는가?   87
   1. 교사로서의 현지인들   90
   2. 교사로서의 서양 선교사들   94
   3. 성경으로 검토하기   96
   4. 언어 및 문화적 고려사항   100
   5. 가르치는 방식들   102
   6. 결론   105

제5장 바울로부터 배우기:
　　　이방인에게 향하는 사도 바울의 선교학적 방법들　107
　　1. 선교사 소명　107
　　2. 바울은 어땠을까?　109
　　3. 바울의 선교사 사역　111
　　4. 바울의 서신 사역　113
　　5. 바울은 선교사였는가?　115
　　6. 선교사 정의　116
　　7. 바울은 이중문화 간(間) 선교사였는가?　117
　　8. 바울의 선교 방법론 개요　122
　　9. 바울의 '성취된' 선교 사역　124
　　10. 바울의 선교사 전략과 사역　126
　　11. 결론　129

제6장 찾음의 신학 대 추수의 신학: 전할 것인가 가르칠 것인가?　132
　　1. 정의의 발전　134
　　2. 복음 전파 여부　139
　　3. 찾음과 추수의 신학　145
　　4. 추수의 신학에 대한 논의들　146
　　5. 찾음의 신학에 대한 논의들　147
　　6. 추수의 신학과 찾음의 신학은 어떻게 같이 작용할 수 있을까?　148
　　7. 성경과 균형　150
　　8. 결론　160

제7장 선교의 기술과 도구들:
　　　더 큰 대의, 교회 개척 운동, 하나님만 하실 수 있는 것　163
　1. 더 큰 대의를 위해서라는 마음　164
　2. 창의적인 입국 방식들　165
　3. 선교 기관의 교리나 운영 방침의 변화　168
　4. 선교학적 방법들　169
　5. 교회론　174
　6. 교회 개척 운동　176
　7. 오직 하나님만 하실 수 있는 것　180
　8. 결론　187

제8장 제자 삼기: 신학 교육과 선교사 책무　191
　1. 미국의 신학 교육　192
　2. 신학 교육의 역할　193
　3. 역사적으로 위험을 피한 사례　195
　4. 역사적으로 위험에서 빠져나온 사례　200
　5. 역사적 위험 요소들　203
　6. 전 세계의 신학 교육　205
　7. 신학 교육으로 돌아가야 할 필요성　210
　8. 신학 교육의 기회들　211
　9. 해결책: 앞으로 나아갈 길　212
　10. 결론　215

제9장 수많은 구전 문화의 영혼들: 어떻게 복음을 전할 것인가?　218
　1. 역사적 고려사항　219
　2. 세계관과 문화　221
　3. 다리와 장벽　225

    4. 문해력과 하나님의 말씀 227
    5. 구전학, 복음 전도, 제자도 230
    6. 도전과 해결 236
    7. 결론 239

제10장 비판적 상황화: 적당한 균형 242
    1. 조정해야 할 상황화 243
    2. 상황화는 복음을 변질시키는가? 244
    3. 상황화에 한계가 있는가? 247
    4. C1-C6 상황화 251
    5. 비판적 상황화 254
    6. 사중적 모델 256
    7. 죄를 언급하기와 기능적 대용물 259
    8. 조화와 상황화 260
    9. 결론 263

제3부 결론 265
    감사 271

부록 서던침례교단 국제선교부 교회론 성명서 273

저자 서문

데이비드 실즈
서던침례신학대학원 선교학 교수

선교사들은 나에게 영웅들이며 가정에서는 누구 못지않게 열심히 살아가는 경건한 남성들과 여성들이다. 그러나 그들은 그리스도의 사랑과 선교사의 소명에 강하게 이끌려 다른 나라의 언어를 사용하면서 향수병과 문화 충격 불안정한 정부의 상황에 살고 있다. 또한, 고향의 안락함을 떠나 박해와 열대지방의 질병, 폭력 가운데 살고 있다. 선교사들은 하나님이 섬기도록 부르신 장소에서 그들의 은사를 충성 되게 사용하며 삶에서 하나님의 부르심에 따라간다.

선교사들은 매년 그들에게 문을 닫는 나라들에 대한 창의적 접근을 고안해야 하며 윤리적 관심을 복음의 필요와 조화시켜야 한다. 나는 세계에서 가장 복음에 적대적인 지역의 미전도 종족들에게 적극적으로 다가가고 있는 선교 기관들과 선교사들에게 감사함을 느낀다. 그뿐만 아니라 여러 선교지에서 계속 제자훈련을 하고, 가르치고, 또 사역하고 있는 선교 단체와 선교사들에게도 동일한 감사를 표한다.

누구나 대부분 동의하듯이 가서 가르치는 것은 모두 성경적이고 기독교 선교의 필수적인 영역이다. 이러한 전도와 가르침은 어느 정도 다수의 다양한 사역 안에서 전 세계적으로 진행 중이다. 그러나 이러한 사역들이 잘되고 있지 않은 곳도 상당히 많이 있으며 그 결과는 처참하기까지 하다.

나는 그 필수적인 사역을 계속하기 위해 미전도 종족들에게 접근하는 선교사들을 격려하기 원하지만, 또한 우리 모두에게 미전도 종족에 대한 단순 접촉 그 이상의 일을 하기를 권하고 싶다. 예수님이 그가 명령하셨던 모든 것을 가르치시기 위해 우리를 위임하셨다. 성경적으로 균형 잡힌 선교학은 연구하는 것, 전도하는 것, 열매를 거두는 것, 교회를 개척하는 것, 제자 삼는 것, 가르치는 것을 모두 포함한다.

우리 주 예수 그리스도, 선교사 바울, 성경적 명령들은 우리가 잃어버린 자들을 전도해 얻고 그들을 제자로 삼고 그들 가운데 있는 교사들을 가르치기를 권고한다.

무엇이 성경적으로 균형 잡힌 선교의 책무일까?

이제 페이지를 넘기고 시작해 보자.

역자 서문

신 지 훈 박사

　이 책의 저자인 데이비드 실즈(David Sills) 박사는 서던침례신학대학원 (The Southern Baptist Theological Seminary) 선교학 교수였고 그는 『선교사 소명』 (The Missionary Call, 2010[생명의 말씀사 刊])이라는 책으로 국내에도 알려져 있다. 이 책은 저자의 학문적 연구와 함께 전 세계에서 가장 많은 선교사를 파송하고 있는 남침례교단 국제선교회(International Mission Board, IMB) 선교사로서 오랜 사역적 경험을 바탕으로 쓰여진 진지하고 흥미로운 책이다.

　역자는 2012-13년 서던침례신학대학원에서 수학하는 동안 저자의 선교학 과목을 수강했고 이 책은 당시 교과서였다. 비록 지금은 이 책이 쓰인 지 십년이라는 세월이 흘렀지만, 지금이라도 본서를 번역, 출판하게 되어 기쁘게 생각한다. 현대 선교의 환경은 빠르게 변화하고 있다. 그러나 이 책은 급변하는 선교적 추세에 따른 유행과 상관없이 성경적이고 신학적인 이론을 바탕으로 선교 현장에서 누구나 고민하고 질문할 수 있는 중요한 담론들을 담고 있다.

　이 책은 마태복음 28:19-20의 지상 대 명령이 말하는 선교에 대한 순종의 부르심이 구체적으로 무엇인지 밝히고 있다. 저자는 그동안 많은 교회와 선교 단체들이 가는(go) 선교에만 집중해 왔다고 지적하며 거기에 따른 부작용과 위험성에 대해 신랄한 진단을 한다. 선교사들이 선교지 현장에서 고민할 수 있는 실제적인 질문에 대해 저자는 성경이라는 우리 모두가 따라야 하는 공통의 진리를 통해 다양한 선교적 질문에 대한 대답을 해주고 있다. 본서의 내용은 저자가 직접 선교지에서 경험과 학문적 연구를 바탕으로 이론과 실제가 균형잡힌 선교적 시각을 제시한다. 특히 저자가 사역했던 선교지(에콰도르)처럼 전세계의 수많은 문맹인에 관한 선교는 그동안 미처 생각하지 못했던 선교 현장에 대한 새로운 관심을 불러 일으킨다.

이상과 같이 이 책은 성경적이고 신학적인 바탕 아래 선교 현장에서 부딪힐 수 있는 여러가지 이슈를 잘 다루고 있으며 현장에서 경험한 선교사의 흥미로운 에피소드와 함께 영혼에 대한 뜨거운 열정도 느껴지는 책이다. 이 책은 전세계 선교지에 가서 지금도 열심히 영혼들을 가르치고 있는 선교사들에게 꼭 필요한 책이라고 믿는다. 그리고 보내는 선교사로서 각 교회의 목회자들과 선교에 관심이 있는 신학생들과 평신도들에게도 선교와 선교 현장을 이해하기 위한 좋은 지침서가 되리라 믿어 의심치 않는다. 끝으로 본서의 번역을 위해 감수해 주신 이정아님과 내조해 준 사랑하는 아내 그리고 이 책의 번역 출간을 허락해 주신 기독교문서선교회 (CLC) 출판사에도 감사의 인사를 드린다.

미국 커네티컷에서

제1부

서론

크리스토퍼 J. H. 라이트
랭험 파트너십 국제총무
『하나님의 선교』저자

선교는 복음 전도 이상의 일일까?

예수님은 그렇다고 확실히 말씀하셨다. 지상 대 명령 중에서 "내가 너희에게 분부한 모든 것을 가르쳐 지키게 하라." 이것은 제자들이 어떻게 형성됐는지 말해준다. 예수님은 회심자가 아니라 제자 삼으라고 우리에게 말씀하셨다. 사도 바울도 그렇게 확신했다. 그의 첫 번째 우선순위는 복음을 전하는 것이었고 교회를 세우는 일이었다.

그러나 바울은 제자들이 신앙적 깊이와 성숙 가운데 성장하는지 끊임없이 확인했다. 바울은 제자들을 재방문하였고 그들에게 편지를 보냈다. 바울은 그들의 질문에 대답했고 그들이 저지른 실수에 도전을 줬다. 바울은 제자들을 위해 고군분투하며 기도했다. 사실 바울은 복음 전도 자체보다 복음 전도를 넘어선 선교를 하면서 더 많은 시간을 보냈을 것이다. 바울은 거의 3년 동안 에베소 지역에서 성경에 있는 하나님의 모든 권고의 말씀을 가르쳤고 결과적으로 그것은 소아시아 전체 지역의 복음 확장에서 하나의 원천이 됐다(행 19-20장).

복음 전도를 넘어서는 선교 안에서 바울과 함께 주요한 선교적 소명을 가진 여러 교회의 지도자들은 전체적인 네트워크를 이루었다. 다음의 예들을 생각해 보자.

· 아볼로(행 18:24-28)

아볼로의 사역은 교회를 가르치는 일이었다. 아볼로는 회심했고 아프리카에서 제대로 교육을 받았다. 그러나 그는 아시아에서 브리스길라와 아굴라에게 더 나은 성경적 가르침을 받았다. 아볼로는 그리스도 중심의 성경적 가르침을 통해 교회를 견고하게 세우기 위해 유럽에 가서 그의 은사를 사용했다(이것이 선교사 경력으로 어떠한가?).

· 디모데(딤전 2:2)

디모데의 사역은 그가 바울에게 배워왔던 것처럼 말씀의 진리를 전할 수 있고 다른 이들을 훈련하는 일을 포함한다. 멘토링과 훈련은 성경을 잘 이해하며 그것을 다른 이들에게 가르칠 수 있는 사람들이 늘어나게 했다.

· 더디오

그는 누구인가?
더디오는 로마인들에게 보내는 바울의 위대한 편지를 대필했던 사람이다(롬 16:22). 그 당시 글쓰기는 특별한 기술이었고, 무엇가를 말하고자 하는 사람들은 좋은 대필자의 도움이 필요했다. 베드로도 그 일을 위해 실라를 필요로 했고, 베드로의 글쓰기를 돕는 신실한 형제로 실라를 인정했다(벧전 5:12).

· **가르침, 훈련, 글쓰기**

가르침과 훈련, 글쓰기는 신약교회 안에서 일어난 사역이다. 이 세 가지는 동일하게 교회의 성장과 건강을 위해 필수적이었다. 교회의 선교에 있어 핵심적인 부분이었다. 바울은 바울과 아볼로 둘 중에 누가 더 중요하냐는 논쟁을 참을 수 없었다.

> 그런즉 아볼로는 무엇이며? 바울은 무엇이냐? 그들은 오직 종들이었다…. 나는 심었고 아볼로는 물을 주었으되 오직 하나님이 자라나게 하셨나니 (고전 3:5-6).

기독교 선교 안에서 이러한 '아볼로 역할'의 중요성은 존 스토트(John Stott, 1921-2011)가 세운 사역에서 그를 통해 인식됐다. 나는 미국에서 존 스토트 사역으로 알려진 랭험국제파트너쉽(Langham Partnership International)에서 섬길 수 있는 특권을 누렸다. 이 사역은 성경적으로 설교하는 것을 목회자들에게 훈련하고, 지역 상황에 맞게 복음주의적으로 글을 쓰는 작가들을 격려하며, 세계 대부분의 나라에 신학 교육을 지원하고 있다. 이것은 단순히 수적인 성장만이 아닌 질적 성장을 추구하는 진정한 '교회 성장' 선교다.

이 책에서 데이비드 실즈의 열정적인 호소는 미국의 선교 기관들을 대상으로 주로 다뤄졌지만, 그것은 이미 오래전부터 됐고, 미국 자체를 성경적 선교가 필요한 세계의 선교지 중 하나로 보는 사람들을 포함해 전 세계 선교사들이 들을 필요가 있다.

제2부

본론

최근에 선교 기관들과 선교사들은 일부 다른 활동을 제외하곤 가르침과 제자훈련보다 전도와 교회 개척을 강조하는 쪽으로 점차 바뀌고 있다. 전도와 교회 개척은 선교 프로그램의 필수 구성 요소이지만 깊이 있는 제자훈련, 목회준비, 지도력훈련이 우선순위가 돼야 한다. 예수님은 분명히 모든 민족을 제자 삼고 그들을 가르치고 예수님이 명하신 모든 것을 지키게 하려고 교회를 부르셨다(마 28:18-20).

그러나 오늘날 많은 선한 의도를 가진 선교사들도 그들의 사역이 그저 전도하는 것과 새로운 교회들을 개척하기 위해 자발적인 참여자들을 모으는 것으로 생각하고 있는 듯하다.

서기 이천 년이 다가옴에 따라 선교 기관 행정가들과 현장 선교사들은 가능한 한 빨리 모든 수단을 통해 전 세계에 복음을 전하고자 했다. 미전도 종족에 대한 인식이 이 시기에 생기게 돼 20세기 마지막 사분지 일의 기간에 선교활동을 좌우했다. 이러한 인식은 선교 기관들과 선교사들이 이들 미전도 종족을 찾고 다가가도록 자극제가 됐다.

선교에 대한 이런 긴박감은 선교적 공동체가 기독교의 급속한 성장을 추구하며 장기간 입증해온 전략에서 더욱 창조적인 방법으로의 변화를 꽤했다. 이러한 최신 유행과 창의적인 방법들은 교회 개척, 종말론적 선교학의 새로운 접근법, 많은 경우에 지상 대 명령에 대한 환원주의적 해석이 포함된다. 이러한 방법론이 적용된 결과, 일단 목표한 미전도 종족 집단이 복음을 듣게 되면 많은 선교사는 그들의 관심을 이제 다른 미전도 종족으로 돌리게 된다. 안타깝게도 미전도 종족에게 다가가려는 이러한 선의의 노력은 적절하지 않은 선교의 결과를 낳았다.

선교에서 가장 시급한 요구가 그저 미전도 종족에게 복음을 전하고 계속해서 다른 미전도 종족에게 가서 전해야 한다는 이러한 이해는 가능한 한 많은 사람에게 최대한 빨리 도달하고, 설교하고, 떠나버리는 전략을 초래했다. 불행하게도 제자훈련, 리더십 훈련, 목회적 준비들은 선교로도 여겨지지 않는 낮은 수준의 사역으로 격하됐다. 일부 선교사들은 제자훈련, 리더십 훈련, 목회준비에 들이는 노력을 '가장 중요한 사역'을 둔화시키는 장애물로 규정한다. 그러므로 본질이 사역에서 적이 돼 버리는 격이 된다.

많은 사람이 규범적이라고 생각하는 국제선교 사역에 대한 이러한 새로운 이해는 오늘날 꽤 보편적이다. 이 방법론의 보급이 십 년 넘게 증가해 오고 있으므로 우리는 이제 그 결과와 파급효과를 보고 있다. 가장 빈번하게 보이는 결과는 그러한 노력의 결과로 남겨진 교회들이 급속히 붕괴하고 사라지거나 비성경적 교리와 실천이 난무하는 역기능적 모임으로 전락하는 것이다. 결과적으로 새 신자들은 평생 비정상적인 교리, 사이비, 이단의 봉사활동 혹은 이름뿐인 기독교의 희생자들이 된다.

선교사들이 떠나고 남은 교회는 기껏해야 무기력하게 되고 최악의 경우에는 혼합주의적 탈선의 본거지가 된다. 불행한 결과의 두 번째는 전통적으로 입증된 선교학적 방법들, 전략들, 철학들은 이제 실정에 어두운 구식으로, 또한 빠르고 기하급수적인 성장을 방해하는 몹시도 복잡한 패러다임으로 치부됐다. 그러나 신학 교육, 목회적 준비, 리더십 훈련, 깊이 있는 제자훈련을 선교사 활동의 작은 부분으로 보지 않고 지상 대 명령을 이행하는 가장 필수적이고 주요한 방법들로써 이들을 포함하는 선교에 대한 성경에서 말하는 이해로 반드시 돌아가야 한다. 지상 대 명령을 위한 그리스도의 부르심에 신실하게 섬기기 위한 필자의 연구로 탄생한 이 책은 국제선교의 책무를 분명히 해줄 것이다. 물론, 다음 장들에서 다뤄지는 각 주제를 이 한 권의 책으로 모두 담아내기에는 역부족이었다. 필자는 이 중대한 문제들 각각에 대해 빈틈없고 철저한 선교학적인 처리를 시도하려는 것이 아니다.

오히려 나의 목표는 최근 수십 년 동안 발생해온 현대적 경향들을 재조명하고 다른 곳에서 제공된 그러한 논의에 근거한 수정안을 제공하는 것이다. 성경과 선교학적 연구, 사례연구의 통합을 통해 이 책은 성경적 기초와 총체적인 선교의 책무와 씨름하고 있는 선교사들과 목회자들, 학생들에게 도움을 줄 것이다. 지상 대 명령은 단순히 전도나 교회 개척에 관한 것이 아니다. 예수님은 전 세계의 모든 민족을 제자로 삼고 그분이 우리에게 명령하신 모든 것을 가르쳐 지키게 하라고 말씀하셨다 (마 28:19-20).

제1장

가르침의 사명:
지상 대 명령에서 빠뜨린 것

　복음주의 선교사들과 선교 기관들은 세계 선교의 임무를 완성하기 위해 최선을 다한다. 세계 모든 민족에게 복음을 전해야 할 필요를 인식한 후 최근 수십 년간 선교활동은 가능한 한 빨리 이 사명을 완수하고자 하는 목표에 점점 더 초점을 맞추고 있었다. 그러나 선교사들의 집중적이고 열정적인 노력 가운데, 많은 사람은 국제선교의 책무를 정의하거나 종합적인 임무를 재고할 필요를 이제 깨닫고 있다. '이 세대의 세계'와 같은 구호는 신실한 사람들을 불러모으고 소명 받은 자들을 소집하지만 무엇을 해야 하는지와 같은 구체적인 책무의 정의에 대한 필요성은 계속해서 다뤄져야만 한다.

　선교사들이 전 세계의 미전도 종족에 가능한 한 빨리 도달하기 위한 경쟁에 합류함에 따라 선교사들은 속도를 높이기 위한 전략을 세웠다. 속도에 대한 필요성은 선교활동에 너무 많은 영향을 주어서 그것을 가능하기 위해 많은 전통적인 선교의 책무들이 쓸모없게 됐다. 실제로 최근 몇 년 동안 선교에 있어 속도를 높이는 것 자체가 과제가 된 것 같다. 복음주의 선교 단체들은 전 세계에서 전통적이고 창의적인 사역으로 바쁘게 움직이고 있다. 그러나 몇몇 선교사들이 자기 노력의 결과를 뒤돌아봤을 때 안타깝게도 그들이 거의 생각지 못한 교회가 있는 것을 알게 된다.

우리는 이천 년 전에 예수님으로부터 지상 대 명령을 받았다.

우리는 이 명령에 잘 따르고 있는가?

전 세계의 삼 분의 일 이상 20억 명이 넘는 사람들이 아직 복음을 들어본 적이 없다. 대략 전 세계의 민족 중 절반은 미전도된 상태다. 지난 수십 년 동안 우리가 전도한 사람 중 신세대들은 그들의 부모가 믿고 있는 피상적이고 혼합주의적인 형태의 기독교에 대해 의문을 제기하고 있다. 그래도 어떤 이들은 선교지에 교회가 세워졌기 때문에 우리의 할 일이 끝났다고 말할지 모른다. 반면 다른 이들은 그곳에 많은 사역이 남아있음을 알게 될 것이다.

교사들이 무엇을 가르치고 신자들이 무엇을 믿는지는 중요하다. 미디어와 영화가 다원주의를 장려하고 많은 교회가 모든 신앙을 받아들이는 포용주의를 수용하는 시대에도 대부분 복음주의자는 여전히 복음의 배타성을 믿고 있다. 반면, 다원주의를 따르는 자들은 모든 종교는 그 자체로 가치가 있다고 가르친다. 그들은 다른 종교를 믿는 사람들도 그들의 종교를 통해 구원받을 것이라고 말한다. 이런 관점을 가진 선교사들은 선교 사역의 본질적인 목표가 그들을 따르는 사람들을 위한 해방, 자유, 기본적인 도덕이라고 믿는다.

포용주의를 따르는 자들은 모든 사람이 복음을 접할 기회가 없다는 것을 예수님도 아셨기 때문에, 예수님은 그의 사역 안에 모든 종교를 포함하셨다고 가르친다. 이러한 관점을 지닌 선교사들은 사람들이 단순히 자신들의 종교 체계 안에서 예수님을 찾도록 도울 것이다. 그러나 만일 우리가 다원주의와 포용주의를 받아들인다면, 우리는 선교의 뿌리와 줄기를 잘라버리는 것이다.

복음의 유일성을 강조하는 배타주의는 예수 그리스도 외에는 다른 구원자가 없으며 반드시 거듭나야 한다고 가르친다. 또한, 그리스도를 믿음으로 말미암아 은혜로 다시 태어나지 않고선 사람들은 하나님과 분리되고 지옥에서 영벌(永罰)을 받게 된다고 우리는 믿는다. 이러한 관점을 가진 선교사들은 복음의 메시지를 선포하고 그리스도께 순종함으로 지상 대 명령을 수행하기 위해 애쓴다. 또한, 멸망해 가는 사람들을 구하고 무엇보다도 하나님께 영광을 돌리기 위해 힘쓴다. 안타깝게도 세상의 모든 그리스도인이 이러한 진리를 확신하는 것은 아니다.

1. 범위

 의과 대학에서, 가령 암 치료법을 발견하기 위해 연구자가 되려고 하는 학생들과 주치의가 될 준비를 하는 학생들이 있다. 우리가 선교 사역을 의학 분야에 비교한다면, 선교사의 역할은 연구자보다는 주치의가 하는 일에 더 가깝다고 할 수 있다. 연구자는 그가 찾는 치료법을 발견하고 자신의 연구를 완성했다고 말할 수 있다.
 그러나 주치의는 독감 계절에 환자를 돌보고, 부러진 팔을 고치고, 아기 분만의 기쁨을 경험하는 등 다양한 직무를 수행하게 될 것이다. 주치의의 일은 그의 모든 생의 긴급한 필요를 만나면서 계속 바뀌게 될 것이다. 선교 사역 또한 주치의의 일처럼 항상 진행되고, 변화하며, 발전하고 있다.
 1960년대, 몇몇 사람들은 지상 대 명령의 임무가 완성될 것으로 생각하기 시작했다. 전 세계의 선교지도에 관한 어떤 연구에서 나라와 국가라고 하는 모든 지정학적 실체 안에 교회가 다 있음을 보여줬다. 예수님이 모든 민족을 제자 삼을 것을 교회에 위임하셨기 때문에 이 일은 분명히 완성돼야만 한다. 하지만 마태복음 28:19에서 예수님은 모든 지정학적 나라가 아니라 "그러므로 가서 모든 민족으로 제자를 삼으라"고 말씀하셨다.
 민족(ethne)은 인종 집단 혹은 문화나 언어가 동일한 집단 안에 있는 사람들을 의미한다. 이러한 정의에 근거해서, 랄프 윈터(Ralph Winter, 1925-2009)는 1974년 전 세계 전도 위원회 로잔회의에서 지상 대 명령이 도달해야 할 과제는 전 세계의 나라들뿐만 아니라 그 국가 안에 사는 민족과 언어 집단이라고 강조했다.

비록 세계의 모든 민족에게 복음을 전해야 하는 과제는 아직 완성되지 않았지만, 한 가지 새로운 도전 거리가 생기게 됐다. 오늘날의 과제는 단순히 민족 집단의 정당성을 인식하는 것을 넘어서서 그 집단들 가운데 우리가 어떤 사역을 해야 하는지를 이해하는 것이다.

랄프 박사는 우리가 지정학적 국가의 측면에서 선교를 생각하지 않게 하려고 지상 대 명령의 한 부분을 명확히 했기 때문에 우리는 예수님이 우리를 민족과 언어 집단에 선교하도록 보낸 것을 기억하는 것이 온당할 것이다. 비록 이 두 단계가 필수적이기는 하나, 예수님이 "그러므로 가서 민족들을 회심시키고 그들을 교회라고 불리는 그룹으로 모아라"라고 말씀하지 않으셨다. 사실 예수님은 이렇게 말씀하셨다.

> 그러므로 너희는 가서 모든 민족을 제자로 삼아 아버지와 아들과 성령의 이름으로 세례를 베풀고 내가 너희에게 분부한 모든 것을 가르쳐 지키게 하라 (마 28:19-20).

우리가 국제선교의 책무를 이해하기 시작함으로써 심사숙고하기를 원하는 것은 바로 가르치라는 명령이다.

2. 필요

하나님은 내게 세계를 여행하면서 설교하고, 가르치고, 선교팀을 이끌도록 하셨지만, 그 안에서 발견한 하나의 공통된 안타까움이 있었다. 그 안타까움은 많은 나라의 형제들이 성경적으로 문맹인들이며 신학 교육을 경시하는 것과 선교 단체들이 사역함에서 철저한 훈련에 중점을 두지 않는다는 것이다. 이러한 위기는 세계 기독교의 걱정스러운 새로운 현실과 일치하기 때문에 더욱 복잡해진다. 새롭게 강조되거나 탈 강조되는 상황

속에서, 일부 주요 선교 단체들은 신학 교육과 목회적 훈련, 리더십 개발의 필요성은 무시한 채 교회 개척과 전도에만 열을 올리고 있다.

어떤 이들은 지상 대 명령을 이행하기 위해서 반드시 전도와 교회 개척에만 우리의 노력과 자원을 쏟아부어야 한다고 생각한다. 심지어 어떤 사람들은 우리가 모든 민족에게 복음을 전하지 않으면 예수님이 다시 오실 수 없으며, 우리가 모든 민족에게 복음 전하는 것을 마친 후에야 예수님이 즉시 재림하실 것이라고 믿는다.

랄프 윈터가 오랫동안 민족 그룹의 선교적 방향에 대한 필요성을 지적하기 시작했을 때, 그가 속한 선교 단체는 세계의 민족 그룹을 총 24,000개의 집단으로 추정했다. 미전도 종족의 일부는 더 많은 연구가 행해졌고 지금은 두 개나 더 여러 개의 구별된 종족들로 고려됨으로써 미전도 종족은 27,000개의 집단으로 수정됐다.

또 다른 선교학자들은 전 세계의 민족 집단을 약 11,000개라고 생각한다. 사실상 각 사람과 선교 단체마다 세계의 민족 그룹의 수를 모두 다르게 계산하고 있다.[1]

또 고려해야 할 점은 예수님이 복음을 모든 사람에게 증거하는 것에 대해 마태복음 24:14에서 의도하신 내용이다.

> 이 천국 복음이 모든 민족에게 증언되기 위해 온 세상에 전파되리니 그제야 끝이 오리라.

많은 선교사는 그저 통역을 통해 복음을 전하거나 복음을 명확히 전하는 데 필요한 문화적 적응에 대한 이해가 없이 복음을 전해왔다. 현지의 어떤 사람들은 진실로 복음을 듣기 전 수년간 그런 복음만을 들어왔다.

---

[1] 그래서 여기서 질문이 생긴다. "종족에 대한 우리의 이해는 정확한 것인가? 하나님은 종족에 대한 어떤 이해를 갖고 계실까?"

하나의 증언으로서 한 민족에게 복음을 전하는 것은 무엇을 의미하는가?

단지 마을에 들어와서 통역을 통해 요한복음 3:16을 전하고, 차를 몰고 바로 떠나는 것일까?

만약 우리가 미전도 종족으로 간주하는 모든 민족 가운데 전도했지만, 예수님이 그의 재림을 오십 년, 오백 년 혹은 오천 년 동안 지연시키신다면 과연 어떨지 가정해보자.

이제 복음을 듣고 신앙을 고백한 사람들은 선교사들이 다른 민족을 전도하기 위해 차량의 먼지를 흩날리며 빠르게 떠나는 것을 보게 될 텐데 과연 이 사람들에게는 무슨 일이 벌어지게 될까?

누가 새 신자들을 가르칠 수 있을까?

혼합주의, 몰몬교, 여호와의 증인 또 무슬림과 혼합된 교회들이 그들을 데리고 가서 가르치게 될 것인가?

국제적인 신학 교육의 사역에 소명을 느끼는 학생들은 선교지에서 목회자들을 가르치는 사역의 기회들이 점점 사라지고 있다는 것에 대해 우려를 표한다. 어떤 단체들은 미전도 종족의 복음 전도에 더 많은 인적, 물적 자원들을 투자하기 위해서 신학 교육에 사용할 기회를 크게 줄이고 있다.

이러한 선교 단체들은 분명히 훈련이 필요한 사람들을 돌보긴 하지만 그 부담은 미전도 종족과 함께 있는 선교사들에게 고스란히 맡겨진다. 그런 후, 복음의 진보를 지속하기 위한 성경적 훈련을 받았는지 아닌지와 상관없이 전통적인 선교지들은 그저 현지인들의 손에 떠맡겨지고 있다.

이러한 접근 방식의 한가지 문제는 예수님의 지상 대 명령인 "그들을 가르쳐 지키게 하는 것"을 성취하는 데 실패했다는 것이다. 어떤 이들은 예수님이 명령하신 모든 것을 순종하기 위해 새로운 신자들을 격려함으로써 이것을 성취할 수 있다고 말한다. 그러나 그들은 가르치기 위해 그 자리에만 머물러 있지 않을 것이다. 어떤 이들은 더 나아가 새 신자들이 이제 성경을 가졌고 우리가 가진 동일한 성령이 그들에게 내주하신다고 분명히 말한다.

성령께서는 결국 그들을 진리 가운데로 인도하실 것이다. 그러나 혼합주의, 잘못된 교리, 노골적인 이단들은 여전히 전 세계의 많은 교회에 남아있다.

3. 예화로 보여주는 필요

나는 최근에 현지 신학교에서 도움을 요청하는 나이지리아의 수많은 학생을 만났다. 그들 중의 대다수가 사역자로서의 준비를 마치기 위해 또 졸업하고 교회에서 섬기기 위해 배워야 할 신학 과목들이 필요하지만, 그곳에는 필수 과목들을 가르칠만한 사람이 없었다. 나이지리아의 교회들이 굉장한 혼란을 겪고 있으므로 이런 도움을 위한 호소는 모든 것이 더욱 걱정스럽다. 나이지리아 안에는 수천 개의 교회가 존재한다. 이들은 침례교, 감리교, 장로교, 오순절교, 하나님의 성회, 아프리카 독립교회들이다. 나이지리아의 많은 교회가 '이름을 부르며 간구하라,' '네 입술에 힘,' '건강과 부유,' '종잣돈의 기적' 등과 같은 복음의 메시지를 전하고 있다.

이러한 내용은 진리와 거리가 멀기 때문에 그들이 순수한 진리를 찾는 것은 매우 어렵다. 빈곤과 범죄로 어려움을 겪고 있는 나라에서 사람들은 교회를 기적이나 추구하는 이교 단체로 바꿔 버렸다. 서던침례교인인 필자의 관점에서, 나는 이러한 사역의 철학을 받아들인 수많은 나이지리아의 침례교회들을 아주 고통스럽게 목격했다.

서던침례교회는 1851년에 나이지리아에 들어갔다. 서던침례교회(Southern Baptists)는 1845년에 해외 선교본부(Foreign Mission Board)와 국내 선교본부(Domestic Mission Board)를 창립했다. 해외 선교본부는 그들의 가장 초기 선교 지역으로 중국과 나이지리아를 선정했고, 나이지리아는 서던침례교단에서 가장 오랫동안 선교해 온 지역이다. 그곳은 한때 '백인의 무덤'으로 일컬어졌지만, 침례교가 그곳에서 이룬 진보는 큰 대가를 통해 얻은 것이었다.

그렇게 오랫동안 사역을 해왔지만 왜 나이지리아의 교회들은 그런 이상한 신학과 사역을 하게 됐을까?

나는 무엇이 잘못됐는지 궁금해지기 시작했다.

나이지리아에 있는 서던침례교회 사역의 역사를 통해 배울 수 있는 교훈이 있을까?

현재 나이지리아에는 약 8,500개의 교회와 4,000명의 목회자가 있다.[2] 정령 신앙은 여전히 많은 신자의 마음을 지배하고 있다. 몇몇 교회들은 군중을 그들의 모임에 데려오기 위해 주술을 사용하기도 한다.

나이지리아침례신학교의 한 교수에게서 들은 이야기가 있는데, 어떤 큰 교회들은 예배에서 군중들을 매료시키고 그들의 마음을 흔드는 힘을 가져오기 위해 주술 의식으로 소를 희생제물로 삼고 매장했다고 한다. 심지어 대다수 신학생조차도 주술이 사탄적이라는 사실을 혼동하고 있다고 했다. 신학생들은 그러한 주술이 인도자에 의해 선과 악으로 조작될 수 있는 양면적인 힘이며 중립적일 수 있다고 믿었다. 이렇게 말하는 사람들은 1898년에 세워진 아프리카 대륙에서 가장 오래된 신학교에서 공부하는 신학생들이었다.

> 제가 계속해서 주목하고 있는 이슈는 아프리카인들이 스스로 주도해 다시 만드는 제자훈련 과정입니다. 그것은 성경 말씀을 읽고 하나님의 뜻을 아는 법을 알아가는 단순하지만 심오한 과정입니다.
>
> 사람들이 성경을 '잘 이해해서 가정으로 돌아갈 수' 있으려면 옳은 질문을 하고 그 과정을 잘 모델화해야 합니다. 아마도 가장 필요한 교육방식은 아프리카인들의 생활방식과 학습 스타일에 딱 맞는 훈련 과정입니다. 이렇게 된다면 아프리카인들은 스스로 제자훈련을 할 수 있게 될 것입니다. 저는 이러한 과정을 만들기 위해 열정적으로 노력하고 있습니다.
>
> — 스탠 와플러, 우간다 북서부 지역 선교사

---

2   World Council of Churches, "Nigerian Baptist Convention," http://www. oikoumene. org/en/member-churches/regions/africa/nigeria/nigerian-baptist- convention.html.

수십 년 동안 그래왔듯이, 많은 학생이 여전히 예수님을 주로 '존경스러운 조상'으로 여긴다. 조상들의 영혼에 대한 믿음은 그들의 전통문화의 모든 측면에 침투해 있다. 이런 '존경스러운 조상'에 대한 개념은 예수님을 성경적으로 통치자, 중재자, 곧 다시 오실 왕으로 보지 못하게 한다. 다른 교단에서 온 선교사들과 그들의 사역을 제외하고도, 서던침례교 선교사들만 나이지리아 침례교인들과 150년 이상 함께 해왔다.

그러나 나이지리아 침례교인들은 여전히 예수님에 대한 개념들을 혼동하고 있다. 그들을 가르칠 누군가가 없이 성경과 성령만으로는 충분하지 않다. 그들은 여전히 하나님의 말씀을 정확하게 해석하는 훈련을 받을 필요가 있다. 게다가 그들의 문화적 세계관은 조상들이 시간을 유지하고 영향을 끼친다는 것이다. 이러한 견해의 시간의 관점에서 보면, 오늘날 살아있는 사람들은 그저 가만히 서 있는 존재들이고 우리가 상호작용하고 있는 유일한 시간은 가장 가까운 과거, 현재, 미래뿐이다. 당면한 과거, 현재, 미래에 포함된 시간의 거품은 '현재'로 간주한다.

우리 삶 속에 사건들은 우리를 지나쳐 끊임없이 증가하는 과거로 흘러간다; 미래는 일반적으로 고려되지 않는다. 과거의 중요성에 대한 지나친 강조와 미래의 중요성에 대한 경시는 다가올 세계를 향한 희망과 종말론에 대한 기본 이해를 굉장히 복잡하게 만든다.

서아프리카의 요르바(Yoruba) 부족은 잘 알려진 저주를 사용한다. '덤불 속에서 죽어라.' 이것은 요르바 부족의 저주 중 가장 최악의 것이다. 왜냐하면, 이들이 죽은 후에는 전통적으로 집 마루 아래에 묻히기 때문이다. 집으로부터 떨어져서 묻히는 것은 그들에게 있어 가장 큰 수치이며 비극이다. 요르바 부족의 세계관에 따르면, 사람들은 죽고 장사 되지만, 그들은 살아있는 송장으로 살아간다. 그들의 존재와 기호는 언제나 인정된다. 비록 이것은 성경 공부에서 가르쳐지지 않지만, 사람들에게 이러한 문화적 영향은 그들의 세계관을 물들였다.

한 목사는 말하기를 이런 사람들은 명목상의 그리스도인이라고 했다.

그들은 주일에는 교회에 있을지도 모르지만, 화요일에는 주술사의 집에 있을지도 모른다. 이러한 사람들은 역사적으로 401개의 요르바 신들과 여신들을 받아들이는 땅에서 살고 있다. 이러한 세계관은 기도회를 했다고 쉽게 사라지지 않는다. 기독교 세계관과 경건한 삶을 세우기 위해서는 철저한 제자훈련과 성경적 가르침이 필요하다.

『드럼들에게 들어라』(Listen to the Drums, 1996)라는 책에서 이글스휠드(C. F. Eaglesfield)가 말했다.

> 가장 필요한 것은 교회들에게 지도력을 제공하는 것이다…. 많은 교회의 리더들은 글만 읽을 수 있는 사람들이다. 이들의 가르침은 종종 의심스럽다.[3]

과장하지 않고 그들이 가르침이 정말로 의심스럽다…. 만약 우리 교회의 지도자들이 신학에 대해서는 문외한이면서 단순히 글만 읽을 줄 아는 사람들이라고 상상해 보라.

그것이 건전한 성경적 가르침을 보장할 수 있을까?

나이지리아는 후원 교회들이 제공해 온 신학 교육을 위한 재정과 선교사 자원을 수년간 잃고 있다. 결국, 나이지리아는 복음이 완전히 전해진 땅으로 간주했다. 일부 선교 단체들은 나이지리아는 이미 현지에서 훈련된 많은 목회자가 있으며, 미국과 영국으로 보내져 학위를 취득한 목회자들도 많이 보유하고 있다고 말하며 이 상황을 변호한다. 그러나 이들은 전임 목사들이거나 두 개의 직업을 가진 목사들이어서 교수직을 수행할 수가 없다. 이들은 전국 (각지 [인구수 1억4천만명])에 흩어져 살고 있으며 신학교 근처에서는 거의 찾아볼 수가 없다. 대부분 목회자는 신학교에서 가르칠 필요가 없다고 느낀다. 물론 이러한 도전은 나이지리아에만 있는 것

---

[3] C. F. Eaglesfield, *Listen to the Drums* (Nashville: Broadman and Holman Publishers, 1950), 3.

이 아니다. 에콰도르의 선교사들은 그곳의 현지교회가 나이지리아와 같은 많은 교회적 문제를 가지고 있다는 것을 알고 있다.

에콰도르의 많은 도전은 또한 세계관의 문제, 혼합주의로부터 발생한다. 에콰도르에는 1951년부터 침례교인들이 생겼다. 한때에는 에콰도르 침례신학교가 번성해 많은 남녀 학생이 교회를 섬기기 위해 훈련을 받고 있었다. 자금과 인적, 물적 자원 및 잘 정비된 시설로 신학교는 축복을 누렸다. 그러나 미전도 종족을 전도하기 위한 속도의 필요성이 대두되면서 에콰도르 교회가 지난 20년 동안이나 선교사들에게 훈련을 받았다는 것을 빌미로 더 이상의 신학 교육을 포기하도록 만들었다. 그들의 20년 동안의 훈련은 충분하며 현지인들이 이제 다음 세대의 목사와 교수, 사역자들을 훈련할 수 있다고 자부했다.

그러나 이것은 그야말로 제대로 된 평가가 아니었다. 나이지리아의 상황처럼, 교육을 받은 에콰도르 현지인들은 전임 목회자로 가거나, 두 가지 직업을 동시에 가지고 있고, 신학교에서 일하기에는 너무 먼 지역에 살고 있다. 안타깝게도 에콰도르침례교회의 절반 이상은 신학 교육을 받지 않은 목사가 목회하고 있으며, 그 나라의 오직 17%의 목사들만 신학 교육과 목회적 훈련을 받았다.

에콰도르 안데스산맥의 퀴추아(Quichuas)에서 우리 가족이 선교사로 활동을 할 때 나는 신학 훈련이 절실히 필요하다는 것을 깨달았다. 소수의 현지 목회자들은 우리에게 더 많은 교회를 세우지 말아 달라고 간청했다. 그곳에는 더 많은 교회가 있어야 할 분명한 필요가 있었는데 왜 그들이 나에게 그런 요구를 했는지 의아했다. 그들이 말하기를, 어떤 지역에서는 목회자들이 여덟 개, 열 개, 혹은 더 많은 교회를 홀로 섬기고 있다는 것이었다. 현지 목회자들이 진정으로 필요한 것은 훈련된 리더들이었다. 이 가난한 사람 중에서도 가장 가난한 사람들을 대상으로 현장조사 인터뷰를 하면서 나의 마지막 질문은 항상 이랬다.

여러분들에게 가장 필요한 것은 무엇입니까?

그들의 대답으로 떠올릴 수 있는 가능한 것들은 교회, 건물, 돈, 약, 정부의 대표자를 내세움, 문해 능력 등이었지만 모든 경우에 그 대답은 목회적 훈련과 지도자 훈련이었다.

에콰도르의 남쪽 이웃 나라인 페루도 훈련된 목회자들과 지도자들을 필요로 한다. 나는 종종 페루의 목회자들과 교회들을 훈련하기 위해 그곳에 방문한다. 그런 나의 첫 번째 여행에서, 나는 기본적인 교리를 그들에게 가르치면서, 그들도 배운 것들을 다른 사람들에게 가르쳐야 한다고 일깨워줬다. 한 젊은 학생이 글을 읽고 쓰는 능력이 부족해 문자를 모르는 사람들에게 이러한 진리를 어떻게 나누어야 하는지 물었다. 내가 문해 능력이 없는 구전 학습자를 가르치는 기본적인 방법을 설명했을 때 그 반에 나이 지긋한 한 여성은 매우 근심이 가득해 보였다.

저는 어떡하죠? 제가 죽으면 과연 천국에 갈 수 있을까요?

그녀는 이렇게 물었다. 내가 그 질문에 당황했을 때 그녀는 좀 더 설명하기 시작했다.

글을 읽지 못한다면 우리는 천국에 들어갈 수 없다는 말을 항상 들어왔어요.

이런 이야기를 들었을 때 마음이 무척 아팠다. 나는 아주 자세히 복음이 그들의 문해 능력의 수준과는 아무런 상관이 없다고 기쁨 가운데 설명해 줬다. 그러나 이 만남에서 또 다른 슬픈 현실은 교실에 있던 목회자들이 그 질문에 대한 '올바른' 답변을 들으려고 안간힘을 쓰고 있다는 것이었다.

위에서 언급된 여인은 새로운 가정교회를 위해 그녀의 초라한 집을 공동체에 개방한 신실한 신자였다. 그녀는 예수님을 섬기고 예배했지만, 주님의 말씀을 그녀에게 가르쳐 줄 사람이 없었다. 페루에서 가장 큰 교단 중 하나에 속한 어떤 목사는 자신의 교단 교회 중 90% 이상은 훈련받은 목회자들이 부족하다고 말했다. 다른 형제들은 말하기를, 그 나라의 복음주의적 교회들의 절반 이상도 훈련받은 목회자들이 부족하다고 말했다. 이들은 주님을 사랑하고 서로 사랑하는 신실한 형제와 자매들이지만 그들에게는 훈련된 지도력이 필요하다.

한편, 일부 선교 단체들은 목회자들에게 신학 교육이 필요 없다는 사상을 홍보하고 있다. 만약 각 교회에 훈련된 목회자들을 제공해야 한다면, 교회 개척의 사역은 둔화할 것이다. 처음에, 이것은 논리적으로 들리고 완벽하게 일리가 있는 것처럼 보인다. 그러나 오늘날 많은 선교사가 선교 역사로부터 뼈저린 교훈을 다시 배우고 있다. 당신의 교회가 훈련된 지도력보다 교회 성장을 우선시하게 될 때 교회는 곤경에 처하게 된다. 약하고 기능 장애가 있는 교회가 많다.

신학 교육에 종사하는 이들뿐만 아니라 그 사역에 헌신하길 원하는 사람들도 우리가 현지인들에게 훈련하는 사역을 왜 줄여야 하는지에 대해 많은 이유를 듣고 있다. 어떤 선교사들은 말한다.

나이지리아, 에콰도르, 페루의 선교지는 어떤 도움도 필요하지 않다; 현지인들에게 성경이 있고 성령이 그들을 모든 진리 가운데로 인도하실 것이다. 현지인들은 우리가 훈련한 사람들과 함께 있고 그 훈련받은 사람들은 각자 그들의 나라에서 다른 사람들을 가르치는 일을 해야 한다. 게다가, 선교사들이 계속해서 현지인들의 훈련에 관여한다면 그들은 우리를 의존하게 될지도 모른다. 현지인들은 반드시 그들 스스로 이런 훈련을 할 수 있도록 배워야 한다. "또 네가 많은 증인 앞에서 내게 들은 바를 충성 된 사람들에게 부탁하라 그들이 또 다른 사람들을 가르칠 수 있으리라." 디모데후서 2:2에서 보여주는 바 울의 가르침을 무시한 데서 비롯되는 문제들을 본 선교사들이 제시한 이 주장에 대한 몇 가지 반응을 생각해 보자.

나이지리아, 에콰도르, 페루와 같은 장소는 어떤 도움도 필요하지 않다; 그들에게는 성경이 있고 성령이 그들을 모든 진리 가운데로 인도하실 것이다.

성경과 성령이 누군가에게 필요한 전부라고 말하는 것은 사실도 아니거니와 직무를 유기하고 있다. 많은 교의적인 설교자들은 진실로 구원받고 성경을 가지고 있음에도 그들은 성경에서 보고자 하는 것만을 성경에서 본다. 선한 의도는 가졌지만 훈련받지 못한 형제들이 성경을 그릇 해석하면서 사람들을 그릇된 길로 인도하고 있다. 우리 모두 그동안 우리가 받은 훈련을 고맙게 생각하며, 우리 스스로는 볼 수 없었을지도 모르는, 혹은 적어도 수년 동안 보지 못했을지도 모르는 진리를 배워왔음을 깨닫는다.

나이지리아, 에콰도르, 페루의 선교지에는 이미 선교사에 의해 훈련된 목회자들이 있고 이제는 그들이 각자의 나라에서 다른 사람들을 훈련해야 한다.

여러 해 동안 훈련을 받은 사람들은 그 사역에 소명을 받은 자들이다. 신학교들은 의식적으로, 의도적으로, 또는 적극적으로 사전에 교수 요원들을 훈련하지 못했고 목회자들만 양성했다. 아무도 그들이 목회자의 부르심에 충성하는 것을 비난할 순 없다. 개중에는 할 수만 있다면 교수로 섬기는 것을 좋아하는 목회자들도 있지만, 그들은 자신들의 목회 사역과 가정을 책임져야 한다는 부담감으로 압도될 것이다. 특히 두 가지 직업을 동시에 가지고 있는 목회자들, 교단 사역자들, 다른 사역들로 바쁜 사람들에게는 그것이 더할 것이다. 대다수 사역자가 신학교 근처에 살고 있지 않고, 그러한 책임을 논리적으로 관리할 수도 없다.

나이지리아, 에콰도르, 페루와 같은 선교지에서 선교사들이 계속 현지인들의 훈련에 관여한다면 그들은 우리를 의존하게 될지도 모른다. 현지인들은 반드시 그들 스스로 이런 훈련을 할 수 있도록 배워야 한다.

의존성은 우리가 최선을 다해 피해야 할 복잡한 문제다. 그러나 일반적으로 의존성은 재정적인 문제를 가리킨다. 어떤 이들은 이 개념을 훈련에도 적용할 수 있다고 추정한다. 우리는 현지교회가 우리의 훈련에 영원히 의존하는 것을 원하진 않지만, 우리를 대신할 사람들을 먼저 세우지 않고 훈련을 중단하는 것은 전혀 옳지 않다.

예를 들어, 어떤 단체가 더 이상 서점을 직접 운영하지 않기로 하고 결정하고, 아무 훈련도 받지 않은 피 선교지 사람들에게 그 운영을 맡길 때, 그 서점이 어려워지더라도 놀라지 말아야 한다. 나는 미국에 본사를 둔 기독교 출판사로부터 남아메리카의 기독교 서점으로 수금 대행사의 편지를 번역한 적이 있었다. 피 선교인들은 가게를 관리하거나, 책을 사고, 청구서를 내거나 수금 대행사의 편지를 읽는 방법조차 알지 못했다.

그들은 자신들을 그 일을 하도록 훈련하지 않은 선의의 선교사들로부터 단지 열쇠만을 받았을 뿐이었다. 이러한 동일한 접근 방식이 신학교를 현지인들에게 물려주는데 적용됐다. 물론, 현지인들은 이미 교육을 받고 훈련된 사람들을 의지할 것이다.

정확한 의미에서 제자훈련과 멘토링은 지혜 있고 삶의 경험이 풍부한 지식이 있는 안내자에게 달려 있다. 또한, 지식을 전달하는 사람은 그들에게 배우는 사람들보다 더 훈련돼야 한다. 현지교회가 외부 선교사들에게 계속 의존하지 않도록 하는 유일한 방법은 단순히 의존의 상황을 회피하는 것이 아니라 오히려 디모데후서 2:2의 말씀에 순종하는 것이다. 우리는 가르칠 자를 훈련하고 교사와 제자들을 키워야 한다. 현지교회는 돈에 의존하지 말고 예수님이 우리에게 가르치라고 하신 명령을 지켜야 한다. 그렇다, 우리는 수년간 현지인들을 가르쳐 왔다. 그러나 우리가 선교지를 떠나기 전, 우리는 또 다른 현지인들을 가르치고, 그들이 또 다른 사람들을 가르치는 사역을 계속할 수 있도록 해야 한다.

현지교회들은 해석학적 공동체의 테이블에 앉아 있어야만 한다. 그들만이 복음의 적절한 상황화를 위해 필요한 내부자적 관점을 가지고 있다. 그러나 현지인들이 성경적으로나 신학적으로 훈련될 때까지 선교사들이 문법과 역사적 해석을 제공하고 비판적 상황화(Critical Contextualization)를 적당한 한도로 제공해야 한다. 현실은 많은 선교 단체가 그런 테이블을 떠났다는 것이다.

4. 세계적 필요들

  오늘날 세계 기독교의 놀랄만한 현실은 선교지에 세운 교회들이 철저한 신학적 준비를 포기하는 것과 맥을 같이 한다. 이 심각한 새 현실을 이해하지 못한 채, 어떤 이들은 단순히 선교지에서 이단적인 것을 가르치는 무지몽매한 형제들을 보고 그저 답답한 마음으로 머리만 흔들게 될 것이다. 이제 현실은 지구의 북반구에 있는 전통적인 파송 국가들보다 남반구에 더 많은 기독교인이 있다는 사실이다.
  남반구 교회는 아프리카, 아시아 및 아메리카 대륙의 리오그란데강 남쪽에 있는 나라들을 가리킨다. 이 나라들에서 교회는 기하급수적으로 성장하고 있다. 기독교인과 교회의 수에 있어서 미국을 능가하고 있을 뿐만 아니라 이들 나라에서는 미국과 서부 유럽을 합친 것보다 더 많은 선교사를 파송하고 있다. 안타깝게도 그곳의 신학 교육, 목회적 준비, 지도력훈련의 부족은 그들 국가에서 발견되는 이상한 형태의 기독교를 보여준다.
  필립 저킨스(Phillip Jenkins)는 그의 책 『신의 미래』(*The Next Christendom*, 2002)에서 지구 남반구 교회 성장의 현상을 언급했다.

  지난 세기 동안 기독교 중력의 중심은 아프리카, 아시아, 라틴 아메리카로 변모했다. 이미 오늘날 지구상에서 가장 큰 기독교 단체들은 아프리카와 라틴 아메리카에서 볼 수 있다. 만약 우리가 전형적인 현대의 기독교인을 상상한다면 우리는 나이지리아나 브라질의 빈민가에서 사는 한 여성을 생각할

수 있어야 한다.[4]

크리스토퍼 라이트(Christopher Wright)도 그의 책 『하나님의 선교』(*The Mission of God*, 2006)에서 이러한 현실에 대해 말한다.

> 20세기 초까지는 전 세계 기독교인들의 약 90% 이상은 서유럽이나 북미에 살았지만, 21세기 초에는 대략 75% 이상의 전 세계 기독교인들이 남부와 동부 대륙인 남미, 아프리카, 아시아와 태평양 지역에 분포하고 있다.[5]

이러한 추세는 수 세기 만에 처음으로 유럽과 북미보다 세계의 다른 지역에 더 많은 기독교인이 생긴 것이기 때문에 새로운 현상으로 볼 수 있다. 이제 서구 교회는 세계 기독교의 거대한 동생인 남반구 교회의 그늘 안에 자리 잡고 있다. 물론, 이러한 환상적인 성장률은 놀랄만한 현실이 아니다.

우리는 우리의 기도와 선교사들의 노력으로 인한 이러한 결과에 찬사를 보낸다. 걱정스러운 양상은 남반구 교회들에 바르지 않은 교리와 기괴한 관습이 동시에 성장하고 있다는 것이다.

경제 전문가(The Economist) 잡지의 한 아티클에서 하버드대 교수인 하비 콕은 혼합주의적 오순절주의가 어떻게 전 세계적으로 급속도로 성장해 왔는지 그 이유를 지적한다. 그는 다음과 같이 말했다.

> 한 가지 사실은 혼합주의적 오순절주의가 원시 종교와 사람들을 다시 연결하고 있다는 것이다. 그것은 교리로 더 차가워진 기독교가 무아지경의 짜릿

---

[4] Philip Jenkins, *The Next Christendom: The Coming of Global Christianity* (Oxford: Oxford University Press, 2002), 2.

[5] Christopher J. H. Wright, *The Mission of God: Unlocking the Bible's Grand Narrative* (Downers Grove, IL: Inter Varsity Press, 2006), 38.

함을 채워주는 원시적 영성의 깊은 하층부로 다가간 것이다. 교리보다 체험을 강조하는 이 움직임들은 카리브해의 혼령을 소유하는 종교, 아프리카의 조상숭배, 브라질의 민간치유, 한국의 샤머니즘에 이르기까지 다른 신앙을 흡수할 수 있는 놀라운 능력을 부여한다. 오순절주의자들에 따르면 체험 신앙을 가진 사람은 교리 신앙을 가진 사람에게 절대로 좌지우지되지 않는다고 한다. 오순절주의의 또 다른 사실은 과학적 이성주의와 전통적 종교 사이에서 제3의 방식을 제시한다는 것이다.[6]

기존의 민간종교와 다양한 상황 속에서 세계 종교의 문화적인 미묘한 차이를 파악하지 못한 것은 결과적으로 많은 곳에서 혼합주의를 양산했다.[7]

자연은 진공상태를 싫어하고 인간은 답이 없는 질문의 긴장감을 좋아하지 않는다. 한 민족이 기독교를 받아들이고 그 의미를 탐구하기 시작할 때, 그들은 거기서 성경적 해답을 찾아야만 한다. 성경적인 해답의 부재는 예를 들어 "내 딸이 왜 죽었을까?" 또는 "어떻게 작물을 성공적으로 수확할 수 있을까?"라는 이런 질문들에 대한 대답을 이전의 민간종교를 통해 얻으려고 할 것이다.

만약 우리가 성경적으로 건전한 기독교 교리를 믿고 하나님의 말씀을 올바르게 해석하도록 현지인들을 훈련하지 않는다면, 이 세상에서 그리스도를 대표한다는 사람들이 예수님이 결코 가르쳐 준 적이 없는 복음을 전할 날이 곧 오게 될 것이다. 불신자들이 기독교가 무엇인지에 대해 궁금해 할 때 그들은 '전형적인' 기독교인을 생각하게 될 것이다. 불신자들이 기대하는 기독교인은 전통적인, 성경적인 기독교가 인정하는 복음을 전하는

---

6 Harvey Cox, "Christianity Reborn," *The Economist*, December 23, 2006, 49.
7 폴 히버트는 이러한 포인트를 여러 번에 걸쳐 그의 글 속에서 수년간 언급했다. 그러나 대부분은 구체적으로 『민간종교의 이해』(*Folk Religion*, 1999)에서 쇼(Shaw)와 티노(Tienou)와 함께 언급했다.

서구의 복음주의 교회 안에 있는 기독교인이 아닐 것이다. 교리적으로 건전한 기독교는 그 크기와 영향력이 줄어들고 있다.

선교 단체들은 선교지에서의 기하급수적인 교회 성장 사역을 가속하고 또 그곳 개척교회의 의존을 피하려고 신학 교육에 대한 인적, 재정적 자원을 보류해 왔다. 이런 방법론이 문제점이 있다고 깨달은 사람들조차도 적어도 서양 기독교인들은 진리를 가지고 있다고 자신하며 이 상황에 대해 단지 어깨를 으쓱하며 방관하고 있다.

신학적으로 건전한 서양의 신학교와 교회에 관심을 가진 사람을 찾아볼 수 없을 날이 빠르게 다가오고 있다. 오늘날 우리 기독교인들은 진리를 무언가 효과 있는 것으로 인식하고 있다. 이런 실용주의는 하나님의 명제적 진리가 없을 때 교회 안에 활개를 치게 된다. 서양의 기독교는 목소리를 잃지 않아야 한다. 그러나 이제껏 우리는 기꺼이 이를 포기했다. 만약 이런 추세가 계속된다면 언젠가는 질책하고, 책망하고, 권하고, 지시하고, 바로잡기 위해 진리를 외칠 때 그 목소리는 누구도 상관하지 않고 아무도 듣지 않는 소리가 돼 버릴 수 있다.

5. 결론

지상 대 명령은 단지 전도나 교회 개척에 관한 것이 아니다. 예수님은 세계의 모든 민족을 제자로 삼고 예수님이 말씀하신 모든 것을 그들이 지키도록 가르치라고 말씀하셨다. 목회훈련, 신학 교육, 성경적 가르침을 덜 중요한 선교활동으로 경시해서는 안 된다. 이들은 지상 대 명령을 성취하기 위해 중요하고 필수적인 수단들이다. 바로 지금 전 세계의 사람들은 도움을 간절히 바라고 있다. 나이지리아, 에콰도르, 페루, 그 밖에 다른 많은 지역에 있는 사람들은 가르침과 성경훈련, 신학 교육, 목회적 준비를 원한다. 우리는 지금 우리의 목소리를 내야 한다. 그것은 하나님의 영광과 복음의 진보를 위해 울려 퍼지도록 말이다.

추천도서

Cox, Harvey, "Christianity Reborn," *The Economist*. December 23, 2006, 48-50.

Eaglesfield, C. F. *Listen to the Drums*. Nashville: Broadman and Holman Publishers, 1950.

Hiebert, Paul G., R. Daniel Shaw, and Tite Tienou. *Understanding Folk Religion: A Christian Response to Popular Beliefs and Practices*. Grand Rapids: Baker Books, 1999.

Jenkins, Phillip. *The New Faces of Christianity: Believing the Bible in the Global South*. Oxford: Oxford University Press, 2002.

_____. *The Next Christendom: The Coming of Global Christianity*. Oxford: Oxford University Press, 2002.

Wright, Christopher J. H. *The Mission of God: Unlocking the Bible's Grand Narrative*. Downers Grove, IL: InterVarsity Press, 2006.

제2장

현지인 훈련하기:
얼마나 해야 충분할까?

선교 단체들과 선교사들이 믿을 수 없을 만큼 빠른 속도를 지향하는 선교 전략을 자주 강조하고 있는 것은 부정할 수 없다. 한때는 성숙하고 토착적인 현지의 교회를 세우기 위해 필수적이었던 신학 교육, 목회준비, 지도력훈련은 점차 선교 전략에서 배제되고 있다. 사실, 성경 및 신학연구로 현지 지도력을 훈련하는데 필요한 시간을 속도의 방해물로 말할 때, 교회 개척 운동(Church Planting Movement)을 위한 현대 전략의 설계자는 말했다.

> 수준 높은 신학 교육은 어떤 면에서 교회 지도자들에게 유익을 주지만 초기 단계에서는 오히려 교회 개척 운동에 걸림돌이 될 수 있다.[1]

그러한 교회 개척 운동이 '이단을 위한 비옥한 땅' 일 수 있다고 많은 사람이 봐 왔고 이것이 시사하는 바에 그는 이렇게 반응했다.

> 그것은 맞는 말일 수도 있다, 하지만 반드시 그런 건 아니라고 본다.

---

1 David Garrison, *Church Planting Movements* (Richmond, VA: IMB, 1999), 44.

자주 제안되는 해결책은 더 많은 신학 훈련이다. 그러나 교회 역사는 제대로 된 훈련이 되지 않으면 오히려 선교에 역효과가 날 수 있다는 것을 보여준다. 이집트 알렉산드리아에 가장 첫 번째로 세워진 신학 계통의 학교 이래로 신학교들은 건전한 교리뿐만 아니라 이단을 전파할 수도 있다는 사실을 증명해왔다. 오늘날에도 동일한 일들이 실제로 일어나고 있다.[2] 명백하게도 이것은 현지인들의 공식적이고, 조직적이며, 철저한 훈련을 포기할 수 있게 하는 이유로 충분하다. 전통적으로 훈련하는 모델 대신에 사용되는 방법은 교회 개척 운동의 방법론으로만 현지인들을 훈련하는 것이다.

속도가 전략의 추진력과 동력이 되고 편의주의가 의사 결정을 지배할 때 중요하지 않은 것들은 발전의 장애물로 치부된다. 이런 상황을 이해하기 위해 두 척의 배를 상상해 보라. 한 척은 무거운 화물을 싣고 바다를 가르며 정박해야 할 항구로 나아갈 때 바다 아래로 깊이 잠겨 천천히 이동하는 화물선이다. 다른 하나는 현대식 제트보트인데 이것은 물의 표면을 가로질러 사실상 거의 물에 닿지 않고 날아가며 눈 깜짝할 사이에 장거리를 이동할 수 있다. 화물선은 많은 사람이 '구식' 선교로 보는 관점을 대표한다. 이 배가 적재한 모든 화물 때문에 화물선은 물에 깊이 가라앉아 천천히 움직인다.

화물선의 관점을 가지고 있는 사람들은 최신의 선교사 모델을 단지 너무 느리기보다는 무책임한 것으로 본다. 많은 사람은 제트보트가 더 빨리 더 많은 장소에 도달할 수 있으므로 더 나은 선교사 모델이고 그것이 중요한 목표가 돼야 한다고 믿는다. 빠른 성장을 저해하는 모든 모델은 부정적으로 보인다. 그러나 제트보트는 빨리 이동하는 것에 지나지 않지만, 화물선은 필요한 물자들을 배달해 준다.

현대의 선교 전략들은 가능한 한 빨리 많은 사람에게 가서 복음을 전하고 떠날 것을 강조한다. 사실, 이러한 최신의 선교 전략들은 선교사의 생활

---

2   David Garrison, *Church Planting Movements*, 47.

과 사역 모든 전반에 있어 속도의 영향력에 초점을 맞춘다. 속도가 가장 높은 가치가 될 때 선교사로 파송될 사람들의 자격과 요구 조건은 점차 낮아진다. 선교사 후보생들에게 신학대학과 대학원의 학위를 요구하는 것은 미전도 종족에게 파송될 선교사들을 영입하기 위한 선교 단체의 노력을 늦추게 한다.

선교사의 자격요건을 축소하는 일은 많은 선교 단체에서 선교사의 책무를 단순화하는 결과를 낳았다. 어떤 선교 단체들은 미전도 종족을 목표로 한 선교사들에게 현지인들을 전도하고 3년, 5년 혹은 7년 안에 떠나라고 임무를 맡긴다. 이렇게 빨리 선교지를 떠나는 것은 언어와 문화, 현지인들의 세계관을 배우는 데 있어 불충분한 시간이기 때문에 선교의 책무는 반드시 재정의되어야 한다. 제자를 세우고 그들을 가르치기 위해서는 오랜 시간이 소요되는 지상 대 명령의 사명을 선교사들이나 선교 단체의 지도자들에게 상기시키게 될 때 현지인들을 가르쳐온 선교사들은 불만을 토해내며 물을 것이다.

도대체 얼마나 해야 충분한 것인가?

1. 선교사의 책무를 고려하기

선교사의 책무는 쉽거나 단순하지 않고 정해진 일정에 맞추어 진행되는 것도 아니다. 선교사가 선교지에서 얼마나 오랫동안 현지인들을 훈련해야 하는지는 실제로 그 책무를 정의하는 최고의 방법이 아니다. 따라서, 선교사들이 본인의 노력이 충분했다고 생각하고 그들이 다른 선교지로 옮겨야 할 때를 묻는 것은 잘못된 질문이다. 더 좋은 질문은 이런 것이다.
"선교사들이 해야 할 일은 무엇인가?"
"해외 선교의 책무는 무엇인가?"

선교사의 책무가 어떻게 정의되고 이해되는지는 선교 단체들과 선교사들의 전략과 방법론을 이끌게 될 것이다.

> 선교사들이 현지인들을 훈련하는데 사용하는 시간의 양은 선교사의 영혼에 대한 사랑, 훈련을 위한 은사, 가르치는 방식, 선교지에서의 환대 정도와 하나님의 인도하심에 대한 확신에 따라 달라질 수 있다. 어떤 선교사는 몇 시간 수업을 가르치기 위해 선교지에 올 수도 있고 혹은 몇 년 또는 평생을 그 선교지에서 머물 수도 있다. 선교사가 더 오래 선교지에 머물수록 더 깊은 의사소통이 가능하고 만약 그 선교사가 신실하고 영혼을 사랑하는 사람이라면 평생 현지인들을 가르치고, 격려하고, 후원하면서 엄청난 열매를 거둘 수 있을 것이다.
> - 어느 중국 선교사

엄밀히 말해서, 어떤 선교 단체들은 그들의 주요한 선교 방법론의 하나로 현지인들을 수십 년간 성실하게 훈련해 왔다는 것을 상기시킨다. 그러나 이런 기관들은 세계 선교의 판도가 미전도 종족에 전도하는 것에 주목하자, 선교사 후보생과 재정 후원자들도 이를 따르고 있다는 것을 발견했다. 미전도 종족에 복음을 전하는 일은 많은 교회와 선교사 후보생, 재정 후원자들에게 있어 흥미진진하고 가장 중요한 일인 듯하다.

결과적으로 많은 선교 단체의 전통적인 사역의 영역들과 방법론들이 적절하고 실행 가능한 것으로 보이기 위해 바뀌고 있다. 가능한 한 빨리 가서, 전하고, 다른 사역지로 이동해서 국제선교의 과제를 줄이는 것은 무책임한 일이다. 선교사 책무에 대한 이러한 이해는 새로운 정의를 낳는다. 미전도 종족이 '복음을 접한 종족'이 되기 위해서는 자신을 복음주의 기독교인으로 인식하는 사람이 선교지 인구의 적어도 2%가량을 차지해야 한다. 우리가 선교의 목표를 단순히 '미전도 종족을 선교하는 것'으로 축소한다면, 그 2%에 기독교인이 1명이라도 더해진다면 그 종족과 함께 사역하는 선교사들은 하나님 나라의 확장에는 관심이 없는 사람들로 여겨질 것이다.

새로운 정의는 만약 누군가가 어딘가에 교회 하나를 그들 가운데 시작하려 한다고 주장한다면, 그 민족의 수백만의 영혼은 복음이 전파된 그 민족에 포함돼 있다는 뜻을 담게 된다.

'복음을 전하는 것'은 메시지를 듣는 자들이 그 말씀을 진정으로 이해했는지와 상관없이 통역을 통해 문화적으로 부적절한 방식으로 메시지가 전달된다는 것을 의미한다. 교회는 단순히 선교사의 초청으로 함께 모여든 한 무리의 사람들에 지나지 않음을 의미한다. 선교에 있어 하나의 좌우명 중에 "당신의 교회론이 당신의 선교학을 이끈다"라는 말이 있다. 이것은 당신이 교회를 어떻게 생각하는지가 당신이 선교에서 하는 모든 일에 영향을 미친다는 뜻이다.

2. 그들을 가르치기

어떤 책무와 의무가 성경에서 말하는 선교에 포함되는지를 계속해서 질문할 때 우리는 가르침의 요소를 간과할 수 없다. 많은 사람은 이미 수년간 현지인들을 가르쳐 왔기 때문에 그들을 더 이상 가르칠 필요가 없다고 생각한다. 여기서 생각해 볼 두 가지 질문이 있다.

첫째, 선교사들이 다른 사역지로 떠나기 전에 얼마나 오랫동안 현지인들에게 가르쳐야 하는가?
둘째, 어느 정도의 훈련이 충분한 것인가?

우선 여기서는 첫 번째 질문에 대해 먼저 생각해 보자. 우리는 제3장에서 두 번째 질문을 다룰 것이다.

3. 논리적인 관점

국제선교에 있어 속도에 중점을 둔 접근법을 채택하고 선교사 책무의 간소화를 지지하는 주장은 가능한 한 빨리 세계의 모든 미전도 종족에 도달해야 하는 도전에 대한 논리적인 해결책으로 보인다. 오늘날 우리는 '할 수 있다'라는 자세로 비즈니스 과제를 해결하는 기업인들의 세상에 함께 살고 있다. 국제적인 외교관들은 평화 조약을 협상하고 국가 간의 불협화음에 대한 대책을 마련한다. 세계보건기구(World Health Organization, WHO)는 질병들이 뿌리 뽑힐 때까지의 시간을 정확하게 계산해 예측할 수 있다. 주간 시트콤은 심지어 광고시간을 포함해서 30분간의 시간 안에 쉽게 해결될 수 있는 갈등 상황을 연출한다.

복음주의자들에게 닥친 위기는 과연 무엇일까?

그것은 복음을 듣고 거듭나지 않으면 죽어서 지옥에 갈 수밖에 없는 영혼들이 가득 찬 세상이 존재한다는 것이다. 이것은 심각한 문제이고 우리는 이 문제를 가능한 한 빨리 해결하기 위해 애쓰고 있다. 실제적인 문제에 실질적인 답을 찾고자 했던 근대주의자들처럼 우리도 지도, 인구 통계학 표들, 선교 단체의 목록 등을 가지고 우리의 강점, 약점, 위험성, 기회들을 계획한다. 도전을 대처하면서, 우리는 그것을 해결하기 위해 최선을 다한다.

선교에 있어 문제에 대처하는 가장 좋은 방법은 우리가 할 수 있는 한 가능한 한 빨리 모든 지역에서 복음을 전하는 것이 분명한 것 같다.

일단 한 종족에게 복음을 전하면, 우리는 아직 지구상의 복음이 전해지지 않은 미전도 종족들이 남아있는 상황에서 다음 세대를 가르칠 누군가를 그곳에 남겨두어야 하는가?

이 질문에 대한 대답의 일부는 그것에 선행돼야 할 또 다른 질문이 있다.

결국, 왜 우리는 그 민족들에게 가는 것일까?

4. 순종을 정의하기

어떤 사람들은 지상 대 명령에 순종하기 위해 세계 민족들에게 나아가 복음을 전해야 한다고 주장한다. 그들의 외침은 예수님의 마지막 명령이 우리의 최우선 순위가 돼야 한다는 것이다. 다른 이들은 멸망 당할 이들을 구하기 위해 가야 한다고 주장하기도 한다. 결국, 만약 우리가 가지 않는다면, 그들은 복음을 듣지 못할 것이다; 만약 사람들이 복음을 듣지 못한다면 그들은 죽어서 틀림없이 그리스도가 없는 영원한 지옥에 가게 될 것이다. 이러한 두 가지 이유를 무엇보다 중요하게 여기는 것은 하나님께 영광을 돌리고 싶은 마음에서 우러나온 것을 믿기 때문이다.

웨스트민스터 교리문답에서는 인간의 제일 된 목적은 하나님께 영광을 돌리는 것이고 그분을 영원히 즐거워하는 것이라고 말한다. 만약, 하나님께 영광을 돌리고 그분을 즐거워하는 것이 우리의 목표라면 하나님이 지시하신 방법대로 우리에게 맡긴 일을 해야 한다.

우리보다 나중에 믿는 자들을 제자 삼고, 가르치고, 상담하고, 인도하라는 명령은 신구약 성경에서 발견된다. 그러나 우리가 봐 왔듯이, 많은 사람이 종종 좌절하며, '그들을 가르치는 것'이 선교 사역을 가능케 하기보다 오히려 늦추는 일이라고 진심으로 믿는다. 이것은 모든 민족에게 가서 전도하는 선교의 책무를 좁게 정의한 결과라고 생각한다. 마치 상호 양립할 수 없는 것처럼 전도하고 가르치는 일들을 이분화할 필요는 없다. 하나님은 분명히 교회들에 하신 명령 가운데 전하고 가르치는 일이 모두 포함돼 있다.

선교사들이 전도하고 가르치는 일을 이분화할 때, 그 결과는 항상 둘 중 하나가 더 중요하게 여겨진다. 결국, 덜 중요한 것이 부수적인 것이 돼 간소화되기 시작할 때 그것은 실제로 선교활동이 아닌 하나의 범주로 강등된다. 사실 이것은 선교사의 실제 사역을 방해하는 것으로 보인다. 그러한 사고방식은 어떤 능동적인 사람이 가서 복음을 전하는 일방적인 방식으로 선교를 수행하게 한다. 디모데전서 3:1-7에 나오는 기독교 사역자들의 자격요건은 너무 많은 요구와 제한으로 인해 가장 먼저 제쳐지는 조건이다. 사역의 기술을 입증하고 선교사 준비를 위해 필수적이라고 여겨졌던 사역의 경험은 불필요해 보인다. 결국에 선교사들은 그들에게 필요한 모든 사역 경험을 선교지에 가서야 하게 된다. 곧 선교사 후보생에게 필요한 성경과 신학 교육의 필수적 요구는 실리적인 이유로 인해 무시된다.

  선교 단체가 선교사 후보생에게 성경과 신학 교육을 받도록 시간을 할애하는 것은 선교지 파송을 늦추게 된다. 교육적인 훈련은 그들이 안전하지 않은 부채, 학자금 대출이나 선교활동을 방해하는 다른 삶의 굴레 등으로 무거운 짐을 지울 수 있다. 확실히, 사역 경험을 요구하는 일은 사역자로 섬기는 학생들이 목양에 대한 부담을 갖고 미국 내에 계속 머물게 한다. 또는 많은 유학생이 아메리칸 드림에 빠져 결코 선교지로 떠나지 않을 수도 있는 위험성을 증가시킨다.

  다른 선교 기관들은 실용적인 이유보다 사역적인 이유를 들어 선교사 후보생들에 대한 자격요건을 낮추었다. 그중 일부는 선교사가 복음을 전하고 복음에 관한 소책자를 나누는 데는 신학 교육이 필요하지 않다는 주장을 하기도 한다. 그러나 소책자를 나누는 것이 선교사가 하는 모든 사역이 아니다.

  현지의 새 신자들이 복음과 신학, 건전한 교리에 대해 알 수 있는 유일한 길은 선교사들의 입으로부터 나온다. 선교사들은 새 신자들에게 신학의 틀을 잡아준다. 선교사의 사역이 소책자나 나눠주는 일에 불과할 때, 새 신자들은 예수님에 대해 배운 몇 가지 지식은 그들의 전통적인 종교와 세계관으로 혼합된다.

  많은 선교 단체가 선교가 일차적인 복음 소개에만 그치도록 그들의 선교 전략과 방법론들을 축소했고, 그 수준을 넘어선 훈련은 불필요한 것으로 보았다.

그러나 선교사들이 새 신자들에게 있어 기독교 신학과 예수 그리스도를 전하는 유일한 지식의 공급자이기 때문에 만일 선교사가 준비되지 않으면 그들에게 무엇을 가르칠 수 있을까?

서던침례신학교의 설립자이자 초기 총장인 제임스 보이스(James P. Boyce, 1827-1888)는 1856년 퍼먼대학교(Furman University) 연설에서 다음과 같이 말했다.

> 과거의 선교 사역의 결과는 마치 사도들처럼 세상을 복음화하려면 우리는 현지인들이 복음의 기쁜 소식을 선포할 수 있게 해야 합니다. 우리가 선교사로 파송한 사람들은 현지인 사역자들에게 신학 교육의 모든 내용을 가르칠 수 있는 자격을 갖추고 있어야 합니다. 선교사들은 성경을 교과서로 그들의 손에 넣어주어야 할 뿐만 아니라, 선교지 언어도 준비해야 하며, 현지인 사역자들에게 알맞은 교육을 할 수 있도록 신학 서적들을 번역할 수 있어야 합니다.[3]

사역 기술과 목회준비에 있어 기준을 낮추어서 선교사들을 파송하는 것은 선교사의 수를 늘릴지는 몰라도, 목회하고, 가르치며, 설교하는 자격을 갖춘 선교사의 비율은 큰 폭으로 낮아진다.

데이비드 알렌 블레드소(David Allen Bledsoe, 미국서던침례회 국제선교부 파송 브라질 선교사- 역주)는 선교사에게 신학적인 준비가 필요한데 그것만으로 충분하지 않다고 강조했다. 선교사들은 또한 그들이 사역하는 선교지의 문화를 알아야 할 필요가 있다. 블레드소는 말한다.

> 역사적인 선교의 현장들은 서양의 세계와 같지 않다. 이러한 선교지 국가에서 전도의 목표 대상이 되는 사람들은 그들의 언어와 역사, 세계관을 가지고

---

[3] James Petigru Boyce, "신학 교육기관의 세가지 변화들," 퍼먼(Furman)대학교 취임 연설, July 31, 1856, http://www.founders.org/library/three.html.

있다. 교수와 선교사는 동반관계로 문화적으로 의미 있는 성경적 해결책들을 제시하기 위한 도움이 되는 연구와 시간이 필요할 것이다.[4]

5. 선교 전략

모든 교단과 선교 단체에 영향을 주고 있는 근대 선교의 현상은 랄프 윈터가 말했던 선교의 아마추어 화(化) 현상이다.[5] 현장에 있는 선교사들은 점점 더 많은 단기 선교사들과 선교팀을 받고 있고, 이런 단기 팀과 사역하는 새로운 방법을 끊임없이 찾아야 한다. 단기 선교사로 가는 수십만의 교회 성도들은 많은 사람이 선교를 바라보는 방식을 변화시키고 있다.

인기 있는 새로운 접근 방식 중 하나는 미국에 기반을 둔 교회를 한 지역이나 다른 나라의 사람들을 위한 유일한 선교사로서 활용하는 것이다.

교회는 복음이 적게 혹은 아직 복음이 전해지지 않은 지역을 선택하고 거기로 매해 여러 번의 단기 선교를 보낸다. 미국 내 교회들은 점차 선교사가 없는 지역에서 사역하고 이런 미국 내 교회는 실질적으로 미전도 지역에서 복음을 전파하는 유일한 선교사가 된다. 이런 미국교회의 역할은 사실 칭찬받을 만하기도 하고 불충분하기도 하다.

한편, 교회들은 누구도 접근하지 않았던 지역을 복음화시킬 수 있을 것이다. 그러나 그 선교지에는 복음에 '회심한 자들'을 계속해서 돌볼 선교사가 필요하다. 교회가 보낸 단기 선교사들은 언어 기술뿐 아니라 문화적 인식도 부족하고 단기 팀은 어쩔 수 없이 자신들과 같은 복음주의 신앙을 공유하고 있지도 않은 통역을 통해 사역할 수도 있다. 다음 선교여행에서는, 이전 여행에서 개종한 사람들을 찾아서 제자화 할 방법은 없다. 이 전

---

[4] David Allen Bledsoe, "A Plea to Reconsider TE Engagement," an unpublished paper, 6.
[5] Ralph Winter, "The Editorial of Ralph D. Winter," *Mission Frontiers* 18 (March/April 1996): 1.

략은 일 년에 몇 번, 한 번에 한 주 동안 몇 번 밖에는 방문하지 않는 나라에서 사업을 시작하는 것과 같다. 이러한 노력은 하나님 나라의 확장을 위해 미국 내의 교회들을 선교에 참여시키는 훌륭한 수단이 되기도 하지만 교회들은 지상 대 명령을 성취하려는 방법을 반드시 찾아야만 한다. 그들은 제자로 삼고 예수님이 명령하신 모든 것을 지키도록 가르치기 위해 노력해야 한다.

이와 유사한 접근 방법은 교회 전체의 사역에서 단기 선교를 통해 선교사들을 돕는 부서들의 역할이다. 많은 교회가 선교 사역의 중요한 요소로서 단기 선교의 계획을 세운다. 이들이 하는 단기 선교의 일부는 현장에 있는 선교사들에게 큰 도움을 준다. 단기 선교팀들은 조사연구를 수행하고, 전단지를 배포할 수도 있고, 혹은 의료나 치과 진료를 통해 새로운 많은 현지인을 초청할 수도 있다. 다른 팀들은 교회 건물, 사택 또는 학교 건물을 세우기도 한다. 이들은 우물을 파고 자연재해 후에 구호활동을 돕기도 한다.

특별히, 단기 선교팀이 선교지에서 문화적으로 적절히 상호작용하도록 이끌어 주고 단기 팀이 했던 사역을 계속해서 유지할 수 있는 전문인 선교사를 만났을 때, 이런 단기 선교 안에 있는 하나님 나라의 가치를 부정할 사람은 아무도 없을 것이다. 그러나 항상 부족한 결정적 요소는 거의 새 신자들을 위한 지속적인 제자 삼는 일과 훈련이다. 많은 교회가 매년 예산을 세울 때 선교 자금을 선교지의 신학 교육을 위해 지정하는 것을 주저한다. 그렇게 하게 되면 예정된 단기 선교여행을 위해 교회 단기 선교팀에게 지원할 수 있는 자금이 줄어들기 때문이다.

일부 단기 선교팀의 구성원들과 장기 선교사들은 영혼의 구원을 선교의 가장 중요한 목표로 본다. 예수님이 명령하셨고 바울이 보여준 광범위한 성경적 책무로부터 멀어졌을 때 영혼 구원이라는 일차원적인 전략은 너무나도 단순하다. 게다가, 이것은 때때로 '결과가 수단을 정당화한다' 라는 사고방식을 초래한다. 어떤 이들은 사람들이 영접 기도를 하게끔 속이는 강압적이고 교묘한 설득 기법을 가지고 복음을 전한다. 일부의 문화에서는 낯선 사람이 가지고 있는 신념과 모순되거나 불쾌감을 주는 어떤 이야기도 절대로 하지 말아야 한다. 이러한 현지의 문화를 이해하지 못하는 사람들은 의도치 않게 혼란을 일으킨다. 이런 문화권의 많은 현지인은 단순히 복음을 전한 사람이 기뻐하며 불쾌하지 않게 하려고 전도자가 당연히 바라는 대로 기도할 것이다. 이것은 바로 단기 선교팀이 한주의 선교여행 동안 수백 명이 예수님을 영접했다고 선교 보고를 하는 이유일 것이다. 단기 선교팀이 잠시 머물렀던 선교지에서 사역하고 있는 장기 선교사들은 그들의 평생 사역 가운데 20명 남짓 되는 회심자들을 보기도 어려운데 말이다. 여전히, 가능한 한 많은 영접과 현지인들을 회심시키는 데 필요한 것은 무엇이든지 해야 한다는 생각이 일부 선교사와 그들의 전략을 이끄는 것이다

지상 대 명령은 제자로 삼고, 예수님이 우리에게 명령하신 모든 것을 지키고 가르치라고 강조하고 있는데 회심의 결과에만 매몰돼 있는 선교사들은 이 명령의 훈계를 어떻게 해석하고 있을까?

한 선교 기관의 지도자에게 새로 채택된 선교 전략과 방법론이 신학 교육과 훈련을 포기하도록 결정이 내려졌을 때 지상 대 명령에서 예수님이 명령하신 교육과 훈련에 대해 어떻게 이해하고 있는지를 물어보았다. 그는 그들이 그 명령을 감정적으로 해석하기로 했다고 대답했다. 선교사는 사람들을 주님께 인도해야 하고, 선교사가 떠날 때는 예수님이 명령하신 모든 것을 지키도록 사람들을 격려해야 한다는 의미로 그 선교 단체의 지도자는 보았다. 결국, 선교사들은 사람들에게 지상 대 명령의 의미와 방법을 가르치기 위해 머물러 있지는 않을 것이다. 이것은 일부 현지인들이 그리스도를 영접하자마자 선교사들이 사역지를 이동하도록 만들 것이다.

6. 얼마나 오래 있어야 할까?

　나이지리아와 같은(첫 번째 장에서 언급됐던) 세계의 많은 나라에서, 신학 교육은 수십 년 동안 선교 단체의 주요한 사역이었다. 광범위한 신학의 모든 범주 안에서 건물, 서적, 악기, 교육에 수많은 돈과 인력이 투자됐다. 그것은 절대 끝나지 않는 과정처럼 보인다. 이런 선교현장에 지친 선교사는 현지인에게 신학을 가르치는 것이 잠언 30:15의 하반부와 16절의 말씀처럼 항상 부족하다고 느낄 수도 있다.

　그러나 이 사역이 절대 끝나지 않을 것 같다고 해서 신학 교육의 사역을 멈추는 것은 합리적이지 않음을 많은 이들은 동의할 것이다. 수많은 새 신자들이 복음을 들었고 하나님을 예배하며 교회에 다니고 있다.[6] 그러나 정작 신자들을 하나님의 말씀으로 양육할 훈련된 사역자가 부족하다. 선교사들이 느끼는 심적인 부담은 미전도 종족이 있는 다른 선교지로 떠나야 한다는 것인데 선교사들은 그들이 떠난 후 새롭게 신자가 된 이곳 사람들이 곤경에 처하게 될 것을 걱정한다. "언제까지 있어야 할까?"라는 이 질문은 선교사의 머릿속을 떠나지 않는다.

　또 다른 상황에서 이 질문을 생각해 보자. 사역자는 언제쯤이야 그가 하는 설교 사역, 제자훈련, 성도들을 상담하는 일을 끝나게 될까?

　사역자가 목회를 시작할 때 성도들이었던 사람들이 그들의 삶에서 사역자의 분별력 있는 지혜와 조언을 듣길 원할 것이다. 성도들에게는 건강의 문제, 자녀 양육의 어려움, 재정, 믿음의 문제들이 위기로 닥칠 것이다.

　사역자가 성도를 돌보는 일을 완전히 끝냈다고 결코 말할 수 있을까?

　아니다. 기존신자들뿐만 아니라 주님을 영접하게 된 새 신자들도 끊임없는 문제에 봉착하게 될 것이다. 새 신자이든 기존신자이든 그들 모두의

---

[6] "거머리에게는 두 딸이 있어 다오 다오 하느니라 족한 줄을 알지 못하여 족하다 하지 아니하는 것 서넛이 있나니 곧 스올과 아이 배지 못하는 태와 물로 채울 수 없는 땅과 족하다 하지 아니하는 불이니라"(잠 30:15-16).

삶에서 가르치고, 제자 삼고, 멘토링하고 상담하는 과정은 늘 새롭게 시작된다.

이렇게 생각해 보자!

의과 대학에서 학생들을 의사로 훈련하는 일을 언제까지 해야 할까?

병원 이사회가 마땅히 훈련을 받아야 하는 모든 의사가 현재 졸업을 하고 병원 개업을 하게 됐다고 발표할 수 있을까?

이렇게 졸업한 의사들은 어떨까?

의사로서 환자를 치료하는 일을 완전하게 마칠 수 있을까?

누군가가 이렇게 말할 수 있는 날이 올까?

의사는 진료를 완벽하게 해냈고 우리 도시에 사는 사람들은 건강에 문제 있는 사람들이 아무도 없다고 말이다.

7. 권위와 영향력

부모에게 있어 자녀 양육과 그들을 조언하는 일이 끝나게 될 날이 올까?

일부에게는 그럴 수도 있겠지만, 대부분에게 그런 날은 절대 찾아오지 않을 것이다. 부모의 역할은 자녀의 삶 전체를 거치면서 계속 변하게 될 것이다. 그러나 부모의 책임과 금전적 뒷받침, 영향력은 결코 끝이 없다. 아래의 도표는 늘 변화하는 부모의 역할에 대해 생각해 볼 수 있는 가장 좋은 예다.

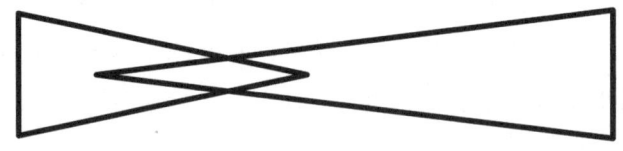

왼쪽에 있는 삼각형은 자녀의 삶에 대한 부모의 통제를 보여준다. 오른쪽에 보이는 삼각형은 자녀 자신의 삶에 대한 통제를 나타낸다. 왼쪽에서 오른쪽까지의 전체 그림은 자녀의 삶의 시간표를 보여준다. 언제 먹고, 무엇을 먹을지, 무엇을 입을지 등등 처음에 실제로 하게 되는 모든 결정은 부모의 특권이다. 그러나 빨간 셔츠를 입을지 파란색 셔츠를 입을지, 또는 치마를 입을지 청바지를 입을지 아니면 토스트를 먹을지 시리얼을 먹을지 아이 스스로 결정하고 부모가 허락하게 되는 때가 자녀들의 삶에 찾아온다. 결정하는 경험을 통해 아이의 책임감이 자랄수록 부모의 통제는 줄어들게 된다. 결국, 부모들이 자녀를 잘 가르치고 지도해준 덕에 아이들은 부모의 직접적인 지시가 없이도 책임감 있게 삶 속에서 결정할 수 있게 된다. 그런데도 부모는 항상 자녀의 삶에 함께하고 관심을 가져야 한다. 게다가, 현명한 부모로서 삶의 본을 통해 그들의 자녀, 손주, 조카들에게 조언을 해주고 삶의 길잡이가 돼 줄 것이다.

책임감 있는 부모는 자녀가 태어났을 때부터 그들이 살아있는 어떤 순간에도 결코 자녀를 버려두거나 유기하지 않을 것이다. 부모의 지도는 오랫동안 지속할 것이고, 그 과정에서 아이들은 조금씩 성장하고 성숙해질 것이다. 이처럼, 선교사들은 새롭게 회심한 사람들의 인생을 감독하고, 삶의 안목을 기르게 하며 지혜와 조언, 가르침, 멘토링을 주도록 노력해야 한다.

선교사들은 일정한 직업의 틀을 벗어나 자유롭게 사역하기를 원한다. 그러나 많은 선교사는 교회가 세워진 곳에 매여 목회자로서 그들의 전 생애를 보내고 있다. 때로는 선교사들의 책무가 선교지를 옮기는 것을 잃어버리게 했다고 비난받기도 한다. 언뜻 보기에는 그 비난이 그럴 싸 해 보인다. 반면 어떤 선교사들은 몇몇 사람들이 그리스도를 구주로 영접했다고 확신하면 얼마 지나지 않아 다른 사역지로 이동했다.

이러한 선교사들은 진득하게 한곳에서 사역하며 제자로 삼는 것을 하나님이 주신 소명으로 여기지 않는다. 그래서 그들은 더 많은 사람에게 복음을 전하기 위해 다른 지역으로 떠나게 된다. 그러나 어떤 선교사들은 복음을 전파하는 초기 개척자의 역할을 벗어버리고 제자를 세우는 임무를 시작했다. 후에 그 선교사들은 현지인 형제자매들과 함께 사역하는 사람들이 됐다. 더 나아가 그 선교사는 새로운 지역에 개척을 시작하면서 이전 사역지의 현지인들의 사역에도 협력했다. 비록 선교사들이 한 사역지에 머물며 오랫동안 선교활동을 할지라도 선교사들은 가만히 앉아서 시간을 때운 것이 아니었다.

8. 선교사의 역할

선교사였던 해롤드 풀러(Harold Fuller)는 선교사들의 다양한 역할에 대한 통찰력을 제공했다.[7] 선교사가 미전도 종족, 미개척 지역에 처음 도착했을 때는 개척자의 역할을 한다. 개척 선교사들은 강하게 내리쬐는 뜨거운 햇볕을 가리는 모자를 쓰고 마체테(열대지방에서 주로 길을 내거나 사탕수수와 같은 작물을 자르는데 이용되는 외 날의 큰 칼-역주)를 사용하고 있을 것이라고 많은 사람은 생각한다.

그러나 이런 경우는 극히 드물다. 다수의 새로운 선교지들은 고층 건물이 밀집된 도시의 상업 지역 중심에 있다. 개척선교사는 새로운 지역에서 전도하거나 교회를 세운다. 주축이 되는 성도들이 함께 모이고 지역교회가 형성되면서 개척선교사는 자신이 생각했던 것보다 더 많은 일에 얽매여 있다는 것을 알게 될지도 모른다. 만약 선교사가 진정한 개척 정신이 있다면, 그는 예수님이 전해지지 않은 곳에 그리스도를 전하기 위해 새로운 땅으로 또다시 이동한다. 그는 동시에 이미 신자가 된 현지인들이 스스로 성장하도록 내버려 둘 수 없다는 사실에 좌절감을 느낄 것이다.

---

7 W. Harold Fuller, *Mission-Church Dynamics* (Pasadena, CA: William Carey Library, 1980), Appendix G.

때로는 선교사들이 개인에게 그리스도를 믿도록 전하고, 새 신자들을 교회로 초청하고, 신자들 스스로 자립하도록 내버려 둔다. 선교사는 새롭게 전도해야 할 사람들을 찾아 떠난다. 이러한 결과가 초래한 교회의 모습은 기껏해야 무기력하고, 최악의 경우는 이단적으로 된다. 보통은 전통적인 종교들과 완전히 혼합됐을 때를 제외하고는 오랫동안 지속하지 못한다.

선교사의 역할이 어린 교회와 제자를 양성하고 멘토하는 부모의 역할로 시각을 전환할 때 훨씬 건강한 결과가 산출된다. 개척선교사의 삶에서 이러한 역할의 발전이 없다면, 선교사는 적어도 다음 선교사의 두 번째 임무를 수행할 수 있도록 노력해야 한다.

선교사 사역의 두 번째 역할은 부모와 양육자의 역할이다. 제자훈련, 목회자훈련, 신학 교육, 훈련학교 설립, 현지인 신자들을 돕는 것은 문화적으로 적절한 형태의 기독교를 세우는 데 도움을 주는 것이며 사실, 이것은 많은 선교사가 그들의 부르심을 느끼는 부분이다. 신자와 교회들이 성숙하게 성장함에 따라 선교사들은 다시 한번 역할의 변화를 발견하게 될 것이다.

세 번째 선교사의 역할은 동반자다. 이러한 선교사는 훈련된 현지의 전도자들, 목회자들, 교수들과 함께 서로 협력해 사역한다. 그들은 사역과 결정을 공유하고 그런 상황 속에서 사역을 확장하고 발전시킨다. 다시 말하자면, 개척자로 들어왔지만, 그 후 부모가 되는 것으로 옮겨간 선교사는 그 과정에서 성장통의 불편함을 느낄 수도 있다. 대신에, 만약 선교사가 떠나는 것이 그의 삶에 대한 하나님의 소명에 충성하기 위한 최고의 방법이라고 믿는다면, 그는 이 역할을 맡을 새로운 선교사들의 도착을 조치한 후에 떠나야 한다.

네 번째 역할은 참여자다. 이 조정은 사역이 한 지역에서 계속해서 발전할 때 요구된다. 결국, 선교사는 현지인들의 사역에 참여자가 될 뿐이다. 일반적으로, 이 관계에서의 발전은 선교사가 새로운 분야에서 사역하기 시작할 때 실현된다. 선교사는 이따금 이전 사역지를 방문하게 될 것이다. 오래전에 그의 사역의 열매로 위임받은 현지인 목회자들의 설교를 들으며 기뻐할 것이다.

이러한 역할의 변화가 일어나지 않는 지역에서는, 종종 역기능과 긴장이 생기는 경우가 많다. 선교 사역을 훈련된 현지인들에게 전수할 필요성을 이해하지 못하는 선교사들은 본래의 역할을 계속 수행한다.

신자들의 첫 번째 세대는 실제로 그들이 그렇게 하기를 선호하고 선교사들이 계속해서 그들의 본래의 역할을 해주기를 요구할지도 모른다. 현지의 두 번째, 세 번째 세대들은 선교사들이 왜 그들의 권위를 계속 지배하고 있는지 의문을 갖기 시작하는데 특히 그들의 부모와 조부모들이 신자라는 사실이 관계됐을 때 더욱 그렇다. 그들은 여전히 자신들의 언어를 완벽하게 하지 못하고, 자신들의 문화를 철저히 이해하지 못하는 선교사가 그들의 부족들 사이에서 주인처럼 여겨지는 이유를 궁금해할지도 모른다. "선교사는 고국으로 돌아가라"라는 외침이 일어나기 일쑤다. 합법적인 선교의 다양한 역할과 선교에 대한 개인적인 부르심을 이해하는 것은 선교지에서 필요와 수요가 변화하고 있는 가운데 평화와 균형, 생산적인 사역을 찾기 위한 열쇠다.

중국은 최근 수십 년간 성공적인 선교의 중심지였고 서양인들이 떠나갈 때 어떤 일이 일어날 수 있는지를 보여주는 대표적인 사례로 알려지기도 한다. 중국 내 가정교회의 성장은 폭발적이고 동시에 고무적이었다. 그러나 모든 것이 우리가 바라는 만큼 좋은 것은 아니다; 중국의 교회는 신학적으로 훈련된 지도자들이 부족하므로 여러 면에서 상처를 받고 있다.

선교사들에 따르면, 중국 내 복음주의자들은 그들 교회의 지도자들이 신학적 교육을 제대로 받지 않았기 때문에 매해 만 개 이상의 가정교회들이 이단에 넘어가고 있다고 보고한다. 그들은 정통 기독교가 진리라고 주장하는 것을 가르치거나 방어할 수 없다. 서양 선교사들이 추방되기 이전에 중국 교회들은 복음을 전하는 방법을 배웠지만, 훈련된 평신도들과 준비된 교수들은 거의 없었다. 왜냐하면, 강제로 추방될 것을 예측한 사람은 적었기 때문이다. 문화혁명 이후에 중국인 목회자 중 성경적으로 준비돼 있거나 준비된 많은 사람이 투옥되거나 죽임을 당했다. 교회들이 계속해서 복음을 전파했고, 박해와 함께 급속한 성장을 가져왔지만, 많은 사람이 건전한 신학을 알지 못했고 그것을 배울 곳도 없었다. 한 선교사는 중국인 교회들은 어떻게 전도해야 하는지는 알지만, 그들은 그 이상에 대해서는 알지 못한다고 보고했다.

9. 결론

누군가가 "선교사들이 언제까지 계속 가르쳐야 하는가?"라고 질문을 던질 때 그 대답은 "어떤 선교사가 돼야 하는가?"라는 답이 나와야 한다. 제자훈련을 하고, 가르치고, 훈련하고, 준비시키고, 멘토링을 하기 위해 부르심을 받은 선교사들은 하나님이 그들의 은사와 부르심을 바꾸시기까지 그렇게 해야 한다. 개척 사역들에 부르심을 받은 선교사들이 만약 그들에게 은사가 없고, 부름을 받지도 않았고, 또는 하고 싶은 마음도 없는 사역에 묶여 있다면, 당연히 좌절감에 빠질 것이다. 선교 사역의 여러 가지 단계들이 있고 다양한 은사와 부르심도 있다. 제자들을 복음화시키고 가르치기 위한 성경의 명령들은 선구자 단계 이후의 모든 것을 선교에서 덜 중요한 역할과 가치로 강등시키기 위한 노력과 논쟁은 없애야만 한다.

'그들을 가르치는 것'은 고갈시키고, 시간 소모적이고, 골치 아프고, 너무 힘들다. 거의 모든 선교사가 한 번 이상 다른 곳으로 옮겨서 다시 시작하는 것이 훨씬 더 쉬울 것이라고 느낀다. 그들은 "훈련, 가르침, 멘토링하는 역할이 정말로 영원히 지속해야 하는지?" 의아해할 것이다. 아마도 우리가 이 장을 시작할 때 가졌던 질문에 답하기 좋은 방법은 우리 자신에게 우리가 선교지에서 사역을 다 마쳤을 때 그 선교지에 있는 교회가 어떤 모습이기를 원하는가? 라고 물어보는 것이다.

즉 사역의 최종 비전은 무엇인가?

우리는 그들이 하나님의 말씀을 잘 알고, 바르게 해석하고, 그것을 자신들의 문화에 알맞게 적용할 수 있기를 갈망하는가?

우리는 신학적으로 훈련되고, 성경적으로 자격을 갖춘 지도자들이 그 종족들 안에서 다른 이들을 전도하고, 제자훈련을 시키고, 또 목양하는 모습을 보길 원하는가?

당신은 예수님이 다시 오실 때까지 전하고 가르치는 일을 계속할 수 있는 교회를 보는 것이 목표인가?

만약 그렇다면 우리는 당연히 그리스도를 처음으로 전한 후에 그들 안에 성령이 계시고 성령이 그들을 모든 진리 가운데로 인도할 것이라 말하면서 그 일에서 멀어질 수 없다. 선교사가 새로운 교회와 신자들을 홀로 남겨 두기 전에 끝내야 할 힘든 일이 있고 그것은 오랫동안 해야 한다.

최근 수십 년간, 전통적인 분야와 선교 사역에서 새로운 장소와 미전도 종족들로 초점이 옮겨 감에 따라, 많은 선교사는 마침내 이 일을 현지인들에게 넘겨야 할 필요성을 느끼게 됐다. 불행하게도 선교사들이 훈련받지 않은 현지인들에게 종종 열쇠를 건네줬다.

비록 선교사가 기꺼이 교회를 이끌려는 젊은이들을 발굴했다 할지라도 그들의 손에 맡겨질 준비가 돼 있을까?

안타깝게도 선교사들이 나중에 교회 건물이 파괴되고, 기독교 서점의 책장은 비워가고, 신학교는 문을 닫고, 구제 창고의 음식은 동이 나고 있음을 알게 되면 그들은 현지의 교회를 비난한다. 선교사는 그가 자신의 형제들에게 절대 훈련하지 않은 일을 부탁했다는 사실을 깨닫는 경우는 드물다.

많은 경우에, 서양 선교사의 선교부들은 서구 선교사의 후원을 전적으로 의지하게 된다. 선교사가 떠나면 선교 후원도 끊기게 된다. 우리는 선교지의 현지인들에게 실패하도록 준비시켜 놓고 그런 일이 일어났을 때 그들을 비난한다. 해결책은 당신이 훈련한 사람들이 그들만 배우는 것이 아니라 다른 사람들을 훈련할 줄 아는 사람들을 훈련할 때까지 지도자들을 계속 훈련하는 것이다.

얼마나 하면 충분할까?

선교사들은 언제까지 계속 가르쳐야 할까?

그 대답은 성경적으로 매우 간단하다. 당신은 그가 교사로서 가르칠 때까지 가르치는 것을 멈추지 말고 훈련된 교사들을 갖출 때까지 훈련을 멈추지 말아야 한다.

추천도서

Smallman, William H. *Able to Teach Others Also: Nationalizing Global Ministry Training*. Salt Lake City: Mandate Press, 2001.

Fuller, W. Harold. *Mission-Church Dynamics. Pasadena*, CA: William Carey Library, 1980.

Winter, Ralph. "The Editorial of Ralph D. Winter." Mission Frontiers 18 (March/April 1996).

제3장

최소한의 의무:
우리는 무엇을 가르쳐야 할까?

이제 우리의 관심을 논리적인 다음 질문으로 돌려보자.
"선교사들은 얼마나 오랫동안 가르쳐야 할까?"
이 질문은 다음과 같다.
"선교사들이 떠나기 전에 현지인들은 무엇을 배워야 할까?"
또는 "선교사들이 떠나기 전에 다수의 전 세계에 있는 현지교회들이 반드시 배워야 하는 신학적 이해의 가장 기본적인 기독교 지식이 있다면 그것은 무엇일까?"

선교사의 책무는 다른 이들의 도움이 없이도 복음과 온전한 교리의 전파를 지속할 수 있도록 현지교회가 철저히 준비될 때까지 가르침과 훈련의 사역을 계속하는 것이다.

과연 그것은 어떤 모습일까?

바울은 디모데에게 디모데후서 2:2에서 다음과 같이 말한다.

> 또 네가 많은 증인 앞에서 내게 들은 바를 충성 된 사람들에게 부탁하라 그들이 또 다른 사람들을 가르칠 수 있으리라.

어떤 사람들은 여전히 궁금해할지도 모른다.

"바울, 우리가 당신에게서 배워야 하는 것은 무엇인가요?"

바울은 교리적으로 가르침을 받은 경건한 지도자들이 모든 교회에 배치되도록 하는 일의 중요성에 대해 디도에게 다음과 같이 편지를 썼다.

> 내가 너를 그레데에 남겨둔 이유는 남은 일을 정리하고 내가 명한 대로 각 성에 장로들을 세우게 하려 함이니 책망할 것이 없고 한 아내의 남편이며 방탕하다는 비난을 받거나 불순종하는 일이 없는 믿는 자녀를 둔 자라야 할지라 감독은 하나님의 청지기로서 책망할 것이 없고 제 고집대로 하지 아니하며 급히 분내지 아니하며 술을 즐기지 아니하며 구타하지 아니하며 더러운 이득을 탐하지 아니하며 오직 나그네를 대접하며 선행을 좋아하며 신중하며 의로우며 거룩하며 절제하며 미쁜 말씀의 가르침을 그대로 지켜야 하리니 이는 능히 바른 교훈으로 권면하고 거슬러 말하는 자들을 책망하게 하려 함이라(딛1:5-9).

그러나 이것은 선교사들이 얼마나 많은 교육이 충분한지에 대한 현실적인 질문을 던지게 한다. 이 문제에 접근하는 또 다른 방식은 "완성된 형태는 과연 어떤 모습일까?"를 묻는 것이다.

선교사들이 현지 목회자들에게 작별 인사를 하고 새로운 선교지로 가는 날이 왔다고 가정할 때, 그들을 향해 손을 흔드는 교회는 과연 어떤 모습일까?

이 질문에 분명하게 답하는 것은 선교사들에게 필수적인 지침을 제공한다.

어떤 현명하고 효과적인 전략은 최종 목표를 예상해야 한다. 당신이 선교 과제의 최종 목표를 달성하기 위한 전략을 짜기 시작할 때, 지금 서 있는 곳을 보고 "나는 지금 어디에 있는가?"라는 질문에 대답해보라. 당신이 섬기고 있는 영혼들의 현재 영적인 상태와 상황을 생각해 보라. 당신의 눈을 들어 질문하라.

"나는 결국 어디로 가고 싶은가? 여기 내 사역의 끝에는 어떤 교회를 남겨두길 소망하는가?"

다음으로, 당신이 있는 현재의 위치에서 당신이 원하는 곳까지의 길에 대한 단계를 구상해보라. 잠재적인 문제, 도전 과제, 예상 시간표, 현재 이용 가능한 자원 및 완성을 위해 필요한 자원을 고려하는 것이 현명할 것이다. 그런 다음, 계획을 실행하기 시작할 때 일정한 간격으로 그것을 진행하면서 진행 상황을 평가하고 필요한 경우 계획을 조정하라.

예를 들어, 당신이 복음 전도자이거나 교회 개척자라면, 당신은 복음의 메시지를 명확히 전하기 위해 우선, 언어와 그 문화의 미묘한 차이를 배울 필요가 있을 것이다. 현지인들이 그리스도를 믿기 시작할 때, 당신은 그들 안에서 제자도의 과정과 교회 설립을 시작하게 될 것이다. 그리고 나서 "나는 과연 언제 떠나야 하고 다른 곳에서 또다시 선교 사역을 시작할 수 있을까?"라는 질문이 생긴다.

한 곳에서 선교를 빨리 마쳐야 한다는 생각은 당신의 제자들이 아직 그들 스스로 날아갈 준비가 되지도 않았는데 당신을 둥지로부터 떠나게 할지도 모른다. 그 대신 당신은 떠나기 전에, 그들에게 어떻게 전도를 하고, 제자훈련을 하고, 또 교회 리더십을 세우는지를 가르쳐야만 한다. 아니면 여러분이 떠나기 전에 누군가가 이것을 그들의 최종 목표로 정했는지를 확인해야 한다. 하나님이 현지의 영혼들을 충분히 가르치기 위해 교회-개척선교사들에게 위임하셨다. 그 결과로 "그들은 하나님의 사람으로 온전하며 모든 선한 일을 갖추게 될 것이다"(딤후 3:17).

1. 문제를 식별하기

하나님의 말씀이 교회 지도자들에게 요구하는 필수적인 성경적, 신학적 지식은 무엇일까?

타협할 수 없는 사역적 기술은 무엇인가?

현지인들의 지도력에 있어서 당신이 찾고 계발시켜야 할 중요한 쟁점들은 무엇인가?

선교지의 목회자들은 신학교가 없는 상황 속에서 어떻게 이 모든 것을 배울 수 있을까?

당신이 선교지를 떠나기 전에 그들이 이러한 교육 과정을 스스로 실행할 수 있는지 어떻게 확신할 수 있을까?

많은 나라에서 현지인들의 언어와 문화로 된 신학교나 목회자 훈련 프로그램이 있는 곳이 흔하지 않다. 이런 상황에서, 많은 선교사가 활용하고 있는 한 가지 도구가 있는데 그것은 MAWL(모델, 도움, 관찰, 떠남) 모델이다. MAWL 훈련모델은 지난 수 세기 동안 의사와 목사들의 사례를 통해 제자들을 교육하는 방식이었다.

그것은 수습생이 보고 행함으로써 스승으로부터 배우도록 한다. 그 수습생이 준비가 되면, 그는 더 이상 선생님의 훈련생이 아니라 스승은 그를 지켜보고 도우면서 스스로 일을 시작한다. 이때 선생님은 수습생의 지식과 실습이 안정됐는지 관찰하고 확인한다. 견습생이 이제 실수 없이 모든 일을 홀로 잘 진행할 때, 드디어 선생님은 그를 떠날 수가 있다.

이것은 주변의 대학교와 신학교가 없는 환경에서 할 수 있는 제자도와 가르침의 완벽한 모델이다. 그러나 이 모델은 전체적으로 드물게 사용되고 있고, 교리적으로 필요한 철저한 지식과 건전한 교리적 기반을 주기 위한 것보다 종종 교회 개척의 경험을 반복하기 위해서만 사용된다.

> 내가 선교지에 도착해서 막 가르치기 시작했을 때 데이비드라는 현지인이 내게 매우 불친절한 목소리 톤으로 말했다. "우리는 당신이 무엇을 가르쳐 줄 것인지에 대해 알고 싶어요." 그는 이어서 "나는 기독교를 믿은 지 6년이나 됐어요. 그러나 나는 아직 가장 기본적인 지식이 무엇인지조차 몰라요." 그는 자신의 프랑스어 성경책을 펴서 내게 한 구절을 읽어줬다.

때가 오래됐으므로 너희가 마땅히 선생이 됐을 터인데 너희가 다시 하나님의 말씀의 초보에 대해 누구에게서 가르침을 받아야 할 처지이니 단단한 음식은 못 먹고 젖이나 먹어야 할 자가 되었도다(히5:12).

그러고 나서 그는 말했다.

내가 지금쯤이면 기독교의 기본적인 지식을 갖추고 있어야 할 텐데 내게는 아무런 토대가 없어요. 당신은 나에게 그 기본적인 것을 가르쳐 주실 의향이 있나요? 우리 교회는 지금껏 한 번도 기독교의 기본적인 것을 가르쳐 준 적이 없어요. 아내와 나는 현지에서 깊이 헌신할 수 있는 열두 명의 제자들을 세우기 위해 한 해 동안 열심히 기도했다. 우리 앞에 정확히 12명이 앉아 있었다. 나는 너무나도 놀라서 할 말을 잃었고 스스로 다시 한번 되물었다. "과연 무엇이 가장 기본적인 것인가?"

- 댄 세어드, 갈보리선교침례교회 담임목사 · 링컨대학교 방문교수

영적 지도자와 신자들이 경건한 삶을 살고, 실수를 저지르지 않고, 영적 전쟁의 공격에서 승리하기 위해서 하나님의 말씀에 근거한 건전한 교리를 배워야만 한다. 수 세기에 걸친 정령 숭배와 전 세계의 종교들은 세계관과 종족의 문화가 혼합돼서 현지인들의 삶에 성경적 이해를 가로막는다. 많은 새 신자가 하나님과 그리스도께서 그들의 이전 신앙 속에서 그들을 위해 무엇을 했는지를 이해하려고 노력하지만, 그 가운데 결과는 혼합주의와 이단이 양산되고 만다. 그들의 현실에 대한 전통적인 이해는 하나의 기도문을 외운다고 해서 저절로 사라지지 않는다. 호잇 러브리스(Hoyt Lovelace)는 말한다.

즉각적인 회심과 중생은 복음을 처음 들을 때 발생하지만 이 경우 적절한 믿음을 가진 지식 공동체의 후속 조치와 성장이 필수적이다. 그렇지 않으면 그

것은 하나님의 진리와 다소 빠진 문화적, 종교적 변화에 대한 그들의 생각을 토론하기 위해서 모이는 하나의 대중 운동과 유사할 수가 있다.[1]

새로운 신자들에게 모든 진리로 그들을 인도해 줄 성경과 성령만 있다면 모든 것이 충분하다는 공통된 주장은(요 16:13) 예수님의 말씀을 문맥적으로 잘못 해석한 것이다. 예수님은 우리가 제자로 삼고 가르쳐야 한다고 말씀하셨다. 성경과 성령만 있으면 충분하다는 것은 성경이 명령하는 다른 많은 훈계와 직접적인 모순이 될 것이다. 예수님은 성령께서 아직 기록되지 않은 신약성경의 글에서 진리를 계시하실 것을 말씀하신 것이다. 요한복음 16:13의 전체 내용은 예수님이 말씀하신 의미를 더 쉽게 이해하도록 돕는다.

> 진리의 성령이 오시면 그가 너희를 모든 진리 가운데로 인도하시리니 그가 스스로 말하지 않고 오직 들은 것을 말하며 장래 일을 너희에게 알리시리라 (요16:13).

이것은 예수님이 제자들을 훈련하고 가르치기 위한 성경의 지시를 버리고 가르치도록 허락하신 것이 아니다.

미국 안에도, 성령과 성경을 믿는 수많은 신자 중 불행하게도 이단에 빠진 자들이 많다. 그리스도에 대한 어떤 관심을 나타냈지만, 거짓 종교의 문화에 깊이 빠져 있는 자들을 그냥 내버려 두는 일은 더 위험한 것이다. 현지의 지도자들을 잘 훈련하고 있는 선교사들을 선교의 일을 늦추는 것으로 여겨서는 안 되며 대신 견고한 기초 위에 토대를 다지는 것으로 봐야 한다. 데이비드 브레드소는 말한다.

---

[1] Hoyt Lovelace, "Is Church Planting Movement Methodology Viable? An Examination of Selected Controversies Associated with the CPM Strategy," paper presented at the Evangelical Theological Society Spring Southeast Regional Conference, 2006.

교회 성장에 헌신 된 교수들과 선교사들은 선교지에서 전도, 신학, 성경연구 등을 그의 교실 근처에서 걸으며, 살고, 또 죽어가는 수천 명의 사람에게 학문을 가르치기 위해서 노력한다. 선교사는 그의 학생들이 신학교에 스스로 찾아올 것이라고 기대해서는 안 된다. 그는 학생들에게 선교에 영향을 미치는 교회를 개척하고, 지원하고, 목회하도록 모델링하고 도전하도록 그 연관성을 보여 줄 필요가 있다. 역사적인 선교 분야 안에서 확립된 복음주의 교단들 사이에서 교회 성장 정신과 함께 학문을 가르치는 교수와 선교사들은 절대적으로 필요하다.[2]

2. 전인적인 접근

윌리암 케리(William Carey, 1761-1834)는 그의 선교 전략에서 현지인들을 위한 전인적인 훈련 사역의 지혜를 발견했다. 목회자를 준비시키기 위한 그의 노력은 성경 교육과 신학 교육을 넘어 지도자들이 자신과 그들의 교회를 도울 수 있는 많은 측면을 포함했다. 사회적 상호작용, 가족의 리더십, 일상의 지혜를 위한 문화적으로 적당한 기술을 가진 목회자는 다른 사람들이 존경할 만한 효과적인 지도자다.

안데스산맥에 사는 퀴추아 복음주의 지도자들은 그들에게 있어 가장 필요한 것은 리더십 훈련이라고 말했다. 만일 그것이 그들 문화 속에서 현지인들을 전도하려 한다면 그들에게 필요한 훈련은 전인적이어야 하고 단순히 성경과 신학에 대한 교육 그 이상이어야 한다.

철저한 목회적 준비는 이상적으로 리더십을 위한 다양한 기술과 지식을 포함한다. 새로운 사역의 장소에서 시작하기를 갈망하는 선교사들은 그들

---

2   David Allen Bledsoe, "A Plea to Reconsider TE Engagement," an unpublished paper, 8.

이 떠나기 전에 현지인 교회 안에 훈련되고, 성경적으로 자격을 갖춘 지도력이 있는지 확인할 필요가 있다. 현지 목회자들에게 필요한 가장 기본적인 것은 그들의 머리와 손, 마음의 총체적인 준비가 요구된다.

1) 머리

국제적인 선교의 책무는 선교사의 복음의 메시지를 모든 측면에서 통합시킨다. 복음은 하나님은 거룩하시고, 인간은 죄인이며, 예수님은 그 해답이시고, 인간은 반드시 회개하고 중생해야 한다는 가르침을 주는 메시지다. 기본적인 복음의 내용을 이해하지 못하는 것은 종종 혼합주의, 성경 외적인 요구, 또는 성경의 가르침과 기독교 신앙의 다른 요소들에 대한 오해의 결과를 일으킨다. 예를 들어, 복음을 이해하지 못하는 사람들은 교회의 구성원이 되는 것이 구원받는 것과 동일하다고 믿을지도 모른다.

교회가 새 신자반 성경 공부를 요구할 때, 사람들은 새 신자반 과정을 수료하면 교회의 회원이 될 수 있어서, 그것은 또한 구원을 제공한다고 믿는다. 또 다른 예는 글을 읽고 쓸 줄 아는 능력이 의사소통하는 교회 구성원들에게 요구되지만, 그것이 사람들의 마음속에 구원을 위한 필요조건이 되기도 한다.

상상력이 풍부한 사람들의 오류를 피하려고, 그들 언어로 성경을 가진 신자들은 성경을 해석하는 방법을 배워야 한다. 저자의 본질적인 의도를 파악하기 위해서 역사적이고 문법적인 방법론은 성경의 언어, 즉 히브리어나 헬라어에 대한 지식이 없어도 이해할 수 있는 가장 좋은 방법이다.

성경해석에 대한 책임 있는 해석 방법에 대한 지침이 없다면, 현지의 목회자들은 감정에 기대어 개인적인 의견을 바탕으로 잘못된 결론에 쉽게 빠질 것이다. 그들은 이질적인 세계관의 렌즈를 통해 성경을 보면서 하나님의 말씀을 이해하려고 노력할 것이다.

예를 들어, 힌두교 세계관을 가진 현지인이 영원한 삶이나 거듭남에 대한 개념이 담긴 선교사의 메시지를 어떻게 이해할 수 있을까?

성경에서 영들을 언급하는 이야기를 들을 때 정령 숭배자들은 어떤 걸림돌을 느끼게 될까?

마법과 마술에 익숙한 사람들이 사울과 엔도르의 신접한 여인의 이야기와 같은 성경의 메시지를 보면 어떻게 이해하게 될까?

현지인들은 그들 자신의 관습에 대해 확신을 하고 성경을 해석할 것인가?

조상 숭배자들은 부모에게 존경을 표하는 성경의 간곡한 권고를 어떻게 해석할까?

가장 자연스러운 현상은 성경의 내용을 이해할 수 있는 유일한 방법인 그들의 세계관으로 해석하는 것이다. 만약 현지의 교회가 진리 안에서 계속해서 바로 서 있기를 원한다면 성경적으로 책임 있는 해석학적 교육 과정이 반드시 자리 잡도록 해야 한다.

목회준비에는 성경의 메시지에 대한 기본적인 이해도 포함돼야 한다. 이것은 문해 능력을 꼭 요구하라는 것은 아니다. 문맹인들이 살아가는 선교지에도 이야기를 통해서 성경의 파노라마를 들을 수 있고 이해할 수도 있다. 문맹률 수준이나 이전의 교육수준과 상관없이 현지의 목회자들은 성경의 구조를 설명하고, 그것이 어떻게 쓰였는지, 인간 저자가 누구인지, 성경 안에 있는 책들의 배경, 성경 전체에 흐르는 주제 및 하나님의 계시로부터 확실하게 배울 수 있는 성경신학의 가르침을 통해 커다란 유익을 얻을 수 있을 것이다. 만약 선교지에 그리스도를 영접한 종족들이 생겨나고 그들이 하나의 교회를 이루었다고 가정해보자.

그러나 현지인들이 아무것도 배운 것이 없다면 그 안에서 얼마나 오랫동안 진리가 변질되지 않고 지속할 수 있을까?

성경 공부 자료가 있는 도서관 시설이 없는 경우, 일부 선교사들은 자료를 구할 수 있는 언어 그룹 중에서 교리적으로 건전한 스터디 성경을 사용하는 방법을 지역 목회자들에게 가르치는 것이 도움이 된다는 것을 알게 됐다. 한 선교사는 스터디 성경을 교재로 삼아 지역 목회자들에게 교리 문제와 하나님의 말씀을 연구하고, 성경 공부와 설교를 준비하고, 도움이 필요한 사람들에게 봉사하는 데 스터디 성경을 사용하는 방법을 가르쳤다. 이 스터디 성경이 사실상 목회 도서관 역할을 하는 것이다. 이로 인해 그는 이전 사역에서는 없었던 책임감 있게 하나님의 말씀을 연구하고 가르칠 수 있다는 확신도 갖게 됐다.

하나님은 말씀으로 자신을 계시하셨으며, 이처럼 성경은 우주에서 유일하고 구체화된 절대적인 것이다. 성경의 가르침은 절대로 실패하지 않을 것이며, 믿음과 삶에 있어 충분하다. 세상의 많은 곳에서 발견되는 기독교의 표현은 성경의 가르침과 거의 유사하지 않기 때문에, 선교사는 현지인들이 하나님을 올바로 알기 위해서 그들을 하나님 말씀의 가르침으로 인도해야 한다. 하나님의 계시는 중요하다. 하나님의 말씀을 통해서 나오는 그분에 대한 참된 지식은 불필요한 찌꺼기가 아니다. 피터 아담(Peter Adam)은 다음과 같이 말했다.

> 우리는 이 말로 설교하는 성경적 신학을 다음과 같은 말로 요약할 수 있다. 하나님이 말씀하시고, 기록하시고, 그 말씀을 설교한다.[3]

일부 선교사들은 엄격한 신학교에서 교육을 받고 졸업한 후에 문맹률이 낮은 문화의 선교지에서 사역하기도 한다. 신학교에서 추상적 개념의 형태로 그들이 배운 3년간의 신학 교육을 선교지에서 구체적인 서술 방식으로 현지인들에게 제시해 주는 과정은 따분하고 고단하다. 그러한 문화에

---

[3] Peter Adam, "Preaching and Biblical Theology," in *New Dictionary of Biblical Theology: Exploring the Unity & Diversity of Scripture*, ed. Brian S. Rosner, T. Desmond Alexander, Graeme Goldsworthy, and D. A. Carson (Downers Grove, IL: InterVarsity Press, 2000), 104.

서 지도자들을 훈련하는 일에 좌절한 선교사들이 때때로 히브리어와 헬라어는 현지의 목회자들에게 불필요한 기술이라고 믿게 된다.

그런 다음 그들은 다른 과목들도 모두 동일하게 관련 없는 것이라 여긴다. 결국, 일부 선교사들은 사실상 모든 훈련이 현지인들의 능력 이상이거나 또는 사역을 위해서 불필요한 요구사항이라고 여긴다.

제임스 엥겔(James Engel)은 현실에 바탕을 둔 허구적인 이야기에서 이러한 사고의 위험성을 설명한다. 그의 이야기에서, 선교 단체의 간부들은 지상 대 명령의 종식이 얼마 남지 않았고, 그들의 생전에 이것이 성취될 가능성이 크다는 사실을 기뻐하고 있다. 그들이 선교의 실상, 수치 및 인구 통계를 자세히 들여다보면서 탐독할 때, 한 아프리카 여성이 마이크에 접근해서 이것들을 말했다.

> 나는 전 세계의 선교 역사 가운데 가장 성공적인 본보기가 될 수 있는 한 국가의 출신입니다. 그녀는 한 세기 전에 어떻게 해서 자신이 사는 지역에 교회가 세워졌고 오늘날 그 지역의 85%가 기독교인이 됐는지를 말했다. 성장의 대부분은 복음주의 교회와 오순절 교회들인데 전체 교회의 약 25% 이상을 차지한다. 그녀가 성경연구와 기도에 대한 높은 관심을 말하자 홀 안은 놀라기 시작했다. 그러나 그때 그녀가 물었다. "당신들은 제가 어느 나라 출신인지 아시나요?" 많은 사람이 대답을 외쳤지만 아무도 맞추지 못했다. 그녀는 대답했다: "저는 르완다 사람입니다." 1994년에 60만 명의 투치족(Tutsis)과 후투족(Hutus)이 죽었으며, 많은 이들이 교회 안에서 모여 있는 이들을 날이 넓고 무거운 '마체테'라는 칼로 학살했다.
> "복음 전도에 대한 열정을 다해 당신들은 우리가 예수를 믿게 했지만, 그다음 우리에게 어떻게 사는지에 대한 방법은 가르쳐 주지 않았다." 만약 지상 대 명령의 끝이 보인다고 가정한다면, 우리는 르완다뿐만 아니라, 소외된 유물론, 소외 계층의 억압과 도덕적 가치의 악화가 매년 증가하는 소위 기독교 국가들에 대해서 어떻게 설명할 수 있을까?

분명히 이것은 주님께서 "가서 제자를 삼아…. 내가 너희에게 분부한 모든 것을 가르쳐 지키게 하라(마 28:18-20)"는 명령을 하실 때 예수님이 구상하신 결과는 아닐 것이다.[4]

대량 학살과 같은 시기의 통계에 따르면 르완다는 아프리카에서 가장 복음화 비율이 높은 나라였으며 인구의 90% 이상이 기독교인으로서 세례를 받았다. 그러나 선교의 복음화가 거의 완성된 나라에서 불과 몇 달 동안에 저질러진 만행은 인류가 지금까지 했던 일 중에서도 가장 끔찍한 행위를 저지르고 말았다. 폴 워셔(Paul Washer)는 말한다.

우리는 진리를 선포하도록 부름을 받았을 뿐만 아니라…. 우리는 그들이 무엇을 해야 하는지를 가르쳐야 한다. 선포와 그것들을 구성하는 단어들이 중요하지만 올바르게 정의되고 적용되는 단계까지 중요하다. 복음도 마찬가지다.[5]

선교사는 무엇을 가르쳐야 할지와 동시에 무엇을 가르치지 말아야 할지도 알고 있어야 한다. 하나님의 말씀과 기본 신학의 전체적인 내용을 가르치고, 그 후 문화적 맥락에서 이러한 진리의 적용을 돕는 것도 필수적이다. 한 문화에 관련된 주제와 화제는 다른 문화에서 다소 깊이 있는 처리가 필요할 수도 있다. 예를 들어, 서양에서 발전된 조직신학은 일부다처제와 정령 숭배의 이유와 문화적 결과에 깊이 관여하지 않는다.

교회론은 선교학의 운전대 역할을 하므로, 여기서 중요한 질문이 제기돼야만 한다.

교회란 무엇인가?

물론, 이 장에서는 심오한 논의를 다 할 수는 없다. 그러나 몇몇 기본적

---

4 James F. Engel, "Beyond the Numbers Game," *Christianity Today,* August 7, 2000, 54.
5 Paul Washer, "Gospel 101," *HeartCry Magazine* 54 (September–November 2007): 6.

인 지침은 우리가 여기서 필요로 하는 깊이에 대한 충분한 설명을 제공한다. 역사적으로 참된 교회의 표지는 말씀의 선포, 성만찬과 세례(침례)의 준수, 교회의 치리다. 미국 서던침례교회(Southern Baptist Convention)의 국제선교위원회는 그들의 선교사들이 신약교회를 인정하기에 충분한 정의를 채택했다(부록 참조). 그 정의는 성경적이며, 하나님의 말씀과 규례 및 지도력의 탁월성과 같은 지역교회의 여러 가지 세부적인 면을 다루고 있다.

당신의 교회가 이러한 정확한 정의를 고수하지 않을지라도, 신약의 교회를 정의하기 위해 노력하는 어떤 성경적인 연구는 교회가 단지 함께 만나서 성경을 읽는 모임은 아니라는 점을 분명히 한다. 선교사들은 현지인들에게 교회에 관해 성경이 말한 것을 가르치고 현재 사용하는 문화적 형태나 가장 편법적인 것에 대한 선호를 바탕으로 스스로 정의하도록 내버려 두지 않는 것이 중요하다.

마크 데버(Mark Dever) 목사는 목회자와 장로가 건강한 교회의 표지를 이해하도록 돕고 있다. 데버가 제시한 9개의 표지는 각각 다음의 특징으로 이어지고, 그다음으로 이어질 때 이전의 것으로부터 논리적인 결론을 형성하게 된다. 데버에 따르면 건강한 교회는 강해설교, 성경신학, 복음에 대한 성경적 이해, 회심에 대한 성경적 이해, 성경적 전도, 교회 회중에 대한 성경적 이해, 성경적 교회훈련, 성경적 제자훈련과 영적성장, 성경적 리더십이 특징이 되어야 한다고 광범위하게 말한다. 물론 데버는 진정한 교회가 되기 위해서 필수적 요구사항이 있다고 말하기보다는 위의 것들이 건강하고 진정한 교회의 표지라고 말했다.

선교사들이 건강한 교회에 대한 이러한 성경적 지침뿐만 아니라 참된 교회의 표지를 현지의 목회자들에게 가르칠 때 그 결과는 세상의 문화 속에서 하나님의 능력에 대한 온전하고 재 생산적이며 지속적인 증언이 될 것이다. 목회준비, 지도력훈련, 신학 교육에서 가르칠 성경적이고 신학적인 진리에 대한 다양한 측면이 있다. 이들 모두는 문화적으로 적절한 형태로 메시지를 상황화하고 전달해야 한다. 머리로 가르치는 것은 성경적 리더십 훈련의 한 부분일 뿐이다.

2) 손

사역의 힘은 지식이 한 사람의 뇌에서 또 다른 사람의 뇌로 단순히 이동하는 것 이상의 것이 필요하다; 또한 지도자들의 삶과 사역에서 발전된 일련의 기술이 있어야 한다. 일부 훈련 프로그램에서는 이것을 실천신학(Practical Theology)이라고 부른다. 선교사들은 서구 신학의 체계에서 실천신학의 교육을 받았기 때문에, 그들이 배운 정보가 새로운 문화에서 어떻게 표현될 것인지를 재고해야 한다.

예를 들어, 많은 서양의 강단에서 사용하는 연역적 추론과 세 가지 논점은 비논리적이고 다른 문화권의 많은 사람의 생각에는 이해하기 힘들다. 구체적으로 우리가 예수님의 가르침에서 볼 수 있는 이야기, 은유, 비유, 또는 확장된 예 등은 많은 비(非) 서구인들이 더 이해하기 쉽다. 따라서, 선교사들이 활용하는 설교 방식은 확실히 다를 필요가 있다.

복음을 전하는 것만큼 보편적인 선교사 책무의 측면에서도 문화적인 것과 세계관의 차이를 고려해야만 한다. 서양에서 목격하는 것은 전통적으로 유대교와 기독교의 공통된 세계관을 중심으로 발전해왔다. 사실상 모든 복음주의적인 프로그램은 전달하는 자와 듣는 이가 같은 현대 세계관을 공유한다고 가정한다. 그중 하나의 복음주의적 방법으로는 "만일 당신이 오늘 죽는다면 천국에 갈 수 있는 확신이 있습니까?" 또는 "만약 당신이 하나님 앞에 서 있다고 가정하고 하나님이 왜 당신을 천국에 보내야 하는지 묻는다면 당신은 무슨 말을 할 것입니까?" 이러한 두 가지 질문은 듣는 이가 성경의 하나님, 천국과 지옥, 죄 등을 믿는다는 것을 전제로 한다.

다른 많은 문화권에서는 그러한 복음 전도의 기본적인 내용도 모르는 세계관을 가지고 있다. 효과적인 복음 전도의 핵심은 당신이 동일 문화권의 복음주의적 방법에 의존하는 것이 아니다; 그것은 예수 그리스도와 그의 말씀, 당신이 암기하고 사전에 포장된 접근 방법이 없이 복음을 전할 수 있을 정도로 그 대상 문화를 잘 아는 것이다.

> 신학교에서 신학을 가르치는 사람은 미래 지도자들의 마음에 영향을 주고 신학교에서 전도와 교회 성장 과목들을 가르치는 사람은 학생들의 발에 영향을 미친다는 사실을 깨달았다.
> - 데이비드 브레드소, 브라질의 도시 전도자 · 교회 개척 훈련사

더 복잡한 도전 거리는 전 세계의 많은 현지 지도자들이 언어의 장벽을 넘어 문화적 차이를 고려하지 않은 서양 선교사들로부터 성경과 신학 교육을 받았다는 사실이다. 서양에서 온 교수나 선교사들은 단순히 그들의 노트를 번역하고 그들이 미국에서 학교에 다닐 때 배운 것을 현지의 목회자들에게 똑같이 가르쳤다.

그들이 가르치는 수업의 주제, 전달 방식, 강의 스타일, 의복, 교실 배치, 책의 서평, 강의들 및 연구 논문 등의 교수 기법을 제시하는 순서는 모두 그들이 신학교 시절의 거울처럼 다른 언어로만 전달되고 있었다. 새로운 선교사들이 문화적으로 적절한 교수법과 기술을 사용해 현지의 지도자들을 가르치려고 할 때, 그들은 종종 기존 선교사들과 그들에 의해 교육을 받은 현지인들의 반대에 부딪히게 된다. 그 새로운 방법은 그들에게 필수적인 가르침을 '적폐 하는' 것처럼 보일지도 모른다.

많은 선교사가 미래의 사역에서 현지인들에 의해 지속할 수 없는 문화적으로 부적당한 방식으로 그들을 교육하는 것이 자신들의 유일한 선택으로 보일 때 현지인들을 훈련하는 일을 완전히 포기할지도 모른다는 사실은 전혀 놀랄만한 일이 아니다. 이러한 상황화의 개념은 10장에서 더 자세히 다룰 것이다.

현지의 목회자들은 최소한 목회하고, 설교하고, 가르치고, 상담하고, 전도하고, 성경 공부를 인도하고 또 개인적인 영적 훈련을 실천하는 것을 배워야 한다. 도널드 맥가브란(Donald McGavran, 1897-1990)은 성경적 패턴은 선교사들이 현지에서 지도자들을 발굴하고 훈련하는 것이라고 강조한다.

맥가브란은 말했다.

바울은 갈리디아 교회의 첫 번째 지도자였고, 그들이 그의 자녀들이라고 담대히 외쳤다. 그는 그들 속에 그리스도의 형상이 이루기까지 해산하는 수고를 했다(갈4:19). 바울과 같이 선교사들은 가능한 한 빨리 종족의 지도자들과 여성 중에서 현지 지도자들을 발굴하고 훈련해야 한다.[6]

선교지에서 사역하는 사람들은 다른 사람을 가르치는 방법을 배워야만 한다. 이런 식으로만 안정된 사역의 실천은 계속될 것이다.

3) 가슴

지도자들이 가진 인격의 문제는 많은 목회준비와 지도력훈련 과정에서 종종 간과되었다. 새로운 세대의 목회자들과 지도자를 준비시키는 사람들은 젊은 지도자들의 삶에서 이러한 인격의 존재를 추정만 해서는 안 되고, 다른 영역의 가르침을 통해 자동으로 갖추게 될 것으로 생각해서도 안 된다.

하나님만이 오직 사람의 마음을 보실 수 있지만, 현지 지도자를 훈련하는 사람들은 그들이 훈련하고 추천하는 사람들이 하나님의 마음을 가진 지도자의 자격을 갖출 수 있도록 노력해야 한다. 급속하게 교회를 배가로 개척하는 운동은 필수적인 교회의 지도력을 키우지 않고 만약 그들이 지도력을 갖추고 있다 할지라도, 성경에서 말하는 자격은 거의 다뤄지지 않는다.

예를 들어, 목사와 장로들은 남자들만 안수받을 수 있다고 믿는 교단에서도 그들의 이름으로 개척된 교회에 가보면 여자 목사들도 버젓이 사역하고 있다. 이러한 원칙에 따라 활동하는 한 선교사는 여성이 목사로서 기

---

6   Donald McGavran, *Ethnic Realities and the Church: Lessons from India* (Pasadena, CA: William Carey Library, 1979), 129.

능하고 스스로 그렇게 생각하지만, 그들을 목사로만 부르지 않는다면 이 문제를 해결할 수 있다고 말했다. 중국에서 온 한 선교사는 가정교회의 목회자들의 80%가 여성들이라고 밝히고 있다. 선교사 중 일부가 그들 스스로 이것을 본보기로 삼는 데 있어 실패한다면 교회 지도자의 사역에서 정직성을 심어주는 것은 매우 어렵다.

새 신자들이 지도자로서 자격을 갖추기 전에 무엇을 알아야 할까?
과거에는 선교사들이 신자들에게 지도력을 부여하기 전까지 수십 년을 기다렸다. 오늘날 일부의 교회 개척 모델들은 새 신자들에게 어떤 신학적 훈련 이전에 목회적 역할을 부여해야 한다고 주장한다. 성경은 이 양극단 사이의 균형을 선택한다. 신생 교회에서 인정받은 새 신자들은 성숙과 능력의 성장에 비례해 지도자 역할을 하도록 인정돼야 한다. 그러나 지역교회의 목회자가 되고자 하는 지도자들은 이러한 직책에 가기 위한 과정으로 말씀의 분명한 길잡이를 따라야 한다. 바울은 비록 바울이 첫 번째로 방문했던 새 교회에서 유대인 기독교인들이 회당에서 성경으로 훈련을 받았지만, 그들이 지도자들로 임명을 받기 위해서 바울의 두 번째 방문 때까지 기다려야 했다(행 13-14장). 또한, 바울은 디모데에게 믿음의 초보자들을 목회자의 역할에 세우지 말 것을 가르쳤다(딤전 3:6). 사실 디모데는 선교사로서 지역 회중의 상황 속에서 지도자들을 훈련하라는 명령을 받았다(딤후 2:2). 이러한 훈련은 현 지도자들이 각 세대에 전수해야 하는 구체적 지식의 체계를 포함한다. 여기에는 지름길이 없다.
- 스탠 메이 미드 아메리카 침례신학대학원 선교학 교수 및 학과장
이전 짐바브웨 선교사

성경은 목회자와 지도자들의 자격요건에 대해 매우 분명하게 말한다. 디모데전서 3장과 디도서 1장에서, 바울은 어떤 사람이 목회자가 돼야 하는지에 대해 자세히 교훈한다. 바울은 자격요건으로서 다음과 같이 말한다.

목사는 책망할 것이 없으며, 한 아내의 남편이며, 절제하고, 신중하며, 단정하고, 자제심이 있으며, 존경받을 만하고, 친절하며, 가르치기를 잘하며, 술 취하지 아니하고, 폭력적이지 않고, 온화하며, 거만하거나, 쉽게 화를 내지 않고, 돈을 사랑하지 않으며, 하나님의 청지기이고, 그의 자녀들을 잘 다스리며, 새로 믿는 자가 아니고, 외인에게도 선한 증거를 얻은 자이며, 선하고, 옳은 것과 바른 것 거룩한 것을 사랑하는 자니라.

단지 목회자의 직분만 구체적으로 성경적 자격요건을 가진 것이 아니다. 디모데전서 3장은 집사들의 자격요건과 필수적인 특징들도 제공한다. 집사는 정중하고, 일구이언하지 아니하고, 술에 인 박히지 아니하고, 더러운 이를 탐하지 아니하고, 깨끗한 양심과 시험 되고 비난할 것이 없으며, 한 아내의 남편이 돼 자녀와 자기 집을 잘 다스리는 자라야 할지니라. 분명히, 이런 자격을 갖춘 사람들은 신생 교회들이 경건하게 성장하는 데 필요한 종류의 지도력을 제공할 것이다.

바울은 단지 가르치기만 잘하는 것을 목사나 장로가 되는 데 있어서 유일한 자격으로서 말하지 않고, 그가 이러한 다른 특징들도 열거하고 있다는 것이 주목할 만하다. 다시 말해서, 신학 교육은 자격요건의 단지 한 측면일 뿐이다. 그러나 바울이 "가르칠 수 있는 능력을 영적 지도자의 자격요건에서 빠뜨리지 않았다는 점도 주목해야 한다. 가르칠 수 있는 것은 성경에서 말하는 교회 지도력의 필수 요건이다."[7]

그러나 가르칠 수 있는 것은 진리를 아는 것뿐만 아니라 진실성과 정직성에 대한 믿을 만한 증거가 요구된다. 머리(head), 손(hands), 가슴(heart)은 성경적으로 자격을 갖춘 지도자에게 있어 모두 중요하다. 급속한 교회 성장의 모델은 종종 평신도 리더십을 고집하기도 한다. 왜냐하면, 목사를 훈련하는 데는 시간도 걸리고 그 성장 과정을 늦추기 때문이다.

성경에 평신도 안수의 문제에 대해 명확하지 않지만, 평신도 지도자들

---

7 *POUCH Churches*, International Mission Board presentation (2008), slide 21.

의 활용은 그들이 성경적으로 자격을 갖추고 훈련을 받았다면 충분히 가능하다. 모든 교회의 성도들은 주변 사람들에게 사역자로서 기능할 수 있어야 하지만 우리는 자격을 갖춘 숙련된 목회자의 역할이나 가치를 결코 무시해서는 안 된다.

교회 리더십이 건강한 교회 성장을 위해 필요 없거나 심지어 해롭다는 믿음은 전적으로 성경적 타당성이 없고 성경의 지침과 사도적 관행에도 정면으로 반대된다. 솔직히 말하자면, 많은 선교사가 교육이 가능한 공식적인 신학교가 없어서 정식 신학 교육을 받았는지 아닌지가 잠재적인 사역자 풀을 제한하고, '추가적인' 여러 다른 요건에 준비 시간이 많이 들고, 지급해야 할 급료가 교회 개척을 늦출 때만 무급의 훈련받지 않은 평신도 사역자를 쓴다고 주장한다.

그러나 이런 것들이 문제가 되지 않는 때가 있을 수 있을까?

이 논리는 속도의 필요에서 나오는 것이다. 이들에게 교회 개척속도가 빨라지려면 그것을 느려지게 하는 모든 것들을 버리는 것을 의미한다. 여기서 매우 위험한 것은 그들의 편의를 위해 성경적 요구사항을 버리는 것이다.

목회자와 현지 지도자들의 마음은 하나님에 대한 사랑, 하나님의 말씀에 대한 사랑, 세상에 대한 사랑, 개인에 대한 사랑으로 특징지어져야 한다. 이 사랑은 그들에게 하나님 나라의 왕국을 발전시킬 뿐만 아니라 그분을 영화롭게 하는 방법으로 하나님이 그들에게 하도록 부르신 사역을 위해 필요한 훈련을 받도록 자극할 것이다.

그들의 마음은 교회에 대한 사랑으로 또한 가득 차 있다. 이 사랑은 그들에게 진리에 바탕을 둔 건강한 교회를 세우고 발전시키도록 동기를 부여한다. 나의 모교인 서던침례신학대학원의 교훈처럼 이러한 목회자들은 '진리를 위한 마음, 하나님을 위한 마음'을 형성하게 될 것이다.

3. 실행

 안데스 지방의 원주민들 사이에서 사역하면서, 나는 종종 신학교 건물, 도서관, 컴퓨터가 필요 없는 다양한 교수법을 가지고 지역의 목회자, 지도자와 성도들에게 기본적인 성경의 교리를 가르쳤다. 이 방법은 교사들이 그것들을 이용하는 것도 간단하지만 그들이 현지의 신자들 사이에서 지도력을 발휘하게 됐다. 작은 안데스의 교회들, 현지 가정의 마당, 키토(Quito)의 가난한 지역의 콘크리트로 지은 교회 건물 안에서 했던 토요일의 워크숍은 내가 신자들에게 하나님의 말씀을 이해하고 적용하도록 가르친 우리의 훈련학교가 됐다.

 우리는 어린이용 교리문답을 활용했고, 현지인들 사이에서 성경의 개요를 이해하도록 성경 이야기를 연대기적으로 말해줬다. 게다가, 나는 아주 기본적인 조직신학 개요를 가지고 그들에게 교리도 가르쳤다. 그것은 조직신학 교과서에서 우리가 발견할 수 있는 표제보다 조금 더 많았으며, 각각의 제목 아래에 몇 개의 설명적인 단락과 성경 인용이 달려 있었다. 주간 교육 시간에 준비된 참고 자료를 위해 개요를 제공하는 것 외에, 필수적인 교리가 간과되지 않도록 했다.

4. 결론

 준비는 지식만을 제공하는 것이 아니라, 나를 따르는 사람들이 준비되고, 기꺼이 그 과정을 계속할 수 있도록 지도자를 훈련하는 것이다. 목회자나 지도자들은 배움으로써, 그들의 머리를 준비하는 것이다. 그들이 사역함으로써, 그들의 손을 준비하는 것이다. 그들이 사랑으로 섬김으로써, 그들의 마음을 준비하는 것이다. 폴 워셔(Paul Washer)는 우리가 하나님과 그분의 말씀에 관해 더 배울수록 더욱 신실하게 섬기도록 요청을 받는다는 사실을 상기시켜 준다.

우리는 진실하고, 지속적인 열정이 진리에 대한 지식, 특히 복음에 대한 진리에서 생겨났다는 것을 잊고 있다. 그 아름다움을 이해하면 할수록 그 힘에 더 사로잡히게 될 것이다.[8]

인생의 많은 측면에서와같이, 이러한 목회자들은 행함으로써 가장 잘 배울 것이다. 이처럼 다른 분야의 학생들은 그들의 일에 관해 단지 책을 읽거나, 공부하는 데 많은 시간을 보낼지도 모르지만, 그들이 그것을 반드시 실행할 때가 꼭 올 것이다.

비행기 조종사는 학교 수업을 떠나서 실제로 비행을 해야 하고, 피아니스트는 실제로 피아노를 연주해야 하며, 수영 선수는 수영장에 들어가야 하고, 자전거를 타는 사람은 만약 그가 정말로 배우기를 원한다면 자전거를 타야만 한다. 실제로, 제자들을 멘토링 하는 것은 주인과 견습생의 고대 및 성경적 학습 모델이었다.

이 모델을 실제로 선보이는 최고의 작품 중 하나는 고전인, "그것이 사실이야!"(EE-taow!)와 그 후속작인, "다음 단계"(The Next Chapter)다. 이 두 작품 안에서, 마크 주크(Mark Zook)는 파푸아뉴기니아의 무크(Mouk) 부족에서 성경 이야기를 해주면서 복음을 전한다. 그 부족이 그리스도를 믿고 난 후, 마크는 그들에게 그가 가르친 똑같은 방식을 사용해서 다른 부족에게 메시지를 전하라고 도전한다. 마크는 그들이 따라 할 수 있는 쉬운 방법을 사용했기에, 그들은 그것을 다른 사람들에게 전해줄 수 있었다.

다음 마을에서 마크는 복음을 전하면서 그의 이야기를 반복했다. 무크 부족의 신자들은 곁에서 선교사가 하는 일을 보고 도왔다. 또 다른 마을에서는 무크 부족의 신자들이 복음을 전하고 마크는 그들을 지켜보면서 그들을 도왔다. 그다음 마을에서는 결국 그 사역이 무크 부족의 손에 완전히 전수됐다. 문맹 부족의 사람들은 다른 문맹 부족들에게 성경적으로 책임

---

8   Washer, "Gospel 101," 1.

감 있고 문화적으로 적절한 방식으로 진리를 가르쳤다.

선교사들이 현지교회에서 반드시 가르쳐야 하는 최소한의 것은 하나님의 말씀을 해석하고(딤후 2:15), 기본적인 기독교 교리를 가르치며(딤전 4:6), 그들이 다른 사람들을 가르칠 수 있는 훈련된 리더십을 갖추게 해야 한다. 그들은 또한 교회 지도자로서 성경에서 말하는 자격을 갖춰야 하고(딤전 3:1-7), 그들의 문화에서 복음을 비판적으로 상황화 하는 방법을 알아야 한다(고전 9:22). 나아가, 그들은 기독교 역사에 대한 대략적인 지식도 배워야 한다. 그래야 과거의 오류와 승리에 대한 지식을 가지고 그들의 선배들이 할 수 있었던 것보다 이전에 가본 그들의 어깨 위에 서고 그 길을 더 멀리 볼 수 있을 것이다. 그들은 또한 교회의 정치, 행정, 실천적인 사역의 기술을 위한 지혜로운 실천 능력까지도 갖춰야 한다.

얼마나 오랫동안 하면 충분할까?

그들이 성경과 기본 교리를 가르치는 능력이 있어야 하고, 따르는 자들에게 경건하게 살도록 가르칠 수 있어야 한다. 이것보다 작으면 충분하지 않다.

추천도서

Adam, Peter. "Preaching and Biblical Theology." In *New Dictionary of Biblical Theology: Exploring the Unity & Diversity of Scripture*, edited by Brian S. Rosner, T. Desmond Alexander, Graeme Goldsworthy, and D. A. Carson, 104–12. Downers Grove, IL: InterVarsity Press, 2000.

Engel, James F. "Beyond the Numbers Game," *Christianity Today*, August 7, 2000.

McGavran, Donald. *Ethnic Realities and the Church: Lessons from India*. Pasadena, CA: William Carey Library, 1979.

Mock, Dennis J. "Course Manuals 1-10." Bible Training Centre for Pastors and Church Leaders, 1989.

Sanders, J. Oswald. *Spiritual Discipleship: Principles of Following Christ for Every Believer*. Chicago: Moody Publishers, 2007.

_____. *Spiritual Leadership: Principles of Excellence for Every Believer*. Chicago: Moody Publishers, 2007.

_____. *Spiritual Maturity: Principles of Spiritual Growth for Every Believer*. Chicago: Moody Publishers, 2007.

Sproul, R. C. *Essential Truths of the Christian Faith*. Chicago: Tyndale, 1998.

Washer, Paul. "Gospel 101," *HeartCry* Magazine 54 (September– November 2007): 1–6.

제4장

선교사들과 현지인들: 누가 가르쳐야 하는가?

　지금까지의 논의는 선교사들이 반드시 가르쳐야 한다는 것이 압도적인 것처럼 보일 수 있다. 선교사들이 현지에서 충분히 오랫동안 또는 광범위하게 가르치지 않았을 때 문제는 분명히 발생한다. 어떤 사람은 선교사들이 훈련을 받았기 때문에 교사가 돼야 한다고 주장한다. 그러나 어떤 이는 현지인들이 그들의 자국민을 위해서는 더 나은 교사가 될 수 있다고 강력히 주장하기도 한다. 현지인들은 언어와 문화에 있어 여러 면에서 교육의 책무를 잘 수행할 수 있다. 서양 선교사가 현지인을 가르치기 위한 최고의 선택이 아닐지도 모르는 여러 가지 이유가 존재한다.

　선교사들은 종종 그들이 섬기는 선교지에서 선교 사역을 허락받을 비자를 획득할 수가 없다. 선교학자들은 이러한 장소들을 창의적 접근 국가라고 부른다. 왜냐하면, 그런 장소에서 사역하는 선교사들은 그들이 들어갈 수 있는 '창의적인' 이유를 찾아야만 하기 때문이다. 선교사들이 때로는 비자를 얻기 위해서 영어를 제2 외국어로 가르치거나 사업 고문으로 일하기도 한다. 그러나 서양의 선교 단체는 창의적인 접근이 항상 선교가 허락되지 않은 나라에 접근하는 선교사들에게만 언급할 필요는 없다. 가장 최선의 창의적 접근은 잘 준비되고 유능한 현지인 지도자들이 거기서 사역하는 것이다.

심지어, 훈련할 개종자가 하나도 없는 미전도지역의 경우에 서양 선교사들은 미국 여권을 소지하지 않은 다른 나라의 신자들을 교육하고 훈련해 신학 교육과 목회훈련을 할 수 있는 자로 섬기게 할 수 있다. 이웃 나라와 가까운 문화권에 있는 현지의 목회자들이나 신자들을 훈련해서 그들을 전 세계의 미전도 지역에서 가르칠 수 있는 일꾼으로 보낼 수도 있다.

서양인들은 그들의 교육과 훈련, 전문지식, 기금을 사용해 전 세계의 현지교회들 안에 신자들을 위한 훈련된 교사들을 육성하기 위해 이런 나라들의 사역적 기회에 창의적으로 접근할 수 있다. 창의적 접근 국가들이 가진 도전은 그들에게도 그리스도께서 우리에게 명령하신 모든 것을 지키도록 하는 성경적 명령이 주어졌다는 사실이다.

선교사 또는 현지인 중에 누가 교사가 돼야 하는지에 대한 질문은 두 가지 옵션이 상호 배타적인 것처럼 둘 중에 하나의 대답을 요구하지는 않는다. 예를 들어, 한 사역은 서양인들의 도움과 더불어 현지 선교사들을 지원한다는 생각을 장려하고 양쪽의 사용을 모두 옹호한다. 폴 워셔의 사역 관점은 다음과 같다.

> 비록 하트크라이 선교 단체(HeartCry Missionary Society, 선교지에 토착 교회 개척을 지원하는 선교 단체-역주)가 서양으로부터 전 세계 곳곳에 비 복음화된 민족들에게 선교사들을 보내는 위대한 사명을 인식할지라도 우리는 그들 자신의 민족을 복음화하기 위해서는 현지인이나 현지 선교사들을 지원하는 것이 주님의 인도함을 받는 것이라 믿는다. 우리는 미전도된 전 세계의 정직하고 신실한 현지인 신도들, 장로들, 선교사들과 함께 그들이 자신들의 민족 안에서 복음화와 교회 개척을 하도록 돕기 위해서 노력한다.[1]

---

1 HeartCry Missionary Society, "Indigenous Missions," http://www.heartcrymissionary.com/ministry/indigenous_missions.

워셔는 그의 사역 철학에는 신학 교육이 포함돼 있다는 것을 분명히 한다.

> 하트크라이는 후원하는 선교사들의 계속되는 신학 및 목회훈련에 기여하기 위해 노력할 것이다. 이것은 성경 컨퍼런스, 문헌 전파, 더 나아가 신학 훈련과 같은 것들을 통해서 성취될 것이다.[2]

현지 선교사들과 서양 선교사들을 활용하는 이러한 관점은 신학 교육을 하는 교수들로서 양자를 활용하는 데 있어 유효하다.

우리는 모든 것을 넘어 일하시는 성령의 은사와 인도하심이 있다는 점을 기억해야 한다. 우리는 그들이 마치 모든 결정을 내리는 사람들처럼 그들이 섬기는 장소와 사역에 우리의 인원을 배치하는 것만을 옹호해서는 안 된다. 하나님은 선교사들에게 은사를 주시고 그들을 위해 가지고 있는 섬김의 장소로 인도하시는 분이시다(행 17:26; 엡 2:10).

모든 신자는 개인적인 은사를 알아야 하고 그것을 개발하려고 노력해야 한다. 더욱이 영적 은사들을 사용하기 위한 자신의 열정을 아는 것은 그리스도의 몸을 기쁘게 하고, 유익하게 발전시키는 길이다. 실제로, 지역교회에서는 성도들이 자신의 은사와 열정을 아는 것뿐만 아니라, 그 지역의 사람들과 함께 자유롭게 사역할 수 있을 때 복된 것이다.

이처럼, 선교사들은 하나님이 그들에게 은사를 주시고, 준비시켜 주시며, 부르셨을 때 현지인 지도자들을 준비시키는 교사로서 섬길 기회를 얻어야 한다. 마찬가지로 하나님이 가르치라고 부르신 재능이 있고 훈련을 받은 현지인 형제들도 그분이 원하시는 섬김의 장소를 찾아야 할 것이다(전 9:10; 엡 4:11-14).

---

2   Paul Washer, "Indigenous Missions," *HeartCry Magazine* 56 (February 2008): 23.

1. 교사로서의 현지인들

현지인들은 서양인들보다 문화적으로 더 적절한 방식으로 복음 전도와 제자훈련을 할 수 있다. 그러나 그들의 섬김은 자주 인정받지 못하거나 활용되지 못했다. 문제는 능력의 문제가 아니다; 많은 나라에서 교육받지 못한 현지의 형제들을 훈련했다. 자국의 형제들에게 교육을 받은 많은 신학교 졸업생들은 그들 국가의 서양식 교육기관과 비교하면 충분한 학식이 있다고 보지 않기 때문에 그들은 인정을 받지 못하고 있다.

미국에 기반을 둔 신학교의 졸업생들만 오직 목회자 후보생들을 가르칠 자격이 있다는 생각은 불행하게도 흔한 일이지만, 그것은 절대로 근거가 없고 비 성경적인 이야기다. 폴 워셔는 현지의 형제들이 가진 사역의 가치에 대해서 다음과 같이 말한다.

> 2천 년간의 선교사들의 사역을 통해 전 세계에 수많은 기독교인이 있다. 하나님께 헌신하고 성경에 대해 잘 알고 있으며 잃어버린 자를 향한 불타는 열정을 가지고 그들 자신의 민족에게 복음을 전하기 위해 그들은 종종 큰 고난을 겪으며 위태로운 삶과 개인의 안녕에 위험을 겪기도 한다. 토착적이고 또는 현지의 선교 전략은 현지 신자들의 위대한 가치와 유용성을 인정하고 그들이 자기 민족에게 복음을 전하는 데 필요한 훈련과 재정적 지원을 제공하게 된다.[3]

나는 20년 이상 국제적인 청소년 사역에서 일하면서 선교의 주된 의무는 지역 교회의 사역을 이끌고 자국의 지도자를 훈련하는 것이라고 확신한다. 우리는 현지 사역자들의 지도자 양성에 우선순위를 두어야 한다고 본다. 우리는 복음증거와 교회 개척과 같은 '증가'(Addition) 선교의 사역은 잘 배웠지만, 현지

---

[3] HeartCry Missionary Society, "Comparative Strategies," http://www.heartcrymissionary.com/ministry/indigenous_missions/comparative_strategies.

지도력을 갖추게 하는 '번식'(Multiplication) 선교의 교훈을 배우는 데는 실패했다. 번식 선교의 사역은 선교사를 의지하지 않고 사역을 할 뿐 아니라(엡 4:11-13) 현지인들을 준비시키는 궁극적인 목적을 가진 현지의 지도자가 전하고 가르치는 일에 헌신하는 것이다. 또한, 가장 최고의 영적, 목회적, 신학적 수준에서 다른 현지의 지도자들을 가르치고 훈련할 수 있는 자격을 갖춘 지도자가 되는 것이다(딤후 2:2).

- 랜디 스미스, 보이스대학교 청소년 사역 부교수
청소년 사역 국제 센터의 부 감독

많은 선교사는 종종 섬김의 자리에서 그들 스스로 열외로 하려고 한다. 왜냐하면, 그들이 또 다른 언어를 배울 수 없다고 하는 두려움과 언어적 장벽을 느끼기 때문이다. 그럼에도 불구하고, 그들은 언어를 배우기 위해, 또 설교를 준비하고, 수업 계획을 세우고, 그들의 언어로 설교하고 가르치면서 수년간 고생한 후에, 현지 신학교의 강단에 서게 된다. 그러나 언어 장벽의 진정한 두려움은 그것이 단어와 문법에만 국한된 것이 아니라 모든 관용구, 방언, 발음도 포함한다.

선교사에게 더해지는 도전 과제는 많은 신학교 교실에서 같은 언어라도 여러 가지 방언들이 섞여 있기 때문이다. 사실, 일부의 신학교들은 많은 나라에서 온 학생들로 이뤄진 지역의 훈련 기관인데 이것이 의사소통을 더욱 복잡하게 만드는 원동력이 된다. 스페인어가 모국어인 스물두 개 나라의 모든 사람도 수많은 방언이 존재하고, 서로 악센트가 다르고, 또 일부 발음은 실제로 다른 언어를 배운 외국인들에게는 이해가 되지 않는 예도 있다. 한 나라의 일반적인 어휘가 다른 나라에서는 어려울 수 있다. 때로는 같은 단어의 의미가 전혀 바뀔 때도 있다. 예를 들어, 후아후아(Huahua)라는 단어는 쿠바에서는 '버스'라는 의미지만 에콰도르에서는 '아기'라는 뜻이다. 이러한 도전이 누구에게나 어렵지만, 언어 능력이 떨어지는 외국 선교사들로서는 거의 극복할 수 없는 일이다. 현지인들은 그러한 다문화의 교실 환경에서 최고의 교사들이고 조력자들이다.

현지인 교수들은 학생들의 세계관과 문화를 또한 공유할 수 있다. 그들의 공동체 속에 녹아있는 문화, 관습, 전설, 신화에 대한 지식은 가르칠 때마다 끊임없이 많은 예화를 제공해준다. 이 지식은 또한 가르침에서 혼합주의에 빠지지 않고 그것이 학생들 사이에 조금씩 영향을 미치게 될 때 알아차리게 하는 필수적인 배경지식의 역할을 한다.

선교지의 전통, 미신, 성의 역할, 적실한 유머에 대한 철저한 배경은 선교사들이 배우는 데 오랜 시간이 걸리는 문화의 한 측면이다. 같은 문화권 안에 있는 현지 교수들은 이러한 측면을 활용해 학생들이 처음부터 인식하고, 포용하고, 동화시킬 수 있는 방식으로 문화의 정보를 상황화 시킬 수 있을 것이다.

나는 한때 해발 1만 2천 피트 상공의 초라한 오두막에서 한 무리의 퀴추아 지도자들을 가르친 적이 있는데 그곳은 무척이나 추웠다. 그들 중에 한 사람이 심한 감기에 걸렸다. 그는 점차 나아졌지만 계속 재채기를 했다. 나는 그가 재채기할 때마다 미국식으로 '축복'(미국에서는 재채기하면 사람들이 'God bless you'라고 말한다-역주)의 말을 건네줬다. 그런 일이 있을 때마다 학생들이 매번 통제할 수 없을 정도로 깔깔거리며 웃었다. 나는 며칠 후에 너무나 궁금해서 가르치다가 말고 그것이 왜 웃긴 지에 관해 물어보았다. 그들이 처음에는 대답을 망설였지만 곧이어 내게 알려줬다. 그들의 문화에서 누군가가 재채기를 하는 건 그가 그의 '정부'를 생각하고 있는 것이라고 했다. 물론 이 사람은 실제로 그의 배우자에게서 부정을 저지르고 있지는 않았지만, 나의 '축복'이 그들에게는 내가 그에게 그런 일이 있다고 생각하면서 하나님께 축복을 빌어주는 것처럼 여겨졌다. 이것은 커다란 문화적 실수는 아니었기에 곧 이해됐고 나는 다시는 그런 실수를 범하지 않게 됐다. 그러나 내 마음 한 편에는 집중적인 한 주간의 수업 시간에서 내가 그들에게 가르칠 때마다 얼마나 많은 나의 문화적 오해로 인해 그들이 깔깔거리며 놓쳐버린 가르침이 많을지 생각하게 됐다.

현지인 교수가 기여할 수 있는 가장 큰 장점은 문화에 대한 인식으로 인해 혼합주의를 피할 수 있는 능력이다. 혼합주의를 완전히 피하는 것은 거의 불가능하고 어느 정도 수준에서 거의 빈번하게 발생한다. 그러나 폴 히버트가 명백히 지적한 바와 같이, 복음을 전하거나 가르칠 때 현존하는 민간종교의 세계관을 이해하지 못하면 혼합주의가 실제로 발생할 것이다.[4] 민간종교의 세계관은 사람들이 새로운 것, 심지어 기독교를 받아들일 때도 저절로 사라지지 않는다. 혼합주의는 지하로 들어가 있다가 항상 다시 튀어나올 기회를 찾고 있다. 전통 종교에 영향을 받은 현지인 교수들은 외부인들이 결코 할 수 없는 방식으로 혼합주의의 교활한 현상을 경계할 수가 있다.

현지의 형제들을 교수로서 양성하고 훈련하는 또 다른 이유는 선교의 책무가 점점 커지고 있기 때문이다. 믿은 자들의 숫자가 성장할수록 선교사들은 점차 그들이 제자를 세우고, 훈련하고, 가르치기 위한 사람들 때문에 압도될 것이다. 어떤 이들은 교회의 성장이 선교사들이 관리할 수 있는 것보다 많아지면 그들을 훈련하기에 충분하지 않다고 주장한다. 호트 러브래스(Hoyt Lovelace)는 말한다.

> 새로운 개종자들이 더 많이 생길 때, 그들은 더 많은 훈련자와 조력자들의 공급이 필요하다.[5]

도널드 맥가브란(Donald McGavran)도 이 사실에 동의한다:

---

4   Paul G. Hiebert, R. Daniel Shaw, and Tite Tiéou, *Understanding Folk Religion: A Christian Response to Popular Beliefs and Practices* (Grand Rapids: Baker, 1999), 19–21.
5   Hoyt Lovelace, "Is Church Planting Movement Methodology Viable? An Examination of Selected Controversies Associated with the CPM Strategy," paper presented at the Evangelical Theological Society Spring Southeast Regional Conference, 2006, 39.

선교사들은 복음을 전달하고 새로운 교회를 개척하는 데 있어 필수적이다. 모든 선한 어머니와 같이 선교사들은 현지의 교회를 돌보고 그들의 길을 안내한다. 처음에 그들은 믿음을 전하고, 성경을 번역하고, 예배와 행동의 새로운 습관을 정립하고 거짓말, 증오, 성적 범죄는 막고, 상호 간 존경과 사랑, 적을 용서하는 일은 장려한다. 산고를 겪고, 출산하고, 어린 교회를 돌본 후에는 선교사들은(그가 타밀인, 나갈인, 미국인 또는 호주인이든) 리더십을 현지 지도자들에게 넘겨주어야 한다. 이들이 반드시 그들 부족 안에서 발굴되고, 훈련되고, 또 세워져야 한다.[6]

이러한 현지의 형제들은 단지 훈련이 부족할 수는 있어도 아주 진실되고 헌신 된 사람들이다. 실제로, 이들 중에 많은 사람은 일부 선교사들이 가지 않을 장소에서 많은 희생과 고통을 겪을 것이다. 폴 워셔는 말한다.

페루에서 선교사로서 10년간 사역할 때, 나는 세상이 감당할 수 없는 원주민 선교사들을 만났다. 이들은 조롱당하고 구타를 당하고 염소의 오줌을 머리에 부어도 몇 시간 동안 그대로 서서 말씀을 전하는 자들이었다. 그들을 박해하는 사람들이 점차 지쳐서 주저앉아 들을 때까지 말씀을 전했다. 그들은 치아도 없고, 샌들을 신고 외모는 형편없는 모습이었지만 그들은 열 개, 아니 열다섯 개의 교회들을 개척했다.[7]

2. 교사로서의 서양 선교사들

교리적으로 건전한 신학대학원에서 성경을 수년 동안 공부한 선교사들은 현지인들을 가르치기 위해 그들의 삶을 투자하며 훌륭한 교수법을 제

---

6   Donald McGavran, *Ethnic Realities and the Church: Lessons from India* (Pasadena, CA: William Carey Library, 1979), 130.
7   Washer, "Indigenous Missions," 23.

공한다. 그들이 배운 이천 년 이상의 신학적 성찰도 함께 가져오는 것이다. 그러한 깊이와 배경은 기독교인의 배경에서 태어나거나 자라지 않은 현지인들에게 하나님 말씀의 이해를 돕는 역할을 한다.

선교사들이 받은 모든 배움은 그들을 유능한 교사가 되게 할 수 있다. 그들이 받은 소명은 선교사와 교수가 돼서 그들이 가진 은사와 열정, 기쁨 가운데 현지인들의 사역을 준비시킬 수 있다. 한 종족에서 처음 복음을 받아들일 때 그들은 확실히 하나님의 말씀을 그들에게 가르쳐 줄 준비된 교사들이 필요하다. 또한, 수년간 교회가 있었던 많은 문화권에서도 외부로부터 온 교사들이 여전히 필요하다. 왜냐하면, 누구도 그들을 가르친 적이 없거나 아무도 그들 중에서 훈련된 교사들이 없기 때문이다.

> 나는 우리가 현지인들을 훈련하고 가르치는 분야의 일에서 일찍 떠나고자 하는 우리의 사역에 대한 관점이 너무 낭만적이라고 믿는다. 이것은 역사적인 선교 분야에 있어 손상을 끼쳤다. 나는 자치(Self-governing), 자전(Self-sustaining), 자립(Self-propagating)의 원리를 믿는다; 그러나 이것이 지역교회를 위해서는 필요하지만 가르침과 신학 교육에 특별한 도움이 필요한 민족과 종족, 교회의 연합에는 그다지 적용할 수 없다.
>
> - 데이비드 브레드소, 브라질의 도시 전도자 · 교회 개척 훈련사

비록 교리적으로 안정된 서양의 선교사들이 현지인 교사들이 그들 문화 속에서 준비되기까지는 필요하지만, 선교사는 자신도 모르게 자국 교회의 문화로부터 부정적인 측면을 가져오지 않도록 주의해야 한다. 어떤 선교사들은 죄에 대한 성경 외적인 정의들을 전통으로부터 가지고 온다. 예를 들어, 영화관에 가지 않는 것, 춤추지 않는 것, 카드 게임을 하지 않는 것과 같은 것이다. 선교사들이 왜 그것이 죄가 되는지 그들이 믿는 것에 관해 자세한 설명도 없이 이러한 죄에 대한 정의를 가르친다면 그들은 자신들도 모르게 율법주의에 대한 경향을 배우게 된다. 그들이 또한 안정된 신

학 그 자체에서 충분한 훈련을 받지 못했을 때 오류를 가져올 수도 있다. 데이비드 브레드소는 그가 섬긴 나라에 대해 다음과 같이 말했다.

> 선교사들은 대체로 현지의 지도력, 특히 다음 세대에 영향을 줄 수 있는 역할을 한다. 이러한 영감은 긍정적일 수도 있고 부정적일 수도 있다. 또는 건설적일 수도 있고 파괴적일 수도 있다. 비록 적은 예지만, 일부 교수이자 선교사들은 자유주의 신학의 원리를 과거와 현재에도 복음주의 지도자들에게 전해준다.[8]

훈련과 교육에 있어 외부자인 선교사와 내부자인 현지인의 역할에 대한 논쟁이 제기될 수 있지만, 성경에서는 과연 무엇을 말하고 있을까?

3. 성경으로 검토하기

수많은 성경의 구절들은 성경의 지식을 가진 자들이 그들을 따르는 자를 가르쳐야 한다고 분명히 말씀한다. 성경에는 만약 당신이 시간이 남거나 마음이 내킬 될 때만 선택적으로 가르칠 것을 말씀하지 않는다. 만약 성경이 우리의 유일한 믿음과 실천의 규칙이라면, 선교사들은 성경을 보고, 성경이 가르치는 모든 것을 따라야만 한다.

이 문제에 있어 하나님의 마음을 볼 수 있는 몇 가지 성경 구절을 살펴보자.

> 내가 그로 그 자식과 권속에게 명해 여호와의 도를 지켜 공의와 정의를 행하게 하려고 그를 택하였나니 이는 나 여호와가 아브라함에게 대해 말한 일을 이루려 함이니라(창 18:19).

---

8 David Allen Bledsoe, "A Plea to Reconsider TE Engagement," an unpublished paper, 3.

오직 너는 스스로 삼가며 네 마음을 힘써 지키라 그리해 네가 눈으로 본 그 일을 잊어버리지 말라 네가 생존하는 날 동안에 그 일들이 네 마음에서 떠나지 않도록 조심하라 너는 그 일들을 네 아들들과 네 손자들에게 알게 하라(신 4:9) 이는 곧 너희의 하나님 여호와께서 너희에게 가르치라고 명하신 명령과 규례와 법도라 너희가 건너가서 차지할 땅에서 행할 것이니 곧 너와 네 아들과 네 손자들이 평생에 네 하나님 여호와를 경외하며 내가 너희에게 명한 그 모든 규례와 명령을 지키게 하기 위한 것이며 또 네 날을 장구하게 하기 위한 것이라 이스라엘아 듣고 삼가 그것을 행하라 그리하면 네가 복을 받고 네 조상들의 하나님 여호와께서 네게 허락하심 같이 젖과 꿀이 흐르는 땅에서 네가 크게 번성하리라 이스라엘아 들으라 우리 하나님 여호와는 오직 유일한 여호와이시니 너는 마음을 다하고 뜻을 다하고 힘을 다해 네 하나님 여호와를 사랑하라 오늘 내가 네게 명하는 이 말씀을 너는 마음에 새기고(신 6:1-6).

또 그것을 너희의 자녀에게 가르치며 집에 앉아 있을 때에든지 길을 갈 때에든지 누워 있을 때에든지 일어날 때에든지 이 말씀을 강론하고(신 11:19).

그들에게 이르되 내가 오늘 너희에게 증언한 모든 말을 너희의 마음에 두고 너희의 자녀에게 명령해 이 율법의 모든 말씀을 지켜 행하게 하라(신 32:46).

우리가 이를 그들의 자손에게 숨기지 아니하고 여호와의 영예와 그의 능력과 그가 행하신 기이한 사적을 후대에 전하리로다 여호와께서 증거를 야곱에게 세우시며 법도를 이스라엘에게 정하시고 우리 조상들에게 명령하사 그들의 자손에게 알리라 하셨으니 이는 그들로 후대 곧 태어날 자손에게 이를 알게 하고 그들은 일어나 그들의 자손에게 일러서(시 78:4-6).

분명히, 이러한 성경 구절들은 하나님의 말씀을 아는 자들이 아직 모르는 자들에게 가르쳐야 한다고 주님의 명령을 나타내며, 결과적으로 그들이 따르는 자들을 또 가르칠 수도 있다. 각각의 경우에 있어, 성경은 독자들에게 그들의 자녀들도 가르치라고 말씀한다. 여기서 두 가지 사실이 두드러진다. 하나는, 부모가 그들의 자녀를 가르치기 위해 진리를 깊이 알아야 한다는 것이다. 그러나 누군가 이 구절이 우리의 자녀를 가르치는 것이고, 일반적으로 가르치는 것은 아니라고 지적할 수도 있다.

그러므로, 두 번째 사실은 신앙 안에서 우리를 따르는 자들이 우리의 영적인 자녀라는 사실을 결코 잊어서는 안된다(고전 4:17, 딛 1:4, 몬 10). 분명히, 선교사들과 복음 전도자들처럼 성경의 지식을 가진 사람들이 처음에는 교사가 돼야 한다. 그러나 그들은 성령께서 부르신 교사, 교수, 목사의 역할을 현지인들이 맡을 수 있도록 준비시키는 일에 열정적이고 적극적이어야만 한다.

선교사들이 신실하고 올바르게 그들의 사역을 수행할 때 현지인들과 선교사들로부터 배우는 자들과 그들의 삶은 복될 것이다. 에스라 7:9-10은 에스라가 하나님의 말씀을 충실하게 연구하고 말씀대로 살려고 노력하며 그것을 다른 이들에게 신실하게 가르쳤기 때문에 하나님의 능하신 손과 그의 축복이 그에게 있었음을 가르쳐준다. 현지인들 형제들이 스스로 연구하고, 실천하며, 다른 이들에게 가르치려면 우선 그들은 배워야 하고, 그다음에는 다른 사람을 가르치는 일을 계속할 수 있도록 위임받아야 한다.

마태복음 28:18-20은 예수님이 승천하시기 전에 그의 제자들에게 하신 마지막 말씀이 포함돼 있다.

> 예수께서 나아와 말씀해 이르시되 하늘과 땅의 모든 권세를 내게 주셨으니 그러므로 너희는 가서 모든 민족을 제자로 삼아 아버지와 아들과 성령의 이름으로 세례를 베풀고 내가 너희에게 분부한 모든 것을 가르쳐 지키게 하라 볼지어다 내가 세상 끝날까지 너희와 항상 함께 있으리라 하시니라.

예수님은 그의 제자들에게 제자로 삼으라고 명령하실 뿐만 아니라, 그들에게 말씀을 전파하고 세례를 주고 또 그가 우리에게 명령하신 모든 것을 지키도록 가르치셨다. 이러한 지식을 가진 사람들만이 그것을 전할 수 있을 것이다. 만약 현지인들이 하나님의 말씀에 신실하게 되게 하려면 이런 식으로 청중들을 준비시키는 것은 먼저 선교사들의 몫이다.

바울은 디모데후서 2:2에서 선교사의 활동에 대한 분명한 성경적 지침을 제공한다.

> 또 네가 많은 증인 앞에서 내게 들은 바를 충성 된 사람들에게 부탁하라 그들이 또 다른 사람들을 가르칠 수 있으리라.

오직 이런 방식으로만 다음 세대는 이전의 세대처럼 안정된 교사들과 성경적 교리, 순수한 복음을 갖게 될 것이다. 진리를 가진 자들은 그들을 따르는 자들에게 신실하게 가르쳐야 한다. 바울은 계속해서 우리가 단순히 성경을 가지고 있는 것만으로는 충분하지 않다고 가르친다. 우리는 바울의 글이 약속하는 유익을 받고 유용한 섬김을 얻을 수 있도록 우리가 전하는 사람들에게 성경을 올바르게 해석하도록 가르쳐야 한다. 디모데후서 3:16-17에서 바울은 다음과 같이 말한다.

> 모든 성경은 하나님의 감동으로 된 것으로 교훈과 책망과 바르게 함과 의로 교육하기에 유익하니 하나님의 사람으로 온전하게 하며 모든 선한 일을 행할 능력을 갖추게 하려 함이라.

우리의 따르는 자들을 가르치고 훈련하는 의무는 피할 수 없다. 선교사가 그의 임무를 수행하는 데 있어 신실하기를 원한다면 하나님의 말씀은 다른 길을 허용하지 않는다. 또 사도 요한의 복음에서 우리는 주 예수님으로부터 그를 따르는 모든 사람에게 가르쳐 주신 가르침을 발견하게 된다.

너희가 나를 사랑하면 나의 계명을 지키리라(요 14:15).

4. 언어 및 문화적 고려사항

안데스산맥에 있는 고산지대 퀴추아의 복음주의 지도자들은 그들에게 있어 가장 필요한 것은 교회를 위한 훈련된 지도력이라고 했다. 나는 그곳에서 유일하게 존재하는 훈련과 교육 프로그램이 지배적인 문화와 스페인어로만 돼 있다는 것을 알고 있었다. 그 지역 전체에서 퀴추아인은 80~85%가 단일 언어를 사용하며, 대다수의 이중언어 사용자는 어린이 또는 청소년들이다.

내가 지도자들에게 훈련을 위해서 어떤 언어를 사용하길 원하는지 물어보았을 때, 그들은 "스페인어와 케추아어"라고 대답했다. 그들은 말하길 케추아어는 꼭 필요한 신학적이고 성경적인 용어들을 다 갖추고 있지 않아서, 스페인어 단어에서 빌려 일부 사상과 개념을 배울 수 있다고 설명했다. 그러나 그들은 케추아어를 계속 사용해야 한다고 강조했다. 왜냐하면, 목회자로서 권위를 가진 나이가 많은 대부분 사람은 스페인어를 사용하지 않기 때문이다.

역사적으로, 현지인들을 훈련하고 있는 선교사들은 가장 쉬운 방법을 선택할 것이다. 만약 선교사가 지배적인 문화의 언어만을 사용할 경우, 그는 통역을 통해 가르치거나 프로그램에 이중언어를 수용해야 한다. 후자의 옵션이 가장 일반적이다. 왜냐하면, 신학교 안에는 이중언어로 공부할 수 있도록 도서관에 이미 책이 갖춰졌기 때문이다.

선교사와 교수들이 성경이나 주석들, 신학 서적들, 어려운 논리, 신학적인 어휘와 같은 다양한 자료에 접근할 때, 선교사가 이중언어를 사용하지 않고 학습자들에게 지배적인 문화의 언어에 적응할 것을 요구하는 분명한 이유가 있는 것이다. 하지만 선교사들은 그러한 자료를 쓴 사람들이 그가 가르치려는 종족과는 완전히 다른 세계관을 가졌다는 것을 기억해야만 한다.

위클리프 성경 번역회를 창시한 캠 타운젠트(Cam Townsend, 1896-1982)는 서적 행상인으로서 초기 선교 기간에 멕시코와 과테말라에서 스페인어를 쓰고, 읽을 수도 없는 수많은 원주민을 만났다. 그는 그들의 모국어로 사람들에게 복음을 전하는 것의 가치를 알게 됐다.

도널드 맥가브란은 또한 사람들이 언어와 문화의 장벽을 넘을 필요가 없을 때 복음을 듣고 예배를 가장 잘 드린다는 것을 발견했다. 맥가브란은 힌두교의 삼천 개의 카스트로 나뉜 사람들이 사는 인도에서 수년간을 섬기면서 이 초기 관찰을 동일 집단의 원리(Homogeneous Unit Principle)로 발전시켰다. 현지 교수들은 서양 선교사가 갖추지 못한 훈련체계가 가져다 주는 문화적 기술을 가지고 있으며, 서양 선교사는 종종 현지 교수가 아직 배우지 못한 건전한 신학과 성경적 지식을 가지고 있다.

> 나는 이상적으로 교사들이 문화 그 자체의 구성원들이 돼야 한다고 생각한다. 이것은 그들이 문화 인류학을 이해하는 철저히 교육받은 선교사들로부터 훈련과 아마도 감독을 받았다고 생각한다. 안타깝게도 오늘날 중남미의 선교사들이 미국에서 거의 또는 전혀 그런 훈련을 받지 않고 선교지에 온다. 반면 중남미 선교사들은 우리가 과거에 받았던 것과 같은 부정적인 문화 모델을 반복하지 않도록 애쓰면서도, 동시에 지역 문화권의 지도자들에게는 여전히 공간을 남겨주려고 노력하고 있다. 궁극적으로 복음에 적응해야 하는 것이 문화이고 반대로 해서는 안 된다는 것을 가르쳐야 한다:
> - 조셀리토 오렐라나, 에콰도르선교사 · 에콰도르 침례신학대학원 총장

퀴추아 사람들을 훈련할 때 두 가지 언어가 모두 필요했고, 가능한 한 빨리, 양쪽 문화권에서 온 교사들이 필요했다. 서양인들은 방대한 훈련 자원을 가지고 현지 목회자들을 가르치는 데 필요하고, 현지 교수들은 의도

하지 않는 문화적 영향이나 혼합주의가 없이 순수하게 가르치는 데 필요하다. 또한, 양쪽 문화에서 숙련된 교사들을 고용하는 것은 하나됨과 그들이 공유하는 가족 유대감을 증대시킨다. 맥가브란은 말한다.

> 모든 형태의 교회들은 형제애, 평등, 정의를 끊임없이 강조한다. 그들이 이것을 강조하는 이유는 성경과 성령이 그것을 요구하기 때문이다. 모든 계층의 신학 훈련은 형제애를 형성한다. 문학도 형제애를 형성한다. 국제적인 교회들은 그것을 강조한다. 형제애는 거스를 수 없는 물결이다.[9]

폴 워셔는 현지인 사역자들을 돕기 위한 강조를 하지만 동시에 외부인들과 현지인들이 함께 봉사해야 할 필요가 있다고 주장한다.

> 토착적인 선교 전략은 이중문화 선교사의 필요성을 없애지 못한다. 이것은 둘 중 어느 쪽도 아니고 둘 다가 필요하다. 우리는 북미, 서유럽 선교사들에 대한 활동의 중단을 주장하지 않고 오히려 현장에서 그러한 선교사 수천 명 이상이 더 필요하다는 것을 충분히 인정하고 있다. 우리는 단지 토착 선교 전략이 똑같이 실현 가능한 것이며 어떤 경우에는 더 효과적인 선교 방법이라는 것을 증명하기 위해 노력하고 있을 뿐이다.[10]

5. 가르치는 방식들

사실상 모든 서양식 교육방식과 훈련 프로그램은 대부분의 다른 문화에서는 이질적인 요소들을 가지고 있다. 예외는 서양인들이 과거에 식민지

---

[9] McGavran, *Ethnic Realities and the Church: Lessons from India*, 25
[10] Paul Washer, "The Indigenous Missionary Advantage," *HeartCry Magazine* 56 (February 2008): 18.

화를 했거나 이 세계화 시대에 크게 영향을 받은 나라들이다. 서양의 교육 프로그램에서 흔히 볼 수 있는 구성 요소로는 책상이 있는 교실, 교사는 강의하고 필기를 하면서 듣는 학생들, 시곗바늘의 시간에 중심을 두는 것, 직선적이고 연속적인 논리학 등이 있다.

사실상 이 모든 요소는 전 세계의 문화적 전통 훈련모델과는 정 반대가 되는 것들이다. 선교사가 알지 못할 수도 있는 서양 교육의 한 측면은 숨겨진 교육 과정이 있다. 주디스 링겐펠터(Judith Lingenfelter) 교수는 서양 교육은 교육 모델에 있어서 순서, 연장자에 대한 존중, 예의, 질서, 타인의 개인 공간과 권리를 존중하는 것, 정직의 가치를 유치원 때부터 가르친다고 설명한다.[11] 물론 이러한 정보는 교과서나 수업 시간에 명쾌하게 배우는 것이 아니라 숨겨진 교육이다. 그것은 교육 시스템 안에서 배우는데 감지하기 어려운 방식으로 숨겨져 있다.

선교사, 교수들은 현지인들이 이미 이러한 교육이 되어 있기를 기대하지만, 성인들인 학생조차도 그것들이 부족하다는 것을 발견하면 놀라게 된다. 또한, 서양 선교사들은 그들 자신의 민족 중심적 성향과 선호, 특히 그들이 최고의 교수법이 될 거라고 여기는 것에 관해 부족함을 잘 모르고 있다.

제임스 스티그러(James W. Stigler)와 제임스 히버트(James Hiebert)는 말한다.

> 가르침은 문화적인 활동이다. 우리는 수년간 교실의 참여를 통해 간접적으로 가르치는 법을 배우고, 우리 자신의 문화에서 가르치는 가장 널리 퍼져 있는 속성 중 일부는 대부분 모르고 있다. 가르침이 문화적 활동이라는 사실은 왜 가르침이 변화에 끊임없이 저항해 왔는지를 설명해 준다. 그러나 가르

---

[11] Judith E. and Sherwood G. Lingenfelter, *Teaching Cross-Culturally: An Incarnational Model for Learning and Teaching* (Grand Rapids: Baker Academic, 2003).

침의 문화적 본질을 인식하면 교육을 개선하기 위해 우리가 무엇을 해야 하는지에 대한 새로운 통찰력을 얻게 된다.[12]

서양 선교사들은 문화와 언어를 이해하기 위해 분투해야 하지만, 현지 교사들은 이것이 천성의 문제로서 문화적으로 더 적절한 방식으로 가르칠 수 있다. 또한, 스티그러와 히버트는 "가르침과 같은 문화적 활동은 발명된 것이 아니라, 문화의 일부인 믿음과 추정이라는 안정적인 망을 가지고 일관된 방식으로 오랜 기간에 걸쳐 진화한다."라고 말했다.[13]

이는 서양 교수들의 존재에 의존하는 서양식 모델을 기반으로 한 훈련 프로그램을 구축하는 대신 현지 교수들을 갖추어 훈련 사역을 위탁해야 한다는 의견을 뒷받침한다.

> 문화적 활동은 시간이 지남에 따라 매우 안정적이며, 쉽게 바뀌지 않는다. 이것은 두 가지 이유가 있다.
> 첫째, 문화활동은 체계이며, 특히 가르치는 것과 같은 복잡한 문화활동은 바꾸기가 매우 어려울 수 있다.
> 두 번째 이유는 문화적 활동이 더 넓은 문화에 내재해 있기 때문이며, 종종 문화 구성원들에게도 쉽게 드러나지 않는 방식으로 존재한다. 만약 우리가 교육을 발전시키려면, 그것의 조직과 문화적 측면을 모두 인식하고 다뤄져야 한다.[14]

지구 남반구 세계의 얼굴과 얼굴을 대하는 대면 문화에서 나타나는 교육 모델은 멘토링, 마스터/수습생, 감시 및 실행방식으로 특징 질 수 있

---

[12] James W. Stigler and James Hiebert, *The Teaching Gap* (New York: Simon & Schuster, 1999), 11.
[13] James W. Stigler and James Hiebert, *The Teaching Gap*, 87.
[14] James W. Stigler and James Hiebert, *The Teaching Gap*, 97.

다. 이것은 특히 소년에게 파종, 재배, 수확, 축산 및 집 짓기 기술 등 성별에 따른 역할이나 소녀에게 육아, 가정관리, 요리 기술을 가르칠 때 더욱 그러하다. 이러한 학습 활동을 위한 수업은 따로 없으며 그들은 단순히 보고 따라 한다.

마치 어린아이들이 그들의 어머니를 보고 따라 하는 것처럼 현지 아이들의 등 뒤에 묶여 있는 인형과 양 또는 강아지들을 보는 일은 아주 흔한 일이다. 기술적으로 발달한 서구와는 달리 지구 남반구의 대다수 세계 문화들 사이의 큰 차이점은 현지 교수들에게는 원활한 항해가 되겠지만 종종 외국 선교사, 교수들에게는 폭풍이 치는 바다와도 같을 것이다.

서양에서 훈련받은 선교사와 현지인을 교수진에 함께 포함하는 것에 대한 여러 가지 주장들이 있다.

현지 교수는 언어와 문화적 기술을 보유하고 있지만, 서양 선교사들의 고급 학위는 해당 인가 기관에 더 매력적일 수 있다. 일부 국가에서는, 정부가 이런 자격으로 행동하며 모든 고등 교육 기관들이 단지 학위를 보유한 교수들만 고용할 것을 요구한다.

어떤 경우에, 교수들이 그들이 가르치는 국가에서의 수준에 적어도 1도 이상이라도 높은 학위를 소지할 것을 요구한다. 예를 들어, 학사 학위에서 가르치려면 석사 학위가 필요하고, 석사 학위에서는 박사 학위가 필요하다. 그럴 때 신학교는 서양 선교사가 떠날 때 학위 수요를 크게 줄이거나 완전히 줄여야만 할 것이다.

6. 결론

선교사는 첫째로 교사가 돼야만 한다. 선교사만 처음에는 지식을 가지고 있기에 다른 모든 이들은 그에게서 배워야만 한다, 그는 선교지에서 목회자, 지도자, 멘토의 역할을 한다.

그러나 선교사는 또한 단지 학생들을 가르치거나 목회자를 준비시키는 것이 전부가 아니라, 교사들을 가르치고 훈련하는 사람들을 가르치는 것을 목표로 해야 한다. 선교사의 역할은 현지 지도자들이 직접적인 참여로 인해 사역을 수행할 준비를 하게 되면서 점차 바뀌게 될 것이다.

아버지가 그의 자녀들이 성장할 때까지 자연스럽게 참여의 수준을 조정하는 것처럼 현지 지도자의 지식이 성장하고 능력이 발전함에 따라 이러한 역할의 조정이 자연스럽게 일어나야 한다.

현지인들은 교육과 훈련을 받음으로써, 그들의 문화적 지식과 배경은 다른 현지인들의 가르침을 강화하겠지만, 이것이 서양 선교사가 반드시 선교지를 떠나야 한다는 것을 의미하지는 않는다. 아버지는 자신의 지식을 전수하고 가족 사업의 법적 소유권까지도 아들에게 물려주고 남은 생애 동안 계속해서 아들과 함께 일을 할 수 있다. 아들은 점점 더 많은 역할을 맡을 수 있겠지만 경건하고 균형 잡힌 아버지는 도움이 필요할 때 현명한 조언을 제공할 수 있을 것이다.

이처럼 선교사들은 현지의 형제들을 교육해야 한다. 현지의 형제들이 또 다른 제자들을 훈련하는 사역을 환영한다는 목표를 가지고 말이다. 선교사들과 현지인들은 리더십을 준비시키는 일을 위한 필수적인 사역에 대해 각각 특별한 은사들과 기술을 제공해야 한다.

> 우리가 그를 전파하여 각 사람을 권하고 모든 지혜로 각 사람을 가르침은 각 사람을 그리스도 안에서 완전한 자로 세우려 함이니(골 1:28).

제5장

바울로부터 배우기:
이방인에게 향하는 사도 바울의 선교학적 방법들

　국제적인 선교의 책무에 관한 이 연구의 초점은 선교사들이 주로 전하고 선교지를 떠나야 하는지 아니면 계속 가르쳐야 하는지 아닌지다. 하나님이 선교사들에게 무엇을 하라고 부르셨는지에 비추어 질문을 생각해 보자. 나는 『선교사 소명』(*The Missionary Call*, 2008)이라는 책에서 교회가 역사적으로 선교사의 소명을 어떻게 보았는지에 대해 논했다. 여러 해 동안 수많은 입장이 있었지만, 그들은 세 가지 기본 범주 중 하나로 정의되는 경향이 있다.

1. 선교사 소명

　선교사 부르심의 한가지 관점은 선교사 소명이란 없다는 것이다. 성경은 에베소서 4:11에서 "그가 어떤 사람은 사도로, 어떤 사람은 선지자로, 어떤 사람은 복음 전하는 자로, 어떤 사람은 목사와 교사로 삼으셨으니"라고 하면서 성경에는 선교사라는 말이 나오지 않기 때문에 선교사의 특별한 소명도 없다는 것이다. 이러한 관찰을 바탕으로, 일부 사람들은 선교에 대한 정당한 소명은 없다고 결론을 내렸다. 그것은 누구나 생각할 수 있는 단순한 선택이다. 이러한 관점을 가진 지지자들은 당신이 배관공이나 은행원이 되기로 선택할 수 있는 것처럼, 당신이 선교사가 되는 것을 선택할 수 있다고 말한다.

선교사 소명의 두 번째 관점은 실제로 그런 소명이 있는데, 누구나 지상 대 명령을 이미 받았다는 것이다. 이러한 관점은 순교자인 짐 엘리엇(Jim Elliot, 1927-1956) 선교사의 도전에서 볼 수 있는데, 그는 젊은이들에게 선교지로 가라고 했다.

> 우리에게 소명이 따로 필요 없다; 우리는 동기부여가 필요할 뿐이다.[1]

그러나 하나님이 모두에게 선교지로 가라고 부르신 것은 정확하지가 않다. 바울은 로마서 10:15 전반부에서 다음과 같이 말했다.

> 보내심을 받지 아니하였으면 어찌 전파하리요.

바울은 하나님의 부름을 받은 사람들을 보내고, 기도하고, 섬기기 위해 어떤 사람들은 뒤에 남아있어야 한다고 가르치고 있다.

세 번째 관점은 실제로 매우 구체적이고, 개인적이며, 특별한 소명이 있다는 것이다. 선교지는 위험한 장소이기 때문에, 만약 당신이 소명을 받았다고 확신이 서지 않는다면 가지 않는 편이 나을 것이다.

그러나 이러한 관점을 지지하는 사람들은 만약 당신이 그러한 부르심을 받았다면 빨리 순종하는 것이 나을 것이라고 말한다. 그 이유는 천국에 가서 요나 선지자에게 물어보면 될 것이다. 하나님은 그의 자녀들을 위한 선교사 소명을 포함해 모든 사람에게 독특한 계획을 세우고 계신다. 또한,

---

[1] Elisabeth Elliot, *Shadow of the Almighty: The Life & Testament of Jim Elliot* (San Francisco: Harper Collins, 1958), 54.

선교사 소명은 그의 정확한 인도 하심에 따라서 여러 가지 다양한 표현으로 성취되는데 이는 그 소명만큼이나 독특한 것이다.

선교사 소명에 대한 이러한 혼란함 때문에 많은 사람이 선교 분야에 진출하지 못하고 있다. 또 선교의 책무에 관한 선교의 현장에서도 혼란을 초래한다. 우리는 종종 하나님이 선택하신 장소에서 그의 방식대로 그의 사람들을 부르신다는 사실을 이해하지 못한다.

하나님은 에이미 카마이클(Amy Carmichael, 1867-1951)과 같이 인도에서 고아와 어린이 매춘부들을 구해내는 선교 사역으로 우리를 부르실 수도 있다. 또 어떤 사람은 캠 타운센트처럼 성경 번역을 위해서 부르실 수도 있고, 데이비드 브레이너드(David Brainerd, 1718-1747)처럼 미국에서 원주민들에게 복음을 전하고 가르치기 위해 부르실 수도 있다. 그들 각자는 하나님의 인도하심에 따라 그들의 삶에서 선교사의 소명을 신실하게 수행했다.

하나님이 선교사들에게 무엇을 하도록 부르셨는가?

모든 선교사를 위한 선교사 소명에 대한 단순한 한가지 표현이란 없다. 하나님의 구체적이고, 독특하며, 개인적인 소명을 분별하지 못하고 모든 사람이 그들의 소명을 다르게 표현하도록 허락하지 않는다면 종종 우리와 다른 선교사들에 대해서 냉정한 비판을 내리게 된다. 이러한 일이 일어나게 되면, 우리는 일부 사람들이 선교의 책무에 신실하지 못한 것으로 보기도 한다. 즉 우리가 그것을 너무 좁게 정의했다는 것을 깨닫지 못하는 것이다.

2. 바울은 어땠을까?

선교지에 가서 전도하고 바로 떠나야 할지, 아니면 전도하고 그들을 가르쳐야 할지에 대한 선교사들의 성경적인 책임을 논의할 때 누군가는 반드시 바울의 경우를 궁금해할 것이다. 흥미로운 것은, 토론의 양쪽 지지자들이 모두 그들이 선택한 입장에 대한 성경적 모델을 바울에게서 찾는다. 믿음과 실천에 대한 안내를 위해 성경 말씀을 의지하는 것은 지혜롭고 안전한 것이다.

그러나 많은 사람은 성경이 바울과 그의 사역에 대해서 무엇을 가르치는지 이해하지도 못한 채 바울을 그저 그들의 본보기로 추종한다. 그럼, 성경으로 돌아가서 물어보자.

"바울은 어땠을까?"

바울은 빌립보서 3:5-6에서 그의 삶을 간단히 소개한다.

> 나는 팔일 만에 할례를 받고 이스라엘 족속이요 베냐민 지파요 히브리인 중의 히브리인이요 율법으로는 바리새인이요 열심으로는 교회를 박해하고 율법의 의로는 흠이 없는 자라.

바울은 율법과 유대교에 대한 열심을 가지고 갈라디아서 1:14에 다음과 같이 말했다.

> 내가 내 동족 중 여러 연갑자보다 유대교를 지나치게 믿어 내 조상의 전통에 대해 더욱 열심이 있었으나

바울은 그리스도인들을 박해하기 위해 더 많은 사람을 찾아다니며 다메섹으로 가던 중 회심한 바리새인이었다. 예수님은 믿는 자들에 대한 바울의 추격과 박해를 멈추게 하셨고 그를 구원하시며 이방인을 위한 선교사로 부르셨다(행 9:1-19; 22:21).

3. 바울의 선교사 사역

바울은 그가 이전에 박해했던 복음을 전하기 시작했다. 그렇게 함으로써, 바울은 은혜로 구원받은 다른 어떤 죄인들보다 하나님의 나라 발전을 위해 귀하게 쓰임 받은 도구가 됐다. 바울의 회심 이전의 활동에 근거해, 교회가 그를 받아들이는 것을 주저했다는 것은 이해할 만하다.

그러나 그는 결국 하나님 말씀의 능력 있는 교사가 다 실제로 바나바가 다문화적인 안디옥 교회의 성장에 관한 소문을 알아보기 위해 안디옥에 갔을 때 바나바는 그들에게 더 많은 교사와 설교자가 필요하다는 사실을 깨닫고 다소로 가서 바울을 데리고 와서 안디옥 교회의 가르치는 사역에 그를 합류시켰다(행 11:19-26).

안디옥 교회는 최초의 다문화적이고 계획적인 국제적 선교 교회였다. 신자들이 거기서 처음으로 그리스어를 사용하는 이방인들에게 복음을 전하기 시작했다. 안디옥에서 신자들이 그들의 믿음에 대해 진지하고 그리스도의 이미지에 순응하고 있었기 때문에, 이방인들은 그들을 묘사하기 위한 조롱하는 용어를 만들어냈다. 안디옥은 또한 성령의 지시를 받아 바울과 바나바를 최초의 선교여행에 보낸 교회다. 첫 번째, 다문화적인 그리스도의 몸은 최초의 선교사를 파송한 교회였고 그것은 한 해 동안 바울과 바나바의 가르침 아래 앉아 있었던 바로 같은 주님의 몸이었다는 사실은 결코 사소한 일이 아니다.

첫 번째 선교여행은 AD 46~47년경에 일어났고 사도행전 13-14장에 기록돼 있다. 성경은 그들이 여행했던 경로를 밝히고 그들의 경험 중 일부를 기록하고 있지만, 그들이 가진 선교 사역의 철학, 전략 또는 방법론에 대해서는 거의 언급하지 않는다. 그들은 갈라디아 지방에 있는 더베에서 복음을 전하면서 전도하고, 훈련하며, 치유하고, 사역하면서 핍박을 받기도 했다. 그런 다음에 그들은 역행으로 다시 발걸음을 옮겨 모든 신자에게 변절하지 말고 박해를 각오하도록 격려했다. 비록 짧은 여행 중에도 그들은 가는 곳마다 모든 교회에서 장로들을 임명하고 기도와 금식을 하면서 성도들을 주님의 손에 맡겨드렸다(행 14:23). 그러나 그 교회들에 대한 바울의 관심은 계속됐다. 비록 바울의 선교팀은 교회들을 한번 방문했지만, 바울과 바나바는 시간을 내어 다시 루스드라, 이고니온, 안디옥 지역을 재방문했다. 그들의 책임감은 단지 전도하고 떠나는 정도의 수준을 넘어섰다. 비록 바울과 바나바는 그들의 사역을 회당에서 시작했지만, 그들은 또한 의도적으로 이방인에게도 접근하고 있었다. 이러한 이방인 사이에서 대담한 복음 전도가 유대교의 많은 사람의 관심과 분노를 일으켰다. 이 소동으로 인해 예루살렘에서 회의가 열리게 됐다(행 15:1-29).

예루살렘 공의회에 참석한 바울과 바나바는 복음이 단지 유대인뿐만 아니라 모든 사람을 위한 것이며, 이방인들은 그리스도인이 되기 위해 유대인이 될 필요가 없다는 태도를 취했다. 공의회는 이러한 입장을 지지했고 그들의 결정을 알리기 위해 공개서한을 보냈다. 교회 지도자들은 이방인이 먼저 선량한 유대인이 되지 않아도 그리스도께 올 수 있다는 사실을 동의했을 뿐만 아니라, 바울과 바나바를 그들의 대변자들로서 이 판결을 교회들에 전하게 했다. 장로들은 또한 복음을 위해 그들의 목숨을 건 바울과 바나바를 칭찬했고, 이방인들 가운데서 그들의 사역을 동의했다. 바울과 바나바는 안디옥으로 돌아가서 거기서 신자들에게 설교하고 가르쳤다.

두 번째 선교여행은 AD 49-51년경에 일어났고, 이는 사도행전 15:35-18:17에 기록됐다. 이번 여행에서, 바울은 첫 번째 여행에서 개척한 교회들과 신자들을 격려하기 위해 여행을 했지만, 그는 새로운 선교팀을 구성하게 됐다. 첫 번째 전도여행에서 그들을 버리고 떠난 마가 요한을 계속해서 사역에 동참시켜야 하는지를 첨예한 의견 대립 끝에 바울과 바나바는 결국 갈라서게 됐다. "위로의 아들"(행 4:36)이라는 뜻의 이름을 가진 바나바는 그의 이름에 진실을 증명이라도 하듯 마가 요한의 재기를 돕길 원했다. 그래서 바울은 이번 여행에 실라를 데리고 떠났고, 중도에 디모데와 누가를 합류시켜서 선교팀을 완성했다. 바울은 이 사역 가운데 하나님의 인도하심을 분별하는 법을 배웠다.

두 번째 전도여행은 또한 감옥에서의 시간과 지진, 개종, 아레오바고에서의 증거, 항상 그렇듯이 가르치는 일이 포함됐다.

바울의 세 번째 선교여행은 AD 52~57년경에 이뤄졌고 사도행전 18:23-21:16에 기록됐다. 바울이 에베소에서 새로운 신자들을 대상으로 적어도 이 년 이상 목회하며 가르쳤다는 사실은 왜 3차 선교여행이 바울의 선교여행에서 가장 긴 시간이었는지를 설명해 준다. 흥미롭게도, 바울은 에베소에서 가르치고 훈련하는데 많은 시간을 보냈지만, 그곳에서의 일이 완성됐다고 생각하지 않았다. 실제로, 바울은 에베소를 떠난 뒤에도 디모데를 돌려보낸 것은 그들에게 가르친 것을 감독할 목적이었다(딤전 1:3). 세 번째 선교여행은 귀신들림, 마법사의 급진적인 회심, 폭동, 선교사에 대한 암살 음모, 죽었던 청년의 살아남, 다시 가르치는 등 놀라운 선교의 경험으로 가득 차 있었다.

4. 바울의 서신 사역

누가가 사도행전에서 바울과 그의 사역에 관해 제공한 정보 외에도, 성경에는 바울이 교회들에게 그들이 믿고 해야 할 일을 가르치기 위해 쓴 13통의 편지를 담고 있다. 바울은 때때로 격려하고, 바로잡으며, 또 책망하기 위해 편지를 썼지만, 언제나 그리스도의 제자들을 위해 올바른 교리와 실천을 가르치려고 애썼다. 벤자민 머클(Benjamin Merkle, 싸우스이스턴침례신학대학원 신약학 교수-역주)은 바울과 가장 긴 시간을 보낸 교회인 에베소의 성도들에게 보낸 편지에서 바울이 기록한 편지에 대해 다음과 같이 말한다:

> 에베소에서 교회를 개척한 지 약 15년이 지나서 바울은 동역자인 디모데를 통해서 그 교회를 격려하고 더 튼튼히 세우기 위해서 편지를 썼다. 그들은

여전히 지도자(감독자/장로, 집사)를 임명하고, 거짓 교사들을 막고, 복음을 보호하는 데 도움이 필요했다.[2]

이 교회만이 바울의 이런 관심과 주목을 받는 유일한 곳은 아니었다.

에베소서 4장에서, 바울은 하나님이 교회의 연합과 성숙을 위해 지도자들, 전도자들, 교사들을 세워주셨다고 말한다. 그래서 "우리가 이제부터 어린아이가 되지 아니해 사람의 속임수와 간사한 유혹에 빠져 온갖 교훈의 풍조에 밀려 요동하지 않게 하려 함이라" 했다(14절). 신학 교육은 연합, 성숙, 성경적 분별력을 향상한다. 이 세 가지 모두는 오류를 바로잡는 데 있어서 필수적이다. 바울의 시대와 마찬가지로 오늘날 세계의 모든 현장 곳곳에는 거짓된 가르침이 존재하고, 우리가 신학 교육을 장려하지 않는 한 우리는 신자들을 오류의 '어떤 물결'로부터 보호할 수 없을 것이다.

　　　　　　　　　　　- 브라이언 비커스, 서던침례신학대학원 · 신약학 부교수

　고린도교회 성도들의 공공연한 죄악이 바울의 귀에까지 전해졌고 그의 마음을 아프게 했다. 바울은 죄를 책망하는 편지로 답하며, 교회가 죄를 지은 사람들을 어떻게 다뤄야 하는지를 분명한 지시를 내렸다. 고린도 교회 안에 있는 성적인 죄는 그들의 문화적 배경의 결과로서 아마도 지속적인 갈등의 요소였다. 이것은 문화와 세계관이 전 세계의 기독교의 형태에 영향을 미치며 선교사들이 혼합주의와 이단을 피하려고 끊임없이 경계심을 유지해야 한다는 현실을 잘 보여준다. 바울은 그가 개척한 교회들의 믿음과 실천의 순수함에 있어 항상 어떤 목소리를 내었다. 그는 교회만 세우고 그곳에 아무런 감독자도 없이 떠나지 않았다.

2　Benjamin L. Merkle, "The Need for Theological Education in Missions: Lessons Learned from the Church's Greatest Missionary," *The Southern Baptist Journal of Theology* 94:4 (Winter 2005): 55.

바울은 자신의 생애를 한 교회에서 평생 섬기는 것으로 제한할 수는 없었지만, 다른 교회로 옮겨가기 위해 한 교회를 버린 것도 아니었다. 바울은 교회를 위한 훈련과 지도를 계속하기 위해 편지를 썼다. 머클은 이 사역의 목적을 다음과 같이 강조한다.

> 바울의 편지는 그가 개척한 교회의 지속적인 성장에 관한 관심을 보여준다. 그의 목표는 단지 교회를 개척하고 결과에 상관없이 그들에게 자유를 주는 게 아니었다. 오히려 바울은 지혜롭게 교회들과 지속적이고 건전한 관계를 유지하면서 복음의 사역이 계속 번성하게 되는 것이었다.[3]

편지를 사용하는 것 외에도, 바울은 중재가 필요한 교회의 특정한 문제를 알게 됐을 때 그는 종종 편지를 보낼 뿐 아니라 교회와 함께 현장에서 섬기게 될 사역의 동역자들도 함께 보냈다. 바울은 교사와 목회자들에게 보낸 편지나 제자들을 통해 교회를 목양하면서 그들에게 애정 어린 부모와 같이 보살핌을 베풀었다. 분명히, 바울은 교회에서 건전한 교리를 세우길 원했고 그는 멀리서나마 그들을 훈련하고 성숙하게 했다.

5. 바울은 선교사였는가?

누군가는 선교사란 "그리스도가 없이 영원으로 가는 길에 이교도의 발걸음 소리에 익숙해질 수 없는 사람"이라고 말했다. 이 같은 광범위한 정의를 사용할 때, 우리는 당연히 바울이 선교사였다고 말해야 할 것이다. 사실, 이 용어에 대한 폭넓은 이해를 바탕으로 19세기의 영국의 위대한 침례교 설교자인 찰스 해던 스펄전(Charles Haddon Spurgeon, 1834-1892)은 "모

---

3   Benjamin L. Merkle, "The Need for Theological Education in Missions: Lessons Learned from the Church's Greatest Missionary," *The Southern Baptist Journal of Theology* 94:4 (Winter 2005): 55.

든 기독교인은 선교사이거나 선교사를 사칭하는 사람"[4]이라고 말했다. 그의 초점은 모든 참된 신자들이 어디서나 잃어버린 영혼들의 구원을 위해 갈망하는 마음을 가져야 한다는 것이다. 그러나 우리는 그 용어를 더 정확히 정의해야 한다. 그렇지 않으면, 누구나 선교사이거나 아무도 선교사가 아니기 때문이다.

6. 선교사 정의

기술적 정의는 그 단어의 어원에서 시작된다. 선교사라는 단어는 '보내는 것'을 의미하는 라틴어에서 유래했다. 따라서, 선교사는 '보냄을 받은 사람'이다. 그러나 이 책이 다루는 공정한 질문은 '무엇을 하기 위해 보내는가?'다. 바울은 고린도후서 5장에서 우리가 그리스도를 위한 사신이고 하나님이 우리에게 화목하게 하는 말씀과 직분을 주셨다고 말한다: 복음을 전파하고, 제자로 삼고, 그리스도가 우리에게 명하신 모든 것을 지키도록 제자를 가르친다. 확실히, 이것은 보냄을 받은 사람, 선교사의 삶이다.

선교사라는 용어의 적절한 정의는 복음을 위해 경계를 넘나드는 개념을 포함함으로써 선교사를 전도자나 설교자로부터 구별한다. 이러한 경계는 언어, 지정학적, 사회 경제적, 또는 문화적일 수 있다. 세계화라는 현대 시대에, 선교사가 되기 위해서는 꼭 바다를 건너야 할 필요는 없다. 세계 곳곳을 여행하고 생활하면서 사는 사람들이 있으며, 그들은 그들의 언어, 세계관, 종교 및 문화를 가지고 이동한다. 당신이 오늘날 어느 곳에 살고 있든지 간에, 당신은 가까운 곳에서 다른 언어와 문화를 가진 사람들을 발견하게 될 것이다. 하나님은 사실상 세계의 모든 곳에서 이중문화간 사역의

---

[4] Rose Dowsett, *The Great Commission*, Thinking Clearly Series (Grand Rapids: Kregel, 2001), 30.

기회를 제공하신다.

만약 선교사가 복음을 전하고, 제자로 삼고, 가르치고, 그들 사이에 교회를 세우려고 일부러 경계를 넘나드는 사람이라면, 바울은 분명히 선교사였다. 존 폴힐(John Polhill, 서던침례신학대학원 신약학 교수-역주)은 말한다.

> 바울에게 선교사라는 표현보다 더 나은 묘사는 없다. 사도행전은 바울을 일관되게 선교사로 묘사한다. 바울이 세운 선교활동의 양상은 오늘날에도 여전히 계속되고 있다.[5]

주 예수께서는 바울을 보내 이방인들에게 복음을 전하게 하셨고(행 13:47; 22:31; 26:17), 바울은 성실히 자신의 임무를 수행하고 이 소명을 완수하기 위해서 노력했다고 성경은 증언한다. 바넷(Paul Barnett, 호주 영국국교회 감독, 신약학 학자-역주)은 바울이 분명히 선교사였다고 말한다.

> 바울 선교사는 수 세기 동안 순회 선교사로서 여러 가지 위험과 불확실성 가운데 고국의 품이 주는 안전과 안락함을 떠나는 사람들에게 수 세기 동안 훌륭한 본보기가 되었다.[6]

7. 바울은 이중문화 간(間) 선교사였는가?

바울이 이중문화 간 선교사였는지에 답하기 위해서는 몇 가지 용어를 추가로 정의할 필요가 있다.

---

[5] John Polhill, *Paul and His Letters* (Nashville: B&H Publishers, 1999), 442.
[6] Paul Barnett, *Paul: Missionary of Jesus* (Cambridge: Eerdmans, 2008), 199.

첫째, 선교학 분야는 나머지 신학의 제 분야들과 비교할 때 비교적 새롭다. 구체적으로, 학문의 분류학은 의사소통을 위해 더 정밀하고 기술적인 서술자가 필요하게 되면서 성장하고 세분되며 발전해왔다. 교차문화(Cross-cultural)라는 용어는 역사적으로 한 문화에서 다른 문화로 넘어가는 어떤 것 또는 어떤 사람을 지칭해 왔다. 그러나 이것은 명확한 의사소통을 할 만하지 않다. 선교학자들은 선교사들이 하는 것처럼, 한 문화에서 다른 문화로 건너가는 것과 관련된 역학관계뿐만 아니라 다양한 문화 속에서 진위를 가려켜 말할 방법이 필요했다.

가장 최근의 문헌에서, 교차문화는 여러 문화권에서 보편적이거나 또는 존재하는 것을 말한다. 이중문화는 한 문화에서 다른 문화로 또는 많은 다른 문화로 넘어가는 것을 말한다. 예를 들어, 자녀에 대한 어머니의 사랑과 아이를 위한 어머니의 보살핌은 보편적이기 때문에, 이것들은 여러 문화가 섞인 현실이고, 모든 문화를 서로 교차한다. 그러나 우간다에서 환자들을 치료하는 캐나다인 유엔의 의사들과 간호사들이 하는 일은 이중문화적 의료 사역이다. 이와 같은 이유로, 이중문화는 복음을 위해서 문화적 경계를 넘은 선교사들의 사역을 묘사하는데 사용된 용어다.

그렇다면 이러한 문화적 경계는 무엇일까?

문화는 세계 각지의 민족들이 행하는 인생의 법칙에 대한 총합이다. 문화는 선천적인 것이 아니라 그들은 부모, 형제자매, 친구와 사회로부터 배운다. 이처럼 공통된 이해는 한 세대에서 다른 세대로 다른 사람들에게 전달된다. 예를 들어, 미국의 전형적인 북미의 가정에 입양돼서 자란 중국인 아이는 만다린이나 광동어를 사용하거나, 젓가락을 사용하고, 유교를 믿으며 자라지 않을 것이다. 그 아이는 새로운 가족과 환경으로부터 세계관, 언어, 인사, 문화적으로 적절한 행동, 반응, 규칙을 배우게 될 것이다.

문화의 가장 기본적인 단계 중 하나는 언어다. 사실, 문화 인류학자들은 종족 민족 그룹을 민족 언어 집단으로 지칭한다. 하나님은 인간 문화의 역사에서 언어 발전의 창시자시다. 인간들이 반역하고 땅에 충만하라는 하나님의 명령을 지키지 못하자 하나님은 바벨탑에서 언어에 따라 사람들을 흩으셨다. 이것이 무수한 문화의 시작이고 오늘날 전 세계에서 발견할 수 있는 언어의 차이다.

문화를 구별하는 다양한 표시들이 있지만, 언어는 확실히 가장 기본적인 것 중 하나다. 언어의 상대주의와 언어의 결정주의의 이론들이 언어를 말하는 사람들에게 언어가 어느 정도까지 큰 영향을 미치거나 사람의 행동사고에 영향을 주는지 초점을 맞추고 있다. 언어의 도전만으로도, 사도행전 14:8-18에서 문화적 장벽을 볼 수 있다. 하나님이 바울과 바나바를 통해서 나면서부터 절름발이였던 한 사람을 고치셨다. 사람들은 그 치유의 능력을 자신의 신에게 잘못 귀속시키고, 자신들의 언어를 외치면서 바울과 바나바를 제우스와 허메라고 불렀다. 바울은 그들에게 최선을 다해 소통하면서 자신들은 단지 사람이라고 말했다. "이렇게 말하여 겨우 무리를 말려 자기들에게 제사를 못 하게 하였더라"(행 14:18).

다음으로 이중문화 선교사를 이런 방식으로 정의해보자. 하나님이 부르셔서 제자로 삼고, 세례를 주고, 예수님이 명령하신 모든 것을 가르쳐 지키게 하려고 화해의 메시지를 가지고 그리스도의 대사로서 보내신 자, 그렇게 하려고 계획적으로 문화적 경계를 넘나드는 자다. 데이비드 브레이너드의 삶은 그러한 부르심을 성취하기 위해 바다를 건너지 않아도 된다는 사실을 보여줬다. 그는 본토 미국 원주민들에게 가서 그들의 언어와 문화를 배웠고 일찍 죽을 수도 있는 그런 극한 상황에서 복음을 전했다. 역사의 다른 페이지에 있는 수많은 선교사도 문화적 장벽을 넘고, 언어를 배우고, 박해를 받고, 교회를 세우고, 훈련하고, 또 이교도에서 개종한 현지 목회자들을 가르쳤는데 이 모든 것이 그들의 본국 대륙의 해안을 떠나지 않고서 한 일이었다.

사도 바울은 문화, 언어, 세계관, 종교, 지리학, 사회 경제학 등 많은 종류의 경계를 넘나드는 선교사였다. 에크하르트 슈나벨(Eckhard Schnabel, 고든콘웰신학대학원 신약학 교수-역주)은 말한다.

바울은 인지적 측면, 기능적 측면에서 양 문화적(bi-cultural)이었다. 그리스의 디아스포라 도시인 다소에 살면서 보수적인 '히브리' 전통을 유지한 유대인으로서 바울은 유대인과 그리스 로마의 문화를 모두 이해했다. 그는 적어도 두 개의 언어, 아마도 세 개의 언어를 구사했는데 그는 아람어와 그리스어에는 능통했고 아마도 히브리어도 능통했을 것이다. 그는 유대 문화에서나 그리스 로마의 문화에서 의식적으로 하나 또는 다른 문화로 '넘어가지' 않고 편안하게 활동할 수 있었다.[7]

바울은 실제로 다국어를 구사하며 여러 문화권에서 쉽게 이동할 수 있었고, 그는 이중문화적으로 선교를 해야 하는 일부 문화 및 세계관을 건너며 사역해야 했다(행 14:8-18; 17:22-34; 18:1-8; 21:37-40).

누군가가 마사의 포도원 지역(Martha's Vineyard), 루이지애나, 로스앤젤레스의 빈민 지역, 미국의 소문난 메이베리(Mayberry)의 문화, 더 많은 문화, 세계관과 사회 경제적 세계를 고려할 때, 많은 문화와 하위문화가 한 나라 안에 공유하고 여전히 매우 뚜렷하게 구별될 수 있다는 것을 쉽게 알 수 있다. 사실, 그들은 또한 같은 언어, 통화, 법, 달력, 공휴일을 공유할 수 있지만, 사실상 삶의 모든 측면에서 서로 다른 세계가 될 수도 있다. 어떤 배경의 젊은 선교사가 다른 어떤 배경에서 문화적으로 적절한 방식으로 복음을 효과적으로 전달하기 위해서는 건너야 할 많은 장벽을 발견하게 될 것이다.

어떤 이들은 바울이 이중문화 선교사인지 혹은 단순히 순회 설교자이거나 전도자인지에 대해 의문을 제기했다. 폴 힐은 "바울은 모든 면에서 '개척' 선교사였다"[8]고 말한다. 이러한 국제적인 사역은 많은 하위문화, 세계관, 다양한 종교적 배경을 가진 사람들에게 복음을 전하는 것이 포함된다.

---

[7] Eckhard J. Schnabel, *Paul the Missionary: Realities, Strategies and Methods* (Downers Grove, IL: InterVarsity Press, 2008), 329–30.
[8] Polhill, *Paul and His Letters*, 98.

사도 바울은(비록 헬라인들 사이에서 자랐지만) 유대교에 철저히 기반을 둔 여러 언어를 구사하는 로마 시민이었을지도 모르지만, 그는 로마 제국 전체를 여행하고 사역하면서 지역마다 여기서 저리로, 할례자들에게서 무할례자들에게로, 회당에서 이방인의 사원으로, 그 밖의 다양한 음식을 접하면서 셀 수 없이 수많은 문화를 접했을 것이다. 폴 바르넷은 말한다.

> 바울은 그의 새로운 선교활동의 시작으로부터 새로운 접근법을 채택했다. 그는 복음을 지역적으로 전파하기 위한 수단으로서 교회를 빠르고 연속적으로 세웠고, 다른 이들을 여행 동업자와 사절로써 그와 함께할 동역자로 끌어들였다. 바울은 그의 부재중 교회들을 가르치기 위한 수단으로 서신서를 띄우기 시작했다. 그러나 가장 중요한 것은 그가 의도적으로 서열화된 이교도들, 우상 숭배자들, 신전에 참석하는 이방인들을 찾아갔다는 것이다. 그의 교회는 주로 회당과 연결된 신자들로서, 의심의 여지 없이, 이방인들로 구성돼 있었다.[9]

사도 바울은 모든 실질적인 정의에 의해서도 복음을 위해서 수없이 많은 경계를 넘나들었던 사람이다. 슈나벨은 바울의 선교학적 방법의 목표를 다음과 같이 요약한다.

첫째, 바울은 예수 그리스도의 메시지를 전하기 위해 소명을 받은 것을 알고 있었다.
둘째, 바울은 특히 다른 신들을 믿는 이방인들 즉 다신론자들에게 예수 그리스도의 복음을 전하라는 소명을 받았다.
셋째, 바울의 목표는 가능한 많은 사람에게 복음을 전파하는 것이었다.
넷째, 바울은 개개인의 사람을 한 분이신 참된 하나님과 예수 그리스도, 메시아, 구주와 주님을 믿게 하려고 노력했다.

---

[9] Barnett, *Paul; Missionary of Jesus*, 157.

다섯째, 바울은 예수 그리스도의 추종자들, 즉 유대인과 이방인, 남성과 여성들, 자유인과 노예들 사이에 새로운 교회를 세우고, 새로운 신자들에게 하나님의 말씀, 예수님의 가르침, 일상생활에 대한 복음의 중요성을 가르쳤다.[10]

바울은 로마 제국 전역에 걸쳐 지역마다 옮겨 다니며 전파하고, 제자로 삼고, 교회를 개척했다. 바울은 한때 그의 사역을 스스로 지원하기 위해 텐트를 만들기도 했다. 바울은 적어도 리카오니아어(Lycaonian)를 사용하는 사람들과 의사소통하기 위해 매우 애썼으며 그의 사역에서 그리스어와 아람어, 히브리어일 가능성이 큰 언어도 하나 이상 사용해야 했다. 바울은 항상 회당에 가서 먼저 말씀을 전했고 그의 유대인 형제들이 그리스도께 와서 구원받기를 갈망했다. 그는 또한 이방인들이 유대교로 개종하지 않고 회심할 수 있어야 한다고 주장했고 에베소인들과 고린도인들에게 복음을 상황화 하면서 성경의 가르침을 적용할 수 있도록 도와줬다. 바울은 분명히 이중문화 선교사였다.

8. 바울의 선교 방법론 개요

우리가 전략을 짜기 위해서 "바울이라면 어떻게 할 것인가?"를 추측하기 보다는, 바울이 실제로 무엇을 했는지에 우리의 생각을 집중해야 한다. 바울이 그의 사역은 회당, 거리, 집마다 하나님의 말씀에 대한 전체를 모두 선포하는 것이라고 강조했다. 로랜드 알렌(Roland Allen[1868-1947]: 중국 선교사-역주)은 바울이 선교여행에 대한 그의 결정을 이끌기 위해 사전에 결정된 전략은 없었다고 말한다.

---

[10] Schnabel, *Paul the Missionary*, 32–33.

바울은 이 장소 또는 저 장소에 교회를 세우고자 하는 어떤 확실한 계획으로 시작하지 않았다. 하나님이 문을 열어주실 때 그는 인도함을 받았다. 그러나 바울은 인도하심을 받는 곳마다 항상 중심지를 찾아 그곳을 기독교 생활의 중심지로 만들었다.[11]

사도행전 16:6-10에서 볼 수 있듯이, 물론 성령께서 바울이 무엇을 하고 어디로 가는지를 인도하셨다.

바울은 이러한 신자들에게 단순히 전도하고 교회를 세우는 것보다 그 이상의 것에 관심이 있었다. 그는 신자들이 진리를 알고 진리대로 살기를 원했다. 슈나벨은 그 교회들 사이에서 바울 사역의 초점을 다음과 같이 말한다.

> 바울은 자신을 모든 교회의 교사로 묘사한다(고전 4:17). 그의 신학적이고 윤리적인 질문에 대한 원칙은 모든 교회와 관련이 있다(고전 7:17; cf. 11:16; 14:33; 16:1). 바울의 편지는 다음과 같은 초점이 드러나 있다: 신학적인 가르침, 윤리적인 가르침, 교회 생활에 관한 가르침, 복음주의적인 전도에 중요한 초점을 두고 있다.[12]

확실히, 바울의 가장 큰 관심사는 진리에 대한 열정이었다. 바울은 그가 여행하는 곳곳마다 이교도의 종교와 문화의 지속적인 노출이 신생 교회가 당하는 혼합주의의 큰 위험이라고 예리하게 인식했을 것이다. 이러한 인식은 진리에 대한 그의 열정과 함께 결합해 신자들을 위한 교리 교육에 일찍부터 그의 변함없는 관심을 이끌었다. 슈나벨은 "바울의 첫 번째 주요한 관심은 신자들을 위한 신학 교육이었다"[13]라고 말한다.

---

[11] Roland Allen, *Missionary Methods: St. Paul's or Ours?* (Cambridge: Lutterworth Press, 2006), 17.
[12] Schnabel, *Paul the Missionary*, 237–48.
[13] Schnabel, *Paul the Missionary*, 237.

바울이 직접 참석할 수 없을 때, 그는 신생 교회들의 사역을 완수하기 위해 준비된 교사들을 보냈다. 바울은 그러한 사역을 위해 두기고, 디모데와 디도와 같은 제자들을 끊임없이 파송했다.

비록 바울은 그 교회들을 위해 장로들을 세우는 것이 관례였지만, 임명할 장로들을 훈련하고 임명하는 일을 계속하기 위해 바울은 제자들을 보내거나 직접 떠나기도 했다(행 14:23; 딛 2:1, 15). 어떤 의미에서, 이러한 젊은 제자들은 바울 사역의 연장이자 연결을 의미했다. 바울은 이러한 사람들이 계속해서 새로운 신자들을 진리 안에서 세울 수 있다는 것을 알고선 다른 지역으로 여행을 갈 수 있었다.

9. 바울의 '성취된' 선교 사역

'바울이 무엇을 했는가?'라는 질문에 계속 대답하는 것은 하나님이 바울에게 주신 일을 성취하는 바울의 이해에 대한 생각으로 이어진다.

로마서 15:19에서 바울은 다음과 같이 기록한다.

> 표적과 기사의 능력으로 성령의 능력으로 이뤄졌으며 그리해 내가 예루살렘으로부터 두루 행하여 일루리곤까지 그리스도의 복음을 편만하게 전하였노라 또는 채웠노라.

비록 바울이 건전한 가르침과 실천을 통해 신자들의 삶 속에 그리스도의 형상이 이뤄지는 것이 평생 사역의 관심사였다고 밝혔음에도 불구하고 그는 성취감에 대해서도 언급했다. 머클은 로마서 15:19을 주석하면서 말한다.

> 바울의 이 발언은 이방인들에게 하나님의 사도로서 예루살렘에서 일루리곤에 이르는 지역에서 새로운 복음의 사역을 시작하라는 사도적 의무를 다했

다는 뜻으로 이해해야 한다고 말했다. '성취된'으로 번역된 그리스어는 '완성된'으로 해석할 수 있다. 복음을 전파하고 여러 지역에 교회를 개척함으로써, 어떤 의미에서 바울은 복음을 완성했다. 하지만 균형 잡힌 선교사로서, 바울은 단순히 그의 이전 사역들을 포기하지 않았다.[14]

사도 바울의 뒤를 이어 그의 삶과 사역을 모델 삼으려는 선교사들은 비록 그 가르침에 따라 개척 사역자를 따르는 다른 선교사들이 있더라도 단지 전도하고 떠나기보다 전도하고 가르치기 위해 노력해야 한다.

바울은 바로 다음 구절에서 "또 내가 그리스도의 이름을 부르는 곳에는 복음을 전하지 않기를 힘썼노니 이는 남의 터 위에 건축하지 아니하려 함이라"(롬 15:20)고 밝혔듯이 미전도 종족과 지역에도 관심이 있었다. 이러한 바램과 함께, 하나님은 그 예언을 성취하기 위해 바울을 사용하셨다.

> 그가 나라들을 놀라게 할 것이며 왕들은 그로 말미암아 그들의 입을 봉하리니 이는 그들이 아직 그들에게 전파되지 아니한 것을 볼 것이요 아직 듣지 못한 것을 깨달을 것임이라(사 52:15).

그러나 바울의 선교학적 방법은 단순히 전하는 것 이상을 포함한다. 명백히 살펴본 것처럼, 이러한 장소에서 단지 전하는 것은 그의 사역의 시작 측면에 불과했다.

폴 힐은 비록 바울이 새로운 신자들에게 안정된 신학과 교회를 세우는 일에 부담을 가졌지만, 바울이 새로운 지역으로 나아가려고 했던 바람에 대해 다음과 같이 논평했다.

> 바울은 새로운 사역을 설립하기 위한 그의 긴급한 소명과 그가 이미 세운 성도들의 가르침 사이에서 자주 고민에 빠졌다.[15]

---

[14] Merkle, "The Need for Theological Education in Missions," 50.
[15] Polhill, *Paul and His Letters*, 99–100.

확실히, 바울은 가능한 한 자주 복음을 전하기 원했다; 그러나 그는 또한 충성스러운 목회자는 성도들을 진리로 이끌어 주어야 한다는 것을 알고 있었다. 바울은 전도하고, 설교하고, 떠나는 대신 그는 갈라디아와 아가야 지역의 교회들을 재방문했다. 고린도와 에베소의 교회에서는 몇 달 동안 목회하기 위해 머물기도 했다. 바울은 그가 개척했던 교회들로부터 오는 보고들을 곰곰이 살피면서 그는 그들을 꾸짖기도 하고, 바로잡아주고, 또 권면하기 위해 편지를 보냈다. 슈나벨은 말했다.

> 바울의 주된 관심사가 복음이 가능한 빠른 속도로 많은 사람에게 전해지는 것은 아니었다.[16]

바울은 그가 남의 터 위에 교회를 짓지 않기 위해서 미전도지역에 그리스도를 전하기를 갈망했지만, 그의 사역은 설교하고, 가르치고, 편지를 쓰고, 그의 사역지에 제자들을 보내는 것과 균형을 이루는 것이라고 밝히고 있다.

10. 바울의 선교사 전략과 사역

바울의 선교학적 방법은 이중 문화적이고 국제적이었고, 그의 방법은 하나님의 말씀을 전파하고, 설교하고, 가르치는 것이었다. J. 녹스 챔블린(J. Knox Chamblin[1935-2012], 리폼드신학대학원 전 신약학 교수)은 말한다.

> 바울에 따르면, 완전하게 만들어지는 것은 삼위일체 하나님과의 만남을 수

---

[16] Eckhard J. Schnabel, *Early Christian Mission*, vol. 2 (Downers Grove, IL: Inter Varsity Press, 2004), 1547.

반한다. 이것은 하나님 자신이 고안한 것에 의해서, 또 하나님의 계시된 말씀을 통해서 일어난다.[17]

바울은 성경의 한 단락 만을 의지한 채 하나의 설교 즉 가벼운 복음을 전하지 않았다. 또, 같은 청중들에게 같은 방식으로만 전달하지 않았다. 하나님 말씀의 전체적인 내용과 일치하는 바울의 가르침 사역은 그가 만나는 모든 문화의 사람들에게 가르쳤다. 슈나벨은 바울의 선교학적 방법을 이같이 요약한다: 바울의 기본적인 전략은 단순하다. 그는 이전에 복음이 전해진 적이 없었던 지역에서 신성한 명령에 순종해 유대인들과 이방인들에게 예수 그리스도의 메시지를 전하기를 원했다(갈 2:7; 롬 15:14-21).

이 목표를 실행하기 위한 계획 역시 비교적 간단했다. 그는 주요 로마의 도로와 도시에서 도시로 가는 작은 지방도로를 여행하며 메시아와 구세주 되신 예수님의 메시지를 전하고 지역 기독교 공동체로 새로운 개종자들을 모았다.[18] 바울의 전략은 간단했지만, 그것이 단순하지는 않았다. 그는 복음을 위해 모든 사람에게 노력했고 모든 수단을 다 써서 그들에게 다가가고 가르쳤다. 바울의 책임감 있는 선교 사역은 훈련생들을 훈련하고, 피교육자들을 교육하고, 제자들을 가르치기 위한 의무를 저버리고 새로운 지역들로 재빨리 이동하는 바람은 아니었다. 바울은 디모데후서 2:2에서 다음과 같이 말한다.

> 또 네가 많은 증인 앞에서 내게 들은 바를 충성 된 사람들에게 부탁하라 그들이 또 다른 사람들을 가르칠 수 있으리라.

---

[17] J. Knox Chamblin, *Paul and the Self: Apostolic Teaching for Personal Wholeness* (Grand Rapids: Baker, 1993), 28.
[18] Schnabel, *Early Christian Mission*, 1299.

바울은 자신이 이 땅에서 영원히 살 수 없고 교회들은 진리에 대한 안정된 교사들이 필요하다는 것을 알고 있었다. 따라서, 그는 목회자들만 훈련하는 것만으로는 충분하지 않다는 것을 알았다. 그는 또한 그들을 훈련하고 그들에게 더 많이 훈련할 필요성에 대한 인식을 심어줄 필요가 있었다. 바울은 성령께서 부르시는 어린 제자들을 그들이 그 일을 계속할 수 있도록 훈련할 필요가 있다는 것을 알고 있었다. 기초적인 제자도 외에도, 바울은 그가 개척한 교회들 안에 있는 자들에 의해 심어질 안정된 교리를 가르칠 수 있도록 그곳의 교사들을 준비시켰다.

선교활동 일부로 신학 교육은 사치도, 선택도 아니라 그것은 모든 책임 있는 선교사의 의무이다. 개척선교사는 이것을 완성하기 위해 머물지 않을 수도 있지만, 그는 떠나기 전에 '디모데'를 준비하거나 그들을 준비시킬 만한 다른 선교사들의 도착을 촉진해 그들을 준비시켜야만 한다. 인수인계를 받는 제자들의 목회적 준비와 신학 교육이 돼 있어야만 한다. 머클은 말한다.

> 선교에서의 신학 교육의 목표는 사역의 일을 하도록 현지의 신자들을 훈련하는 것이다. 이것은 현지의 신자들을 설득하거나 심지어 그들에게 억지로 세뇌하는 것에 관한 것이 아니다. 그것은 오히려 하나님과 타인에게 봉사하는 데 있어 그들을 자유롭게 하시는 하나님의 말씀으로 그들에게 힘을 실어주는 것이다. 그것은 우리가 배운 것을 똑같이 하는 충성스러운 이들에게 전수하는 일에 관한 것이다. 그것은 다음 세대의 목회자를 훈련하는 것을 도울 수 있는 현지 성경 교사들을 훈련하는 것이다. 그것은 추수 밭으로 나갈 선교사를 양성하는 일에 대한 것이다. 그것은 성경을 자신의 언어로 번역하거나 다른 사람을 교육하는 데 사용될 신학적 문헌을 쓸 수 있는 학자들을 양성하는 일이다. 그것은 우리가 헛되이 일하지 않도록 우리의 노동의 열매를 가로채는 것을 막아내는 일이다.[19]

---

[19] Merkle, "The Need for Theological Training in Missions," 59.

바울은 미래 세대의 신자들을 훈련하는 일을 계속할 수 있는 충성 된 교사들을 갖추도록 교회를 모델링하고 지도했다. 그들은 미래의 지도자들을 훈련할 수 있을 뿐만 아니라 훈련된 현지 교사들은 외부 선교사가 결코 완전히 알 수가 없는 언어, 문화, 세계관, 역사에 대한 그들의 이해를 도울 수가 있다.

11. 결론

바울은 지금까지 살았던 사람 중 가장 위대한 선교사다. 그는 기준을 세웠고, 전도하고, 선포하며, 가르치기 위해 문화적 경계를 넘나드는 우리의 성경적 본보기다. 그리스도가 아직 불리지 않은 곳에서 전하는 것을 강조하는 자들과 안정된 교리로 현지인들을 훈련하기 위해서 모든 수단을 동원해야 한다고 강조하는 사람들, 다른 사람들을 가르칠 수 있는 능력을 갖춘 사람들 모두 바울을 그들의 모델로 마땅히 삼을 수 있을 것이다.

바울은 예수님과 복음에 대해 아무도 들어본 적이 없는 지역에서만 전하는 데 관심이 있었을까?

물론, 당연히 아니다; 바울은 또한 교회 안에서 건전한 교리, 윤리적 가르침, 문화적으로 적절하고 안정된 신학의 적용을 강조했다. 또한, 그는 성경적으로 신학적으로 준비된 교회의 지도력을 갖추는 것이 중요하다고 강조했다. 머클은 그 주장을 다음과 같이 요약한다.

> 교회 역사에서 가장 위대한 선교사로부터 배우고 선교에 대한 균형 있는 접근법을 가져보자. 이것은 둘 다 복음을 듣지 못한 미전도 종족을 참여시킴으로써 복음으로서 어둠을 뒤로 밀어내고 또한 성숙하고 효과적으로 성장하고 재생산할 수 있는 교회를 남김으로써 어둠을 막아내는 것이다.[20]

---

20 Merkle, "The Need for Theological Training in Missions," 59–60.

바울의 삶에 대한 신약성경의 기록은 그가 성경적으로 자격을 갖추고 훈련된 지도력을 가진 교리적으로 안정된 교회를 남길 수 있도록 현지의 사람들을 훈련하고자 하는 그의 균형 잡힌 바램을 보여준다. 젊은 사람들을 훈련하고 그들을 사역으로 보내는 바울의 모습을 본보기로 삼는 것은 우리의 사역을 확장하고 우리가 가르치지 않은 새로운 신자를 버리지 않고도 새로운 분야에 계속 진출할 수 있게 해준다. 그것은 또한 훈련된 현지 리더십을 활용하고 문화적으로 적절한 방법으로 그들 사이에서 설교하고, 가르치고, 목양하고, 제자가 될 수 있게 한다.

추천도서

Allen, Roland. *Missionary Methods: St. Paul's or Ours?* Cam- bridge: Lutterworth Press, 2006.

Barnett, Paul. *Paul: Missionary of Jesus*. Vols. 1-2. Grand Rapids: Eerdmans, 2008.

Chamblin, J. Knox. *Paul and the Self: Apostolic Teaching for Personal Wholeness*. Grand Rapids: Baker, 1993.

Dowsett, Rose. *The Great Commission*. Thinking Clearly Series. Grand Rapids: Kregel, 2001.

Merkle, Benjamin L. "The Need for Theological Education in Missions: Lessons Learned from the Church's Greatest Mission- ary." *The Southern Baptist Journal of Theology* 94:4 (Winter 2005): 50-61.

O'Brien, Peter. *Gospel and Mission in the Writings of Paul: An Exegetical and Theological Analysis*. Grand Rapids: Baker Books, 1995.

Polhill, John. *Paul and His Letters*. Nashville: B&H Publishers, 1999.

Schnabel, Eckhard J. *Early Christian Mission*. Vols. 1-2. Downers Grove, IL: InterVarsity Press, 2004.

_____. *Paul the Missionary: Realities, Strategies and Methods*. Downers Grove, IL: InterVarsity Press, 2008.

제6장

찾음의 신학 대 추수의 신학:
전할 것인가 가르칠 것인가?

모든 사람에게 복음이 전해지기 전까지는 아무도 복음을 두 번씩 들을 수 없다.

이 결연한 구호는 바로 20세기 초에 있었던 많은 선교대회의 표어였다. 또 "이 세대 안에 세계 복음화"란 구호도 1800년대 후반에 있던 학생자원 운동(Student Volunteer Movement)의 대표 J. R. 모트(J. R. Mott, 1865-1955)가 같은 맥락에서 주장하는 바였다. 복음이 쓰인 이후로, 지구촌 모든 사람에게 복음을 전하라는 명령은 성경에 있지만, 정작 교회들은 이 명령을 이루기 위한 일관성 있는 균형감각이나 열정에 대해 서로 의견이 분분하다.

복음의 씨를 뿌리는 것뿐만 아니라 전도자가 반응해 주게 나아오는 자들을 '추수의' 자리로 데려오는 것까지를 자신의 소명으로 받아들이는 선교사들과 선교 단체들이 있다. 이들은 복음을 전하고, 믿는 자들을 제자훈련하고, 교회를 세운다. 초등교육기관, 병원, 고아원, 신학교를 세우고 교회들을 굳건히 하기 위해 연합회나 노회를 구성하도록 돕기도 한다. 또 다른 이들은 복음이 전혀 전해지지 않은 지역의 종족을 찾아서 전도하는 것에 집중한다. 따라서 그곳에 가서, 재빨리 관계를 만들고, 복음이 들어가지 않은 지역의 사람들에게 복음을 전하나, 그러고 나면 그들은 이내 다른 미전도 지역으로 최대한 빨리 떠나버린다. 이처럼 국제선교에 있어 성경에서 말하는 책임과 의무에는 두 가지의 극단이 있을 수 있다. 이러한 양 극단은 모두 성경에 기반을 두고 있다. 선교사가 하나의 극단만 선택하고 다른 하나를 배제한다면 커다란 위험에 빠지게 된다.

성경은 분명하게 선교 사역에 있어서 두 가지 영역을 보여주고 있다. 선교사는 그의 선교 철학, 전략, 방법론에 있어 이 둘을 균형 있게 통합시켜야 한다. 하나의 견해만 취하고 다른 견해를 배제하고 싶은 유혹은 하나님의 말씀을 정확하게 해석하지 못하는데 서 나온다. 예를 들면, 잘못된 성경해석 때문에 나온 종말론에 치우친 선교학은 하나님이 전혀 의도하지 않은 방법으로 하나님께 열광적으로 영광 돌리는 아이러니를 범하게 된다. 성경에 있지도 않은 단어를 정의하고 이에 성경적 권위를 주는 것은 또한 그 특정의 의견을 받아들이는 이와 그렇지 않은 이 사이에서 혼란과 분열만 초래할 따름이다.

성경 전체의 맥락을 보지 않고, 특정한 단락을 가지고 자신의 선교를 정의하는 것은 그 자신이나 그를 따르는 이들을 위해서도 균형이 맞지 않을 것이다.

바울은 "또 내가 그리스도의 이름을 부르는 곳에는 복음을 전하지 않기를 힘썼노니 이는 남의 터 위에 건축하지 아니하려 함이라"(롬 15:20)와 "또 네가 많은 증인 앞에서 내게 들은 바를 충성 된 사람들에게 부탁하라 그들이 또 다른 사람들을 가르칠 수 있으리라"(딤후 2:2)라는 말씀 중에 과연 어떤 것을 더 중요시했을까?

성령께서는 바울에게 이 두 구절 모두 쓰게 하셨다.

그렇다면 이 상반되게 보이는 두 구절 사이에서 균형을 잡는 것이 바람직한 것이 아닐까?

균형 잡힌 시선은 어떤 하나만 강조하고 다른 하나를 완전히 배제해 버리는 우를 범하지 않게 한다.

1. 정의의 발전

선교 단체들이 지상 대 명령을 완수하기 위해 복음이 없는 곳에 들어가기 시작했을 때, 인적 자원과 재정 결핍의 문제와 함께 선교사들이 다음 지역으로 옮길 수 있을 만큼 특정 지역이 복음화됐는지 아닌지를 정하는 것도 또 다른 어려운 문제였다. 예를 들면, 어떤 지역에 작은 교회 하나가 있는데 그 교회에 훈련된 사역자들과 그리스도의 생명이 넘치는 복음이 있다면, 이 교회는 계속 부흥할 것이다.

그러나 이런 것들을 기준으로 삼는다면 객관성에 문제가 생기고 수량화가 쉽지 않다는 문제가 있다. 이러한 문제의식을 느끼고 선교학자들은 어떤 종족이 복음화됐는지 아닌지를 공통으로 받아들일 수 있는 비율로 기준을 채택할 필요가 있다고 생각하게 됐다. 이러한 기준이라면, 선교사는 성취해야 할 목표가 생길 것이고, 그 기준을 달성했다면 그들은 마음 편하게 그 사역지를 떠날 수 있게 되는 것이다.

> 사회과학이나 비즈니스 세계에서 최첨단의 것을 찾기 위해 노력하고 테스트한 것을 재빨리 버리는 데 가치를 두는 공식을 선교에 적용하는 것은 세계 대부분 지역에서 선교 사역에 도움이 되지 못하고 있다. 그 대신에 선교가 이런 효율성을 쫓아갈 때 관계들이 깨지는 부작용이 있었다. 어느 정도 사역을 한 선교 단체는 시간과 자원의 우선순위라는 이름으로 단호하게 자신들의 이전 사역의 열매였던 영적 자녀들에 대한 도움을 끊었다.
>
> 그 영적 자녀들은 부모가 다른 새로운 아이를 '입양함'에 따라 선교에 있어서 의존적인 존재에서 동등한 파트너가 될 기회를 잃어버리게 됐다. 많은 서양의 선교 단체들이 '이것 아니면 저것'이라고 하는 생각은 극단화를 부추기기만 하고 도움이 되지 못한다.
>
> 우리는 이전의 선교 패러다임과 새로운 선교 패러다임이라는 잘못된 이분법에 빠져 있다. 우리는 '두 가지 모두'라는 생각을 더 많이 해야 한다. 전통적인

방법과 새로운 생각과 전략들은 모두 오늘날 지상 대 명령을 완수하기 위해 꼭 필요한 것들이다.

- 퐁 춘 삼, 싱가폴 침례신학교 선교학 교수

처음에 선교사들은 20%가 어떤 집단이 복음화됐다고 판단하기에 적절한 수치라고 생각했다. 사실 이것은, 만약 어떤 집단의 20%가 새로운 사상을 받아들인다면, 이들은 외부의 도움을 받지 않아도 자신들의 사상을 영속화하고 소속된 집단 구성원들에게 사상을 전파할 수 있다는 사회학적 원리에 기초한 것이었다. 선교사들은 이를 적용해 만약 한 집단이 최소한 20%가 복음을 받아들인다면, 그 집단은 외부 선교사의 도움이 없이도 자력으로 복음 사역을 계속할 수 있고, 따라서 선교사들이 또 다른 곳으로 옮길 수 있다고 생각했다.

그러나 무엇이 이런 퍼센트 기준을 만드는 것일까?

더 중요한 문제는 이러한 기준이 매우 낮아졌다는 데 있다. 많은 선교지에서 한 종족의 인구의 2%가 복음화됐다면 그들은 복음이 전해진 것이기 때문에 선교사들은 다른 선교지로 갈 수 있다는 생각이 물리학의 원리처럼 정설이 되고 있다. 많은 선교학자는 이러한 통계적 수치가 현지인들이 선교사 등 어떤 외부의 도움이 없이도 선교 사역을 마칠 수 있다는 것을 보여준다고 믿는다. 다음은, 이러한 전략적 기준을 만든 사람들과 그들에게 영향을 준 사람들의 진술이다.

흥미롭게도, 믿는 자들의 퍼센트를 가지고 기준을 세우자는 사람들조차도 이것이 선교사가 꼭 지켜야 할 황금률이 돼야 한다는 생각을 하는 것은 아니었다. 처음에는 단지 복음이 가장 들어가지 않은 지역을 선별하기 위한 단순한 판단 기준일뿐이었다. 『세계기도정보』(Operation World, 1974)의 저자로 잘 알려진 페트릭 존스톤(Patrick Johnstone)은 이렇게 말했다.

내가 기억하기로 사회를 실제로 바꿀 수 있는 것은 그 사회의 20%의 사람들이라는 경영학에서 쓰는 시장 조사 수치를 누군가가 쓰기 시작하면서부터였던 것 같다. 이것은 곧 우리 믿는 자들에게는 복음화의 기준으로 생각됐고, 또 복음을 전해야 할 지역은 과연 어떤 기준이어야 하는지에 대한 논의로 이어졌다. 20%란 기준은 너무 높았기 때문이다.

한국이나 싱가폴, 또 활발하게 선교사를 파송하고 있는 몇몇 나라 정도나 이 기준에 부합한다. 많은 사람이 복음화의 최소한의 기준으로 5%나 2%의 기독교인을 주장했다. 개인적으로 '복음화됐다'라는 말을 별로 좋아하지 않지만 어쩔 수 없이 써야 했다. 그러고 싶지 않으나 어쩔 수 없었다.[1]

이러한 논의의 진행 과정을 회상하면서 존스턴은 다음과 같이 말했다.

우리는 만여 명이 넘는 집단에서 기독교인이 5% 미만이거나 복음주의 신도가 2% 이하인 종족으로 전략적 제한을 두었고 민족이나 언어를 기준으로 삼았다. 이렇게 나누는 기준은 일리가 있었으나 임의적인 측면도 있었다.[2]

임의적이고 주관적이었던 것은 이것만이 아니었다. 존스턴은 계속해서 말했다.

또 하나의 큰 문제는 그리스도인은 누구냐는 문제였다. 선교 관계자들은 암묵리에 복음주의 신도를 의미하는 것이라는 생각이 있었다. 나와 데이비드 베렛만 과학적인 정확도를 가지고 복음주의 성도를 판단하는 것에 관해 연구했으므로…. 나는 로잔회의와 기독교 21세기 운동에서 복음주의 신도만을 가지고 판단해서는 안 되고, 가톨릭과 몰몬교를 포함한 여섯 개의 주요 기독

---

1 Patrick Johnstone, email interview, December 30, 2008.
2 Patrick Johnstone, "Covering the Globe," in *Perspectives on the World Christian Movement*, ed. Ralph D. Winter (Pasadena, CA: William Carey Library, 1999), 544.

교의 교단을 기준으로 기독교인을 판단해야 한다고 주장했다. 이러한 수치가 더 사용하기 쉽고 인구조사나 설문조사에서 자신을 기독교인이라고 표시하는 사람들을 활용할 수 있기 때문이다. 또한, 독실한 가톨릭 국가를 기독교 국가가 아니라고 할 수는 없다. 선교사들의 외부 도움이 없이는 자신의 집단을 복음화시킬 수 없는 것을 기준으로 기독교 인구가 5%가 안 되거나 복음주의 신도가 2%가 안 된다면 미전도 종족이라는 기준을 세운 것이 바로 접니다.³

여호수아프로젝트(Joshua Project)는 존스턴의 주장에 동의했다.

> 여호수아프로젝트의 편집위원회는 그 기준으로 복음주의 신도 2% 미만과 5% 미만의 기독교인을 채택했다. 구체적 수치는 다소 임의적이나, 집단 전체에 영향을 미칠 수 있는 것은 2%라고 주장하는 이들도 있었다.⁴

최근의 한 인터뷰에서, 랄프 윈터의 세계 선교 미국센터의 총재인 그렉 파슨즈(Greg Parsons)는 최소한 2%의 복음주의 신도들인지 아닌지를 평가하는 기준을 만들어 갔던 역사적 논의에 대해 좀 더 자세한 내용을 털어놓았다. 이런 통계적 기준을 만든 것은 독자 생존이 가능한 복음화 교회 운동과 관련이 있었다. 기독교 21세기 운동의 목적 중 하나가 이러한 운동을 만드는 것이었기 때문이다. 이 운동의 지도자들은 어떤 종족에도 통할 수 있는 기준이 필요하다고 생각했다. 이 운동의 발전 과정을 수량화할 것인지, 또 그 수량화 방법도 생각해야 했다.

루이스 부시(Luis Bush)는 페트릭 존스톤의 저서 『세계기도정보』에서 데이터를 가지고 언어와 분류 기준들을 평가하기 시작했다. 월드비전(World

---

3 Johnstone, interview.
4 Joshua Project, "Definitions," http://www.joshuaproject.net/definitions.php.

Vision)이 20% 미만의 기독교 인구를 가진 종족을 '숨겨진 종족'(Hidden Peoples)이라고 분류한 것을 시작으로 부시와 기독교 21세기 운동은 현 선교운동에서 취약한 것이 무엇인지 또 그것을 수량화하는 작업을 논의하기 시작했다. 이를 위해 통계 데이터들을 돌아보고 여러 수치를 다시 고려하고 세분화하는 작업을 했다. 또 세계 각지에 있는 선교지들의 현실을 논의하던 중 토착민 교회 개척 운동이 기독교인 20%를 훨씬 밑도는 곳에서 일어나고 있다는 것을 알게 됐다.

루이스 부시와 페트릭 존스턴의 논의를 통해, 기독교 21세기 운동의 지도부는 마침내 복음주의 신도 2%나 기독교인 5%라는 기준이 독자 생존이 가능한 토착민 복음화 운동을 하는 데 있어서 최소한이라는 데 합의했다. 이전에 쓰던 '숨겨진 사람들'이라는 용어 대신에 '미전도 종족'(Unreached People Group)이라는 용어로 바꾼 때도 이때였다. 이 논의가 개인적인 차원의 전도 문제가 아니라 종족 차원의 전도에 대한 것이었다는 사실은 중요하다. 어떻게 자원의 배분과 집중을 할 것인가 하는 목적을 가지고 개인이 아닌 집단을 이루는 사람들을 어떻게 정의할 것인지, 통계적 기준들을 어떻게 설정할 것인지 집단으로 평가한 것이었다. 그러나 이러한 노력에 대해 파슨즈는 기독교 21세기 운동이 단순히 쉽게 수치화할 수 있는 것을 찾았을 뿐이라고 회상했다.[5]

종말론의 강한 영향을 받은 선교학은 기독교 인구를 독자 생존력이란 개념으로 측정하겠다는 생각, 종족이라는 개념의 도입, 무엇보다 선교 속도의 강조와 결합해 더 할 수 없이 나쁜 상황을 만들었다. 임의로 결정된 수치를 기준으로 복음화가 됐는지 아닌지를 판단하고 그것으로 선교 전략을 만들거나 선교사를 파송하고, 선교활동에 자원을 투입했다. 흥미롭게도 미전도 종족이라는 개념의 발달을 설명하면서 미전도 종족 목록을 보여주는 한 기사에서 댄 스크라이너(Dan Scribner)는 말했다.

---

[5] Greg Parsons, phone interview, January 15, 2009.

이것은 모든 것이 다 들어가 있는 미전도 종족 목록이 아니다. 절대로 '최종판'이 아니다. 오히려 수많은 미전도 종족에 관한 여러 연구를 취합해 민족, 언어, 정치적 기준 같은 것으로 한도를 정하고 총인구가 만 명은 넘어야 한다거나, 가장 복음이 필요한 이들과 같은 사항을 고려한 것일 뿐이다. 이 목록에 나와 있는 모든 종족이 모두 독립적으로 신도를 배출해 자신들의 나머지 종족들을 전도할 수 있다고 하더라도, 지상 대 명령을 다 이루었다고 말할 수 있는 것도 아니다. 이 목록에 있는 모든 종족이 다 복음을 받아들였다고 해도 하나님만이 세상의 끝이 언제 올지 아신다.[6] 그러나 하나님의 왕국이 더 빨리 이 세상에 오기를 바라는 몇몇 선교사들은 이 목록을 이런 식으로 정확히 활용했다.

2. 복음 전파 여부

예전에 선교사들이 찾음의 신학과 추수의 신학에 대해 논쟁했듯이, 오늘날은 같은 논점을 가지고 과연 한 지역에 복음 전파가 된 것인지 판단하는 것에 대한 논쟁이 있다. 복음 전파가 된 것인지 아닌지에 대해 생각해 볼 때 우리는 먼저 이 용어들을 정의할 필요가 있다.

누가 기독교인인가?

어떤 선교학자들은 복음주의 교회에서 세례받은 사람들만이 기독교인이라고 하고 또 다른 학자들은 자신을 기독교인이라고 밝힌 사람들은 누구나 기독교인으로 인정해야 한다고 한다. 후자의 경우에는 무슬림 마을이 아닌 기독교도들이 모여 사는 마을에 태어난 사람도 민족적 기독교인으로 포함할 수 있다. 그들은 또한 성경의 정의와 상관없이 어떤 종파의

---

6 Dan Scribner, "Joshua Project Step 1: Identifying the Peoples Where Church Planting Is Most Needed," *Mission Frontiers* 17 (November/December 1995), as accessed at http://www.missionfrontiers.org/pdf/1995/1112/nd955.htm.

기독교도 포함할 수 있다고 한다. 문제는 복음주의 기독교인을 구별해 낸다는 것이 어렵다는 점이다. 이에 반해 자신이 기독교인이라고 밝힌 사람들의 숫자를 얻는 것은 통계적으로 비교적 쉬운 일이기 때문에 에큐메니컬적인 기독교 이해를 하고 있는 사람들은 후자의 방식을 따르는 것을 선호한다. 세계기독교연구센터(Center For the Study of Global Christianity)의 책임자이자 『세계 기독교 백과』(World Christian Encyclopedia, 1982)의 공동저자인 토드 존슨(Todd Johnson)은 말한다.

> 극단적으로, 사람의 관점에 따라서는 어떤 종족도 복음이 온전히 다 전해졌다고 볼 수 없다. 그러나 5%의 기준이 넓은 의미의 '기독교' 개념이라면 복음이 전해지지 않은 곳이 없다고 할 수 있을 만큼 이러한 역학관계를 바꾸어 놓았다.[7]

퍼센트로 기준을 정한 것은 어떤 한 지역에서 기독교인의 수를 보고하는 것은 더 쉽게 만들지만, 복음주의의 관점에서 진정한 기독교인들을 분류하기에는 부족한 것이 사실이다.

> 만약 복음주의 신도가 1%고 95%가 로마 가톨릭 신도라면 이들은 미전도 종족이 아니다. 교회 개척이 필요할 수는 있겠지만, 전혀 교회가 없는 사역지에서와 같은 선교가 필요한 것은 아니다. 임의로 정한 퍼센트의 수치를 따른다고 해도 혼란한 상황은 계속된다. 미전도 지역이 아니라는 것은 그 지역이 복음으로 굳건히 서 있는 것을 의미하는 것은 아니다.[8]

여러 영향력 있는 지도자들조차도 기독교 인구가 한때 임의적인 수치에

---

[7] Todd Johnson, phone interview, December 30, 2008.
[8] Todd Johnson, phone interview, December 30, 2008.

도달했다고 해도 그 지역에서 선교사들이 철수하는 것을 권장하지 않는다. 이 문제는 더 정확히는 선교 자원의 문제이다. 토드 존슨은 말했다.

> 종종 한 종족이 복음화되고 선교 자원이 풍부해진 곳에서는, 총력 교회 개척 운동이 일어나곤 하지만 또 다른 한쪽, 전혀 교회가 없는 미개척지 같은 곳에서는 국제선교 위원회와 같은 기관도 선교에 필요한 자원이 없어 쩔쩔맵니다. 이런 상황이라면 복음주의 신도가 2%가 넘었다는 사실만으로 그곳에 있는 선교 지원을 끊는다는 것은 어불성설이다.[9]

미전도 종족이냐 아니냐를 구분하려는 노력에는 미전도 종족일수록 선교의 자원을 투입하는 것이 가치 있다는 생각이 숨어 있다. 전혀 복음의 손길이 닿지 않은 곳이 가장 우선순위라는 생각은 하나님이 또 어떤 이들은 추수의 자리로 가게 하실 수도 있다는 생각을 하지 못하게 만든다.

하나님의 분명한 인도가 있음에도 불구하고 선교사들은 미전도 종족이 아닌 곳에서 선교한다는 생각에 죄책감을 느끼거나 열등감을 느끼기도 한다. 여호수아프로젝트는 이러한 생각을 부채질했다. 이 운동의 '하나님의 복음이 없는 곳에 들어간다'라는 선한 의도의 열정이 미개척지, 그 자리만이 선교사에게 가장 가치 있는 곳이라는 인식으로 변해갔다. 루이스 부시는 이렇게 서술하고 있다.

> 여호수아프로젝트 2000은 가장 복음이 들어가지 않은 종족에 초점을 맞추고 있다. 이 프로젝트의 핵심은 선교연구자들이 가장 선교가 필요한 종족이라고 동의한 현재, 약 1700여 개의 종족이다. 이 1700여 종족 중 약 22억 명의 사람들, 거의 90%의 사람들이 10/40창에 살고 있다…. 만약 우리가 "인자가 온 것은 잃어버린 자를 찾아 구원하려 함이니라"(눅 19:10)와 "이는 가난한 자에게 복음을 전하게 하시려고"(눅 4:18)의 예수님의 예를 따르고자 하

---

[9] Todd Johnson, phone interview, December 30, 2008.

는 자들이라면, 우리의 주요한 관심은 99%의 사람들이 복음을 모르는 가난한 사람들이 있는 10/40창에 있어야 할 것이다.[10]

미전도 종족에게 제자훈련을 시키는 것과 성경 말씀을 가르치는 것을 염두에 두지 않고 복음 만을 전하면 된다는 생각은 전도에 속도를 내야 한다는 생각 때문이다. 무엇보다도 큰 가치가 '가능한 한 많은 사람에게 가능한 한 빠르게'라고 생각하는 것은 오늘날 선교학에서 되풀이되는 잘못된 생각이다. 크런트(Cronk)는 이렇게 서술했다.

> 여호수아프로젝트가 내놓은 2000개의 미전도 종족 리스트는 새로운 선교 지침이 되고 있다. 교단들과 지역교회들과 선교 단체들이 이 목록에 있는 미전도 종족들을 품고 기도하고 있다. 이제는 이러한 미전도 종족에게 선교사들이 직접 나아가야 할 때다.[11]

복음의 불모지만이 선교사가 그의 삶을 헌신할 가장 가치 있는 장소라는 관점은 찾음의 신학에서 온 거라 할 수 있다. 훈련된 목회자들이 필요한 추수의 자리들은 덜 중요한 자리인 것처럼 보인다. 마지막 남은 미개척지와 10/40창과 같이, 가장 도움이 필요한 지역을 나타내는 이러한 단어들은 무언가 극적으로 들리고 모험심을 자극한다. '마지막 남은 미개척지'란 말은 복음주의 신도가 2% 미만이거나 사실상 교회가 전혀 없는 곳을 말한다. 이러한 지역은 미전도 미접촉 종족(Unreached and Unengaged People Groups, UUPGs)이고 그러므로 가장 복음의 손길이 필요하다고 여겨진다.

---

[10] Luis Bush, "What Is Joshua Project 2000?" *Mission Frontiers* 17 (November/ December 1995), as accessed at http://www.missionfrontiers.org/pdf/1995/ 1112/nd953.htm.

[11] Jarod Cronk, "Joshua Project Step 6: Planting Churches in Each of These Peoples," *Mission Frontiers* 17 (November/December 1995), as accessed at http:// www.missionfrontiers.org/pdf/1995/1112/nd9511.htm.

10/40창은 서아프리카부터 동아시아까지 북위 10도에서 40도 사이에 있는 지역을 말한다. 대체로 가난한 지역으로 회교도, 힌두교도, 불교도의 대다수가 이 지역에 있고 기독교인이나 교회가 희박하다.

이 지역에서의 복음의 필요성은 실제적이나, 우리가 하나님이 우리를 부르신 다른 여러 가지 이유는 무시한 채 복음의 필요성만을 강조하는 것도 교회를 굳건히 하지 못하거나, 하나님이 우리에게 주신 사명에 신실하지 못한 것이라 할 수 있다.

매우 분명하게, 많은 선교사가 찾음의 신학으로 자신의 선교 사역을 정의하고 있다.

그러나 어떻게 100명 중 2명이 예수님을 영접한 것만으로 그들의 선교 사역이 완성됐다고 할 수 있는가?

이러한 낮은 기준을 채운 것이 선교사들이 자신의 사역지를 다음 사역지로 옮길 이유가 되는가?

그렇다면 복음을 전하고 그리스도인이 되는 것이 극도로 힘든 곳은 어떤가?

북아프리카의 어떤 선교사는 그곳에서 그리스도인이 된 사람들은 평균 45일 정도 산다고 보고했다.

이런 곳에서 백명 중 둘 아니 다섯이라도 복음을 받아들인다면 사역이 끝났다고 과연 말할 수 있을까?

가장 복음이 전해지지 않은 지역을 구별하고자 그 기준을 세운 이들은 그 기준이 우리가 버리고 버려둘 수 있는 사람들을 정한 것이 아닌 것처럼, 그 지역에 충분히 복음이 전해졌다는 것을 정한 것도 아니었다. 그러나 하루라도 빨리 복음을 전해야 한다는 생각과 결합한 그들의 연구는 많은 선교사가 전통적 선교모델을 버리고 사역을 빨리 끝낼 방법을 찾게 했다. 제임스 엥겔(James Engel)은 말한다.

아직도 많은 복음주의자가 가장 짧은 시간에 가장 많은 수의 미전도 종족에게 나아가야 한다고 주장하는 소리를 듣는다.[12]

그러나 성경이 우리에게 보여주는 것은 속도를 더 높이라는 것이 아니고 속도를 줄이라는 것이다. 엥겔은 계속해서 주장한다.

> 예수님은 사역하실 때 사람들과 같이 걷고 사셨고, 그들의 영적 자각, 두려움, 꿈을 이해하는 것에 시간을 보내셨다. 선교는 이러한 예수님의 모습으로 돌아가야 한다.[13]

도날드 맥가브란은 효과적인 선교 전략은 선교대상 종족의 수용성에 반응해야 한다고 믿었다.

> 핵심적인 사역은 수용성이 있는지를 분별하는 것이다. 만약 이것이 보이면 그것에 맞춰 방법과 기관들, 인적 자원들을 조정해 그 수용성이 그들을 그리스도인들로 바꾸고 자신들의 동료들에게도 나아가서 그들을 하나님께 돌아오게 하는 데까지 이르러야 한다. 효과적인 복음화가 필요하다. 잃어버린 자들을 찾고, 포용하고, 하나님의 말씀으로 양육해 교회에 편입시켜야 한다.[14]

『하나님 경험하기』(*Experiencing God*, 2007)이란 책에서 헨리 블랙비(Henry Blackby)는 하나님이 일하시는 곳을 찾아서 그곳에서 하나님의 일에 동참하라고 하였고, 알랜 워커(Alan Walker)는 또한 이렇게 말했다.

> 그리스도인의 사역이라는 것은 하나님이 하시고 있는 일을 찾아 그것을 하

---

[12] James F. Engel, "Beyond the Numbers Game," *Christianity Today,* August 7, 2000, 55.
[13] James F. Engel, "Beyond the Numbers Game," *Christianity Today,* August 7, 2000, 55.
[14] Donald McGavran, *Understanding Church Growth*, 3rd ed., ed. C. Peter Wagner (Grand Rapids: Eerdmans, 1990), 192.

나님과 함께 하는 것이다.[15]

맥가브란은 이러한 수용성이 지역이나 나라에 따른 개념이 아니라 성령의 사역에 기반한 것이라고 말했다.

> 사람의 수용성은 좋았다가 나빴다를 반복한다. 하나님의 길을 따르는데 항상 똑같이 준비된 사람은 아무도 없다.[16]

3. 찾음과 추수의 신학

도날드 맥가브란이 『교회 성장의 이해』(Understnding Church Growth, 1990) 라는 책에서 도입한 개념인 '찾음의 신학'과 '추수의 신학'이라는 용어는 어디에 선교의 인적, 재정적 자원을 써야 하는지와 관련된 논의에서 종종 서로 대립된 개념이 된다.

찾음의 신학은 그리스도의 이름이 불리지 않는 곳에서 복음을 전하는 것을 강조하는 반면, 추수의 신학은 수용성을 가진 사람들을 추수의 자리에 데리고 오는 것을 강조한다. 만약, 선교 전략이 이 중 하나만 고집한다면 결과적으로 불균형이 초래될 것이다. 안타깝게도 많은 선교사가 선교지에서 어느 정도 복음이 전해졌다고 싶으면 서둘러 다른 미전도 종족으로 떠나버려 말씀을 잘 알지도 못하고 준비되지 못한 남아있는 믿음을 가진 현지인들이 남은 사역을 이어서 수행할 수밖에 없는 일들이 일어나고 있다. 그가 주신 은사에 따라 그가 이끄시는 대로 하나님의 뜻을 행하며 추수의 신학, 찾음의 신학 모두를 받아들이는 것이 성경적으로 옳다.

바울은 로마서 12:6-7에서 "우리에게 주신 은혜대로 받은 은사가 각각

---

[15] Alan Walker, *A Ringing Call to Mission* (New York: Abingdon Press, 1966), 31.
[16] McGavran, *Understanding Church Growth*, 180.

다르니 혹 예언이면 믿음의 분수대로, 혹 섬기는 일이면 섬기는 일로, 혹 가르치는 자면 가르치는 일로"라고 기록했다.

우리 각자는 하나님이 주신 은사에 따라 신실한 일꾼이 돼야 한다. 하나님이 어떤 사람에게 가르침의 은사를 주시고, 그를 가르치는 사역으로 부르시고, 국제선교의 소명을 주셨다면, 그가 그 이끄심을 따르는 것에 있어서 아무도 그 선교사가 열등하거나 수치스럽다고 생각하도록 만들면 안 될 것이다.

4. 추수의 신학에 대한 논의들

추수의 신학은 복음에 반응하는 지역에서 사역하는 것에 주요한 관심을 둔다. 맥가브란은 말한다.

> 도시든, 시골이든, 높은 신분이든, 낮은 신분이든, 교육을 받았든, 문맹이든 간에 교회가 모든 종족 하나하나에 다 들어가기 전까지는 모든 사람이 복음을 듣는 것이나, 믿음을 가지는 것은 현실적으로 힘들다는 것은 분명하다고 추수의 신학은 말한다.[17]

맥가브란은 예수 그리스도께서 우리에게 맡겨 주신 사역을 마치기 위해서는 추수의 신학이 필요하다고 강조했다.

> 단 한 가지만이 이 세상 민족들이 제자 되게 하는 것을 늦어지게 할 수 있는데, 하나님이 주신 추수의 때가 이르러서 많은 자가 추수되기를 기다릴 때, 그 일꾼들이 하나님의 뜻을 알지 못해 때를 놓쳐, 다 익은 곡식을 걷어 들이지 못하는 것일 겁니다.[18]

---

[17] McGavran, *Understanding Church Growth*, 30.
[18] McGavran, *Understanding Church Growth*, 39.

모든 종족 가운데 교회를 세운다면 선교 사역에 효율적일 것이다. 이전에 언급하였듯이, 맥가브란은 그가 인도의 카스트 제도 아래 있는 사람들을 사역하는 동안 동일 집단 원리를 깨달았다.

> 사람들은 인종이나, 언어적, 계급의 장벽 없이 기독교인들이 되기를 원한다.[19]

만약 이것이 사실이라면, 선교사들이 선교 사역을 계속하기 위해서는 문화적으로 적절하게 교회를 개척해야 한다. 선교사들은 어떤 종족에서 사역하면서 그 종족이 하나님께 돌아오기를 기도하고 그것을 위해 수고한다. 추수의 신학을 지지하는 사람들은 선교사들이 그 종족을 떠날 때가 하나님이 그들의 기도와 그들의 수고에 열매를 주시기 시작한 때는 아니라고 말한다. 사실, 이런 국면이 시작된다면, 오히려 많은 이들은 그들의 평생 사역이 막 시작된 것이라고 본다. 선한 청지기가 되고 순종하는 종이 되기를 소망하는 선교사들은 바로 그 지역에 자신의 삶을 다시 헌신할 것이다.

5. 찾음의 신학에 대한 논의들

찾음의 신학도 추수의 신학만큼 하나님께 영광을 돌리고자 하는 열망은 같다. 성경적이다. 이 관점을 지지하는 사람들은 복음이 전파된 땅을 보고 이 사람들은 이미 복음을 들었고, 게다가 많은 사람이 귀담아듣지도 않았다고 한다. 선교사들은 예수 그리스도의 복음을 듣고 받아들여 제자가 된 자들이 자신의 이웃들에게 복음을 전할 책임이 있고 선교사 자신들은 전

---

[19] McGavran, *Understanding Church Growth*, 163.

혀 복음이 전해지지 않은 곳에 복음을 전할 책임이 있다고 생각한다.

도날드 맥가브란은 찾음의 신학을 이렇게 설명한다.

> 오늘날 수용성이 있는 지역에 선교를 나가는 것은 신약에서 언급하고 있는 추수의 신학을 요구한다. 그러나 이런 중요한 시기에 많은 기독교인은 씨를 뿌리는 것에만 헌신하고 있다. 이를 찾음의 신학이라고 부를 수 있다……. 이 신학이 복음을 전하는 데 있어서 중요시하는 것은 결과가 아니고 세상 곳곳을 가서 복음을 전하는 행동이다….[20]

어떤 사람들에게는 복음의 씨를 넓게 뿌리는 것이 가장 핵심이다. 그러나 또 다른 의견은 수용성을 가지고 있는 지역에서 복음을 간절히 기다리고 있는 상황에서 단순히 넓게 복음의 씨를 뿌리는 것은 지혜롭지 못한 것이라고 한다. 맥가브란은 이렇게 말한다.

> … 찾음의 신학은 결과를 조금이라도 강조하면 맹렬하게 공격한다.[21]

6. 추수의 신학과 찾음의 신학은 어떻게 같이 작용할 수 있을까?

추수의 신학과 찾음의 신학을 서로 양립할 수 없고 배타적인 것이라고 보는 것은 옳지 않다. 하나님은 어떤 이들은 복음이 없고 교회가 없는 지역에 복음을 전하라고 부르시고 준비시키시기도 하지만 어떤 이들에게는 훈련이 필요한 제자들을 훈련하고 가르치고, 또 교회와 학교를 세우고 목회자들을 도우라고 부르신다. 마땅히 복음이 없는 곳에는 복음이 들어가

---

[20] McGavran, *Understanding Church Growth*, 24.
[21] McGavran, *Understanding Church Growth*, 26.

야 한다. 그러나 복음의 기쁜 소식을 이미 들은 자들에게는 훈련이 필요하고 예수님이 우리에게 명하신 것을 행할 수 있도록 그 도를 배워야 한다. 이를 위해 선교사들은 성령께서 다른 사역지를 보여주시기 전까지 이들을 지도하고 도와야 할 것이다. 국제선교 위원회의 제리 랜킨(Jerry Rankin) 회장은 1997년 기관의 재정비의 필요성을 이야기하면서 선교 사역에 있어서 추수의 신학과 찾음의 신학 사이에 균형의 필요성에 대해 역설했다.

> 우리에게는 자신의 삶을 헌신할, 하나님께 소명 받은 하나님의 군대가 있다. 이들은 효율적으로 일할 준비가 되어 있다. 그러나 우리는 하나님이 부어 주실 폭발적인 부흥을 얻을 수 있는 적절한 방식으로 조직돼 있지 않다. 우리는 과거에 추수의 들판이나 마지막 미개척지, 교회의 성장에 집중했던 것보다 더욱 집중할 필요가 있다.[22]

에크하르트 슈나벨(Eckhard Schnabel)은 사도 바울은 추수의 신학이나 찾음의 신학, 이 둘 중 하나에 치우치지 않았다고 말한다. 바울은 오직 성령의 인도 만을 구했다.

> 그가 계획했던 아시아 전도 여행, 무시아에서 비두니아로 가려고 했던 것이 무산됐을 때, 그는 자신의 전략을 바꾸어 복음이 필요한 다른 지역, 다른 도시로 갔다(행 16:7-8). 바울은 하나님의 주권에 전적으로 전도의 경로를 맡겼다. 자신의 계획이 아닌 하나님의 인도에 전적으로 의지해 자신의 계획을 변경했다.[23]

---

[22] Mission Frontiers, "The Southern Baptists Restructure to Reach the Unreached Peoples: An Interview with Jerry Rankin, IMB President and Avery Willis, Senior Vice President for Overseas Operations," *Mission Frontiers* 19 (July/October 1997), as accessed at http://www.missionfrontiers.org/pdf/1997/0710/jo976.htm.

[23] Eckhard J. Schnabel, *Early Christian Mission*, vol. 2 (Downers Grove, IL: Inter Varsity Press, 2004), 1299–1300.

슈나벨은 또한 이렇게 밝혔다.

> 바울의 선교에 대한 누가의 언급에서 우리는 바울이 특정한 집단에 복음을 전한 것이 아니고 듣고자 하는 모든 자에게 복음을 전하고자 했던 것을 알 수 있다. … 바울의 지리적 범위를 보면 어떤 도시에서 새로운 선교 계획을 시작할지 결정하는 것은 그의 '큰 전략'이 아니었다. 바울이 복음에 열려 있는 지리적으로 인접한 곳으로 이동한 것을 보면 알 수 있다.[24]

추수의 신학, 찾음의 신학 중 하나의 관점만을 고수하는 것은 위험하고, 성경적이지 않다.

7. 성경과 균형

종말론에 치우친 선교학은 예수님이 곧 재림하실 것이기 때문에 최대한 많은 자가 구원을 받기 위해서 교회는 최대한 많은 사람에게 복음을 전해야 한다고 주장한다. 또, 성경에 쓰여 있는 대로 교회가 재림을 위해 이뤄야 하는 것이 성취돼야 재림이 이뤄질 수 있다고 주장하기도 한다. 최근에는 후자의 주장이 가장 만연했고 논란이 많았다. 몇몇 선교사들은 서로 다른 듯한 마태복음 28:18-20, 마태복음 24:14, 베드로후서 3:10-12의 접점을 찾기 위해 새로운 전략을 발전시켰다. 이 세 성경 구절을 가지고 복음이 모든 사람에게 전해져야 비로소 예수께서 재림하신다는 해석을 하며 우리는 하루라도 빨리 복음을 전해야 한다고 속도를 강조하는 견해가 있다. 더욱이 이 일이 일어날 때까지 재림은 일어나지 않을 것이라고 주장한

---

[24] Schnabel, *Paul the Missionary: Realities, Strategies and Methods* (Downers Grove, IL: InterVarsity Press, 2008), 287.

다. 사실, 이러한 견해를 찬성하는 사람들은 지상 대 명령을 완수하려는 노력으로 우리가 실제로 재림의 시간표와 종말의 때를 앞당길 수 있다고 생각한다. 이런 해석은 그럴듯하게 보이지만 하나님이 우리의 노력 여하에 좌우된다는 생각을 가능하게 하는 선교학적 함의의 정도로 볼 때 옳다고 볼 수 없다.

세계 복음화를 위한 1974년 로잔회의는 앞으로 수십 년 동안 선교사들이 목표하는 선교지를 보는 관점에 대한 분수령이 됐다. 이미 언급했다시피, 랄프 윈터가 많은 이가 세계 모든 지정학적 국가에 교회를 세우는 것만으로 지상 대 명령을 완수하는 것이 아니라고 천명한 것도 이 대회였다. 그는 회의에 모인 선교사들과 선교 기관의 지도자, 목회자들에게 지상 대 명령은 예수님이 자신의 교회를 단순히 지정학적 국가들뿐만 아니라 모든 종족에게 보내는 것이라고 했다. 그는 그러면서 세계의 이만 사천 개의 종족들 중에 만개 정도가 아직도 복음을 듣지 못했다고 했다. 향후 몇 년간 선교 기관들은 지정학적 국가 개념이 아닌 종족의 개념으로 전략과 선교의 정신을 바꿔야 할 것이라고 했다. 이렇게 생각을 변화시키는 노력을 질주하면서 세계의 종족을 찾아내고 전도하기 위한 새로운 기관을 설립했다. 루이스 부시는 말했다.

> 여호수아프로젝트2000은 지상 대 명령과 예수께서 '그러므로 너희는 가서 모든 민족을 제자로 삼아 아버지와 아들과 성령의 이름으로 세례를 베풀고'(마 28:19)라는 명령을 지키기 위해 노력하는 것이다. 구체적으로 그 목적은 모든 종족에게 교회를 세우는 것이다. 이 교회 개척 운동은 '네 이웃을 네 자신 같이 사랑하라'(눅 10:27)와 '가난한 자에게 복음을 전하게 하시려고 내게 기름을 부으시고 나를 보내사 포로 된 자에게 자유를, 눈먼 자에게 다시 보게 함을 전파하며 눌린 자를 자유롭게 하고'(눅 4:18)에서 하나님이 우리에게 주신 사명을 이루기 위한 것이다.[25]

---

[25] Bush, "What is Joshua Project 2000?"

찾음의 신학이냐 추수의 신학이냐 사이에서 균형점을 찾을 때, 보통 선교 전략을 선택할 때 우리에게 지혜를 주는 여러 적절한 성경 구절들을 이해해야 한다. 이러한 구절들은 선교 사역에 있어서 참고해야 하는 구절이며 우리가 극단에 빠지지 않도록 그 문맥에서 벗어나면 안 된다.

1) 마태복음 28:18-20

예수님이 그의 교회에 온 세상으로 나가 제자로 삼으라고 하셨다. 어떤 이들은 이 명령을 그날에 그곳에 있었던 사람들만을 위한 것이라 여기지만, 세상 끝날까지 그의 교회와 함께 계시겠다는 예수님의 약속의 말씀을 고려하면, 그곳에 있는 사람에게만 해당한다고 보긴 어렵다. 예수님은 가서 복음을 전하라고 명하셨다. 어떤 이들은 여기에 '가다'라는 단어가 명령형이 아니고 분사형이라는 것이 중요하다고 하지만 예수께서 말씀하신 문맥을 볼 때 '가다'를 복음을 '전하라'와 분리해 생각할 수는 없다.

게다가, 예수님이는 매우 분명하게 군중들에게 모든 민족으로 제자를 삼으라고 임무를 주셨다. 물론 '가라'는 것은 지상 대 명령에 있어 중요한 부분이다. 그러나 단순히 가는 것만으로는 충분하지 않다.

우리는 가서 무엇을 해야 하는가?

예수님은 우리가 가서 제자로 삼아 그들을 가르치라고 분명히 하셨다. 우리가 속도를 너무 중시한 나머지 선교학적인 전략들이 지상 대 명령을 단순히 '가서 전하고 다른 곳으로 떠나라'라는 식으로 약삭빠르게 축소한다면, 예수님이 우리에게 주신 지상 대 명령을 지키지 못하는 것이다. 예수님은 그의 교회에 온 세상에 가서 복음을 전하고 모든 민족으로 제자를 삼고, 세례를 주고 하나님이 우리에게 주신 모든 명령을 다 지킬 수 있도록 그들을 가르치라 하셨다.

2) 마태복음 24:14

많은 현대 선교사와 선교 기관이 마태복음 24:14을 가지고 선교 사역의 원동력으로 삼았다. 이 구절의 문맥은 예수께서 그의 제자들에게 세상의 끝에 일어날 일을 설명하는 것이다. 제자들이 성전건물의 아름다움에 대해 예수님께 말했을 때, 예수께서는 이것들이 모두 무너질 것이라고 하시며 아름다움에 취한 제자들을 정신 차리게 하셨다. 세상 끝의 징조에 대해 말씀하셨다. 마태복음 24:14에서 예수님이 이렇게 말씀하셨다.

> 이 천국 복음이 모든 민족에게 증언되기 위해 온 세상에 전파되리니 그제야 끝이 오리라.

어떤 이들은 이 절에서 예수님이 하나님의 왕국이 시작되게 하는 키를 주셨다고 주장한다. 그들은 복음이 모든 민족에게 전해져야 비로소 세상의 끝이 온다고 말하면서 이것이 예수님의 재림을 위한 공식이라고 믿는다. 그들은 한술 더 떠 예수님이 우리가 이러한 사역을 끝내지 못한다면 오실 수 없다고 한다. 역사상 처음으로 선교학자들이 지구의 모든 종족에 대해 구분해 냈을 때 이런 주장을 하는 사람들은 매우 흥분했었다. 그들은 모든 종족에 복음이 전파된 것인지 아닌지로 구분하고, 복음이 들어가지 않은 모든 종족에 가서 복음을 전파하게 되면 곧 예수께서 재림하시고 세상의 끝이 올 것으로 생각했다.

만약 그들이 옳다면, 기독교인들은 지금 하는 모든 것을 놔두고 무엇보다 미전도 종족을 최대한 빨리 전도하는 사역에 참여해야 할 것이다. 사실, 이 전략에 참여하는 것 외에 목회자들을 훈련하는 기관에서 일하거나, 고아들을 돌보고, 우물을 파고, 가난한 자들을 구호하는 일을 한다면 그만큼 예수님의 재림은 늦어지는 것이다. 이런 식으로 생각한다면 속도에 대한 필요에 대해 매우 강조하게 된다. 그러나 이러한 해석을 하면 중대한 문제들에 맞닥뜨리게 된다.

첫째, 예수님이는 하나님의 왕국을 이르게 하는 전략을 묘사한 것이 아니라 제자들에게 인내하고 앞으로 올 환난을 견디어야 한다고 하셨다. 다른 말로 하면, 예수님은 하나님의 왕국이 하루라도 빨리 이르게 하는 방법을 말씀하신 것이 아니라, 다시 오시기까지 성도가 오랜 고난을 받을 것이고 이를 신실하게 끝까지 견뎌야 한다는 것을 말씀하신 것이다. 세상의 끝이 올 때 일어날 일들이 어떠할 것이며 세상이 어떠할 것인지를 말씀하셨다. 만약 그 말씀이 조금이라도 하나님의 나라가 일찍 이르게 하는 단서를 우리에게 주시기 위한 것이었다면, 제자들은 곧 돌 위에 돌 하나도 남겨지지 않도록 파괴계획을 시작했을 것이다(마 24:2).

게다가 선교학자들이 이 구절을 재림을 위해 이 땅에서 우리가 해야 할 일이라고 생각한다면, 왜 유대인들에게는 그 논리를 일관되게 펼치지 않는가?

대부분의 종말론적 견해들도 최소한 하나님이 유대민족을 향한 계획을 세우고 계심에 대한 이해가 있다(보통 로마서 9-11장). 사실, 많은 사람은 하나님이 유대인들을 완전히 버리시지 않으셨고 그들 사이에 많은 영적 각성이 있을 것을 인정한다. 그러므로 선교학자들이 자신의 견해에 일관되려면, 예수님의 재림을 위해서는 이스라엘, 뉴욕, 마이애미, 세계 각국에 퍼져 있는 유대인에게 많은 선교사를 보내야 할 것이다.

젊은이들을 위한 한 학기 집중 제자훈련의 책임자로서 나는 하나님의 사역에 대한 부인할 수 없는 열정을 가진 청년들을 많이 만났다. 그러나 안타깝게도 그 신앙이 단편적이고 일관성이 없는 이들이 많았다. 열정만 가득한 이들을 전인격적인 기독교 세계관으로 무장시키려면 시간과 헌신, 신실한 공동체가 필요하다. 우리의 애정을 사로잡아 우리에게 죽은 것처럼 보이는 그분의 아름다움을 갈망하게 하려면 성령의 풍성한 부으심이 필요하다. 나는 선교의 책무가 하나님께로 돌아온 자들이 올바른 신앙인으로 자랄 수 있는 기독교 공동체에 뿌리내리게 하는 것까지라고 생각한다.
- 데이비드 손주, 리프트 제자훈련 프로그램의 전 책임자

둘째, 많은 주석학자가 예수님이 마태복음 24:14에서 하신 말씀이 세상의 종말에 대한 것인지 아니면 예루살렘과 이스라엘의 멸망에 대한 것인지 논쟁하고 있다. 단지 이스라엘의 멸망을 말하는 것이라는 측은 예수님의 말씀이 로마가 침략해 성전을 무너뜨렸을 때, 즉 기원후 70년에 이뤄졌다고 설명한다. 이런 이유로, 신약성경을 쓴 자들은 예수님의 재림이 언제라도 올 것이라고 분명히 예측할 수 있었다고 한다.

이 예언적 구절을 가장 잘 이해할 수 있도록 해주는 여러 가지 관점들이 있다.

예수님이 재림 전에 일어날 일들을 이야기하시는 것일까 아니면 그날에 예수님의 말씀을 듣던 이들의 생애에 일어날 일을 말하는 것일까?

감람산 교훈과 특히 마태복음 24:14의 의미를 이해하는 데는 성경의 문맥과 역사적 고찰, 언어적 지식이 도움이 된다. 우선, 부분적으로 예언이 이미 이뤄졌다고 생각하는 관점은, R. C. 스프로울(R. C. Sproul, 1939-2017)과 많은 학자가 주장하는데, 마태복음 24:14은 감람산 교훈 부분과 더불어 생각해 볼 때, 기원후 70년에 일어난 이스라엘의 멸망과 성전의 파괴에 대해 주요하게 말씀하고 계신 것이라고 한다.

감람산 교훈의 내용을 보면, 예루살렘은 팽팽한 긴장감이 도는 상태였고 예수님이는 기득권 세력들이 자신을 구세주 메시아로 받아들이지 않을 것을 아셨다. 게다가 성경 외의 문헌들은 예수님이 언급하셨던 거짓 예언자들이나 전쟁, 폭동 등의 상황들이 일어났다는 것을 확인해주고 있다. 그러나 문자적으로 해석해 보면, 그 당시 복음이 온 세상에 전파된 것으로 보기 어려우므로 예수님이 1세기에 대해서만 언급하셨다는 의견은 옳다고 보기 어렵다. 이 구절의 연구에서 R. C. 스프로울과 리고니어 미니스트리(Ligonier Ministries)는 아래와 같이 자신들의 의견을 개진했다.

많은 사람이 마태복음 24:1-35을 이미 이뤄진 것으로 보고 분석하는 견해에 대해 동의하지 않고 있다. 왜냐하면, 아직도 온 세상에 복음이 전파됐다고 볼 수 없기 때문이다.[26]

그러나 '온 세상'의 뜻으로 쓰인 헬라어 오이쿠메네(oikoumene)는 사실 '로마 제국의 세계'이다. 오이쿠메네가 또한 전 세계를 뜻하는 것에 사용될 수 있다고 하더라도, 로마서에서 사도 바울은 이 단어를 로마 제국이 점령하고 있던 세계로 이해하고 쓰고 있다. 바울은 그가 죽기 전에 가서 복음을 전할 곳인 스페인만 빼고, 오이쿠메네 전체에 이미 복음이 전해졌다고 보았다. 그러므로 이 관점에 따르면, 마태복음 24:14은 바울의 죽음 전에 이미 다 이뤄졌다.[27]

지상 대 명령은 우리에게 가라고 명령하고, 승천하시기 전 예수께서는 우리에게 이 명령을 세상 끝날까지 이행할 것을 말씀하셨다. 요한계시록 7:9를 볼 때, 이 명령은 온 세상이 복음을 듣고 응답할 것이라는 약속으로 이뤄질 것이다. 그러나 역사적인 문맥이나 예수님이 쓰신 단어를 보면 마태복음 24:14이 재림을 앞당기는 공식이 된다거나 언제 재림이 일어날지 정확히 약속하는 것은 아니다.

셋째, 이 구절을 오늘날 선교사의 사역과 전략에 그대로 적용하는 것은 여러 가지 이유로 문제가 있다. 우리가 모든 종족에게 복음을 전한다면, 예수께서 곧바로 오신다는 주장이 그러하다.

그러나 왕국의 복음은 무엇인가?

모든 종족에게 복음이 전파된다는 것은 무엇을 뜻하는 것인가?

---

26   R. C. Sproul, *Tabletalk*, April 2009, 50.
27   나는 여기서 그러한 구절들에 대한 세대주의적 전천년주의 관점을 넘어서 부분적인 무천년주의 입장의 장점을 논하는 것이 아니라 마음이 따뜻한 복음주의 성경학자들이 그것들이 어떻게 해석돼야 하는지에 대해 서로 동의하지 않는다는 점을 지적하고 있다. 그러한 의견 불일치는 어떤 교리적인 의견 또는 소수의 의견에 근거한 우리의 선교학과 방법론에 대해 주의를 시키는 것이다.

미전도 종족은 무엇인가?
만약 복음이 다 전해진다면 종말은 언제 오는가?
과연 무엇이 왕국의 복음인가?
구원받기 위해서는 복음을 듣고 받아들여야 한다.

넷째, 복음의 메시지는 하나님이 거룩하시다는 것을 가르친다. 그렇기에, 하나님은 완벽하신 존재이고 완벽하지 않은 모든 것과 모든 사람과 구별된 존재이시다.

다섯째, 우리는 죄인이기 때문에 우리의 노력으로 하나님께 나아갈 수 없다고 한다.

여섯째, 예수님이 우리의 죄의 문제의 해법이라는 세 번째 사실이 이제까지의 나쁜 뉴스를 좋은 뉴스로 바꾼다. 그는 완벽하게 거룩한 삶을 사셨고, 그를 믿는 자들의 죄를 지고 돌아가셨다. 하나님이 주시는 의를 우리에게 대가 없이 주셨다.

일곱째, 지금까지의 진리가 모든 사람에게 구원을 주는 것이 아니라 오직 그 죄를 회개하고 예수님을 믿는 자들에게만 주어지는 것이다. 왕국의 진리는 단순히 교회에 나가기 위해 일련의 사실에 대해 동의하는 것이 아니라, 하나님과 바른 관계 안에 들어가야 한다.

복음의 메시지를 전파한다는 것은 무엇을 뜻하는 것일까?
하루빨리 복음을 전해야 한다는 필요에 몇몇 선교 기관들은 선교사들이 선교지역의 언어를 배우는 것보다는 그 지역민 통역을 쓰는 것을 선호하고 있다. 어차피 곧 이동할 것이기 때문이다. 안타깝게도 많은 통역이 그리스도인이 아니었고 통역하는 메시지는 복음에서 먼 것이었다. 많은 선교사가 아무리 최고의 통역사가 있다 하더라도 그 통역사만 믿는 것은 의도치 않게 복음의 메시지를 혼란스럽게 한다는 것을 인정한다. 게다가 자주 이런 실수들은 고쳐지지 않고 정책으로까지 받아들여지기도 한다. 많은 선교사는 언어를 배워 복음을 분명히 전하려 분투하고 있다. 그러나 부족 전설이나, 미신, 세계관의 다름에서 오는 문화적 장벽과 문화 상호 간 의사소통의 어려움은 오랫동안 진정한 복음의 전파를 막고 있다.

또한, 오늘날 우리가 정의하는 종족이란 개념이 예수님이 말씀하셨던 뜻과 같은 것일까? 1974년 초에 세계 선교 미국센터는 2만4천여 개의 종족 중에 만여 개의 미전도 종족과 1만4천여 개 정도 된 종족이 있다고 추산했다.[28] 이후 이 센터는 27,000여 개 중 13,000개의 미전도 종족과 14,000개의 전도 된 종족으로 개정했다.[29] 또 국제선교위원회는 11,601개 종족 중 6,426개 종족이 미전도 종족이라고 추산했다[30] 여호수아프로젝트의 조사는 또한 전 세계 16,367개 종족 중에 6,645개 종족이 미전도 종족으로 추산한다.[31] 우리는 이미 종족을 집계하는 여러 가지 방법이 있고, 미전도 종족인지를 결정하는 다양한 기준들이 있다. 그러나 우리는 세계의 종족을 나누는 방식이 예수님의 방식과 같은지 생각해야 한다.

게다가 무엇이 미전도 종족인가?

종족에 복음이 전파됐는지를 판단하는 여러 가지 방식이 있다. 그러나 더 중요한 것은 왕국의 복음이 충분히 전파돼 다른 종족으로 옮기는 시기는 언제가 적정한 지일 것이다.

마태복음 24:14은 예수께서 바로 오신다고 말하고 있는가?

이러한 해석을 하면서 희망에 차서 최대한 빨리 복음을 모든 민족에게 전파해야겠다는 생각은 그럴듯하기도 한다. 그러나 예수께서는 실제로 세상의 끝이 바로 온다고 하지 않으셨다. 하루라도 빨리 전 세계가 복음화돼야 한다는 생각에 선교사가 통역을 통해 짧은 복음의 메시지를 전하고, 새 신자에게 손을 들라고 한 후, 그들의 모임을 교회라고 부르고, 다른 곳으로 옮겨 간다면, 이런 교회가 어떨지 생각만 해도 끔찍하다.

이러한 교회는 만약 예수님이 50년, 아니 500년을 더 늦게 오신다면 과

---

[28] Ralph D. Winter and Bruce A. Koch, "Finishing the Task: The Unreached Peoples Challenge," *Mission Frontiers* (June 2000): 30.

연 어떻게 될까?
　얼마나 많은 이단이 이 교리적으로 아무런 기초가 없는 교회에 들어오게 될 것이며 이런 새 신자들이 얼마나 많이 광신도 집단에 빠지게 될까?

3) 베드로후서 3:10-12

　어떤 선교사들은 베드로의 두 번째 편지의 이 구절을 강조해 '재림의 날을 앞당기는 사역'을 선교사의 사역에 덧붙인다.

> 그러나 주의 날이 도둑 같이 오리니 그 날에는 하늘이 큰 소리로 떠나가고 물질이 뜨거운 불에 풀어지고 땅과 그중에 있는 모든 일이 드러나리로다. 이 모든 것이 이렇게 풀어지리니 너희가 어떠한 사람이 돼야 마땅하냐. 거룩한 행실과 경건함으로 하나님의 날이 임하기를 바라보고 간절히 사모하라. 그 날에 하늘이 불에 타서 풀어지고 물질이 뜨거운 불에 녹아지려니와 (벧후 3:10-12).

　그러나 이 구절의 맥락은 믿는 자들은 종말을 두려워하지 말고 오히려 기대해야 한다는 것이다. 우리는 다가올 날을 두려워해 질질 끌려가듯 살아가면 안 된다. 하나님이 기뻐하시는 경건한 삶을 살아야 하고, 하나님 왕국의 발전을 위해 하루하루 열심히 살아야 한다. 그렇게 함으로써, 우리는 모든 것의 마지막을 위해 하나님이 정하신 것들을 수행할 수 있다.
　선교사들은 그들의 노력에 있어서 주님께서 언제라도 오실 수 있다는 마음으로 복음을 잃어버린 영혼들에 전하는 일을 게을리하면 안 될 것이다. 그러나 하나님은 인간들에게 종말의 날이 언제가 될지 정하게 하시는, 손을 초조하게 비비면서 궁금해하시는 신이 아니시다. 하나님은 이미 예수님의 재림 날을 아시며 세상의 끝을 아신다(마 24:36; 행 17:31). 성도들이 해야 할 역할이 있지만, 그렇다고 해서 하나님이 계획해 놓으신 하나님의 시간표를 더 빨리 앞당기는 것은 아니다.

8. 결론

　미전도 종족을 찾아다니는 것이 더 나은지, 하나님의 복음에 반응하는 종족에게 가서 추수의 자리로 인도해야 하는지에 대한 기본적인 주장은 둘 다 성경적이고, 하나님께 영광 돌리며, 둘 다 그의 나라를 발전시킨다는 관점에서 따져야 할 것이다. 자신의 삶을 하나님께 드리려는 선교사들은 하나님이 부르시는 자리에 그분이 원하시는 일을 하는 것이 가장 고귀하고 최고의 헌신이 될 것이라는 점을 명심해야 한다.

　단지 임의적인 수치에 이르렀다는 것만으로 특정 지역의 종족에 대한 선교 사역이 끝나는 것은 옳지 않다. 하나님만이 우리의 삶에서 때를 정하시고 우리가 살아야 할 곳을 정하시고(행 17:26) 자기 뜻을 이루시는 당신의 계획에 따라 모든 필요한 일들을 행하신다(엡 1:11). 그런데도 선교사들이 자신의 오고 가는 것을 임의적인 수치에 따라 행한다면, 그들은 하나님의 방법과 생각이 우리의 것과 다르다는 하나님의 말씀을 간과하게 된다(사 55:9).

　이전에 하나님의 교회가 있었던 곳이 미전도 종족의 신세가 될 수도 있다. 유럽의 교회는 선교사들을 보내 미국에 교회를 세웠다. 유럽의 교회와 함께 미국의 교회는 전 세계에 선교사를 보내게 됐다. 그러나 오늘날, 미전도 종족을 판별하는데 2%의 기준을 사용하는 연구자들은 유럽을 미전도 된 지역이라고 해야 할 것이다.

　그렇다, 당연히 복음이 없는 곳에는 복음의 말씀이 많이 선포돼야 할 것이다. 그러나 하나님의 복음을 받아들이고자 하는 곳에는 전도자들과 목회자들을 훈련하고, 교사들을 신학적으로 교육할 수 있는, 성경에서 말하는 건전한 교회가 있어야 한다. 선교학과 민족지학(Ethnography) 연구에 헌신하고 있는 많은 이들에게 하나님의 축복이 있기를 바란다. 선교사들은 그곳이 어디든 하나님이 인도하시는 곳에서 그 소명에 신실하기를 원하신다.

추천도서

Blackaby, Henry. *Experiencing God: Knowing and Doing the Will of God.* Nashville: B&H Books, 2008.

Bush, Luis. "What Is Joshua Project 2000?" *Mission Frontiers* 17 (November/December 1995).

Cronk, Jarod. "Joshua Project Step 6: Planting Churches in Each of These Peoples," *Mission Frontiers* 17 (November/December 1995).

Engel, James F. "Beyond the Numbers Game," *Christianity Today*, August 7, 2000.

Engel, James F. and William A. Dyrness. *Changing the Mind of Missions: Where Have We Gone Wrong?* Downers Grove, IL: InterVarsity Press, 2000.

Hesselgrave, David J. *Paradigms in Conflict: 10 Key Questions in Christian Missions Today.* Grand Rapids: Kregel, 2006.

McGavran, Donald. *Understanding Church Growth.* 3rd ed. Edited by C. Peter Wagner. Grand Rapids: Eerdmans, 1990.

Piper, John. *Let the Nations Be Glad!* 2nd ed. Grand Rapids: Baker Academic, 2003.

Scribner, Dan. "Joshua Project Step 1: Identifying the Peoples Where Church Planting Is Most Needed," *Mission Frontiers* 17 (November/

December 1995).

Wagner, C. Peter. "On the Cutting Edge." In *Perspectives on the World Christian Movement*, edited by Ralph Winter, 531–40. Pasadena, CA: William Carey Library, 1999.

Walker, Alan. *A Ringing Call to Mission*. New York: Abingdon Press, 1966.

제7장

선교의 기술과 도구들:
더 큰 대의, 교회 개척 운동, 하나님만 하실 수 있는 것

    우리는 사람의 노력과 행함으로 하나님을 움직일 수 있고 그분의 축복을 가져올 수 있다는 믿음이 이제까지 많은 문제를 일으키는 것을 봐 왔다. 나는 이러한 생각이 죄악 된 생각이라기보다는 하나님에 대해서 잘못 알고 있는 것이라고 본다. 이러한 사고를 하는 사람들이 하나님을 사랑하고, 하나님의 왕국이 이 땅에 이르기를 간절히 원하는 순수한 동기를 하고 있다는 것을 부정하는 것은 아니다.
    그러나 잘못된 해석학들과 성경 말씀을 존중하지 않은 태도, 부적절한 성경의 기초지식이나 신학 교육의 부재가 혼합주의와 이단, 전 세계적으로 나약한 교회들을 만들었다. 게다가 이런 생각을 그대로 받아들이는 제대로 훈련받지 않은 선교사들도 많이 있다. 이들은 하나님의 모든 경륜의 가르침에 대해 균형 잡힌 생각을 가졌다고 볼 수 없다.
    기술과 도구를 사용함에서 사용자는 그 발명가의 세계관을 알지 못한다. 못을 박으려고 망치를 사용하는 일꾼은 망치를 만든 사람의 정치나 종교적 관점이 어떤지 알 필요가 없다. 도구를 만든 발명가는 지혜롭고 경건하나, 그것을 사용하는 사람은 반대일 수도 있다. 게다가 사람들은 발명가가 전혀 의도하지 않은 목적으로 도구를 사용하기도 한다. 차를 만든 사람은 음주 운전자가 술집에서 집으로 운전해 가는 것, 은행 강도의 도주에 사용될 것을 위해 차를 만들지는 않았다. 안타깝게도 미숙한 십대들이 차, 도로, 주유소를 만든 사람들이 절대 의도하지 않은 방식으로 운전을 하기도 한다. 그 결과 사람들이 다친다. 마찬가지로 진실한 선교사에 의해 고안되거나 구상된 선교의 기술이나 도구들이 그들이 전혀 생각하지 못한 방식으로 사용되기도 한다. 우리가 비난해야 하는 것은 건전한 방법론의 오용과 남용이지 그것을 만든 신실한 선교사들이 아니다.

최대한 빨리 모든 민족에 복음을 전해야 한다는 도전에 직면했을 때, 선교학자들과 전략가들은 이 목표를 실현하는 데 사용 가능한 모든 도구를 사용한다. 인간은 진공상태를 견디지 못한다. 그래서 우리는 그 진공상태를 메우거나, 일을 마치거나, 모든 문제에 해결책을 생각해 내려 한다. 이것은 특히 현대를 살아가는 서양인들의 심리상태다. 우리에게 계산기와 연구소, 충분한 시간이 있다면, 어떤 문제라도 해결할 수 있다고 생각한다.

우리는 전 세계의 잃어버린 영혼들의 영적 필요를 해결하려고 노력하면서도 똑같은 생각을 하고 있다. 어느 한 선교지에서 효과가 있었던 전략이 곧 어느 곳에나 적용될 수 있는 전략이 된다. 그 결과, 매우 다양한 윤리 체계와 시스템이나 신학적 견해가 있는 선교사들이 그럴듯한 말을 가지고 이러한 전략들을 그대로 사용한다. 성경적으로나 윤리적으로 문제가 될 방법들을 사용할 때조차도 몇몇 선교사들은 더 큰 대의를 위해서라는 이름으로 이러한 관행을 옹호한다.

1. 더 큰 대의를 위해서라는 마음

오늘날 선교에 있어서 더 큰 대의를 위해서라는 생각이 팽배해 있다. 이런 생각은 목적이 수단을 정당화시킨다는 관점을 다른 방식으로 나타낸 것이다. 예를 들어, 사람들에게 최선이라 여겨지는 목적을 가지고 그 노력이 성공적으로 달성된다면, 비윤리적인 수단을 사용하는 것도 때로는 용인된다. 몇 년 전에 라틴 아메리카에 한 국가에서 원주민의 수가 너무 빨리 늘어나는 것을 인지하고 전체 인구에 미치는 영향을 생각해 그 원주민들의 수를 줄이기 위해 시대에 역행하는 방법을 사용했다. 그 정부는 종족과 국가에 '최선의' 방법이라고 여기며, 토착 원주민 여성들에게 이른바 산아제한 프로그램을 시행했다. 이와 같은 종류의 논리가 성경적 목적을 추구하는 경건한 선교사들에게도 원하는 결과를 위해 이른바 '더 나은 대의를 위해서' 미심쩍은 수단도 사용하게 만든다.

예수님의 명령은 온 세상의 민족들에게 가서 가르치는 것이다. 이러한 명료한 목표를 위해 선교사들은 전략을 세운다. 전략을 세우는 가운데, 선교사들에게 비자를 내주지 않는 국가에서 지상 대 명령을 수행하기 위해서는 여러 가지 다른 방법을 찾아야 하기도 하고, 또 선교사들이 그들을 파송한 기관에 교리적으로나 절차적인 기준에 동의하지 못할 때, 하나님이 그들을 부르신 일을 어떻게 수행해야 할지 고민하기도 한다. 아마 후원해 주는 사람들이나, 감독자들, 현지 새 신자들의 결심을 얻기 위해 해야 할 여러 가지 일들로 선교사들은 압박감을 느낄 것이다.

교회 개척에 역점을 두고 있는 선교 기관에서는 많은 수의 새로운 교회를 얻기 위한 부흥에 대한 압박감이 선교사들과 이러한 선교 기관을 변질시킬 수도 있다. 더 나은 대의를 위해 앞에서 언급했던 것들을 더 자세히 알아보자.

2. 창의적인 입국 방식들

선교사들은 복음에 적대적인 지역에서 선교를 해왔다. 그러나 이러한 나라에 입국하는 것은 종종 어려운 일이다. 선교사들에게 선교사 비자를 아예 내주지 않는 정부가 있는가 하면, 비자 신청과정에서 기독교인들을 찾아내고 제한하는 정부도 있다. 선교사 비자를 내주지 않는 나라에서는 영어 선생님이나 사업 고문, 여행사 운영자 등의 다른 직업들로 입국을 시도할 수밖에 없다. 그렇게 해서 얻은 비자로 관계를 발전시키고, 복음을 전하고, 새 신자들을 훈련하고, 교회 개척을 할 수 있는 동시에 비자에 언급된 직업도 수행할 수 있다.

냉전의 종식은 선교사들에게 많은 나라의 문을 열어주기도 했으나, 최근에 다시 엄격해지는 추세는 선교사들이 그 문이 닫힐 것을 대비해 합법적인 방법을 대비해야 한다는 생각을 하게 했다.

여러 창의적인 접근에 익숙하지 않은 그리스도인들은 양심의 문제로 힘들어할지도 모른다. 성경은 그리스도인들에게 이 땅에서 최고의 시민이 되라고 명령하고 하나님이 세우신 지도자들과 정부에 복종하고 존중하라고 명령한다(롬 13:1-7; 벧전 2:13-17). 그러나 우리는 또한 통치하는 권력자들보다 하나님께 복종해야 한다는 말씀을 알고 있다(행 5:29). 더욱이 하나님은 우리에게 가서 모든 나라로 제자를 삼으라고 명하셨다(마 28:18-20). 분명히 여기에는 균형이 있어야 한다.

그렇다면 그 균형점은 무엇인가?

믿는 자들이 언제나 진실을, 아니 진실만을 말해야 하는가?

"사랑과 전쟁에서는 모든 것이 정당화된다."라는 오래된 격언이 있다. 우리는 라합이 이스라엘 정탐꾼들을 숨기기 위해 거짓말을 했고 그 때문에 그와 그의 가족이 모두 살고 큰 보상을 받은 것을 여호수아 2장에서 보게 된다. 그는 히브리서 11장에 '믿음의 조상'에도 언급돼 있다. 전쟁할 때도, 정면공격을 할 것같이 거짓 정보를 흘리고 재빠르게 태세를 바꿔 적의 측면을 공격할 때가 있다.

속임수가 수많은 생명을 구할 수 있고, 그런 전략을 수행한 군인들을 상주기도 한다. 축구경기에서 상대방을 속이기 위해 어떤 방향으로 갈 것같이 하다가는 반대 방향으로 가는 것을 아무도 죄라고 부르거나 그 선수에게 회개하라고 하지 않는다. 마찬가지로, 타락한 세상 속에서 하나님 나라의 일 때문에 극심한 영적 전쟁에 직면해 있는 선교사들이 선교하는 국가의 정부에 대해 거짓말을 하는 것은 정당성이 있다고 생각한다.

입국하는 데 있어 여러 창의적인 전략을 마련하고 있는 선교 단체들과 기관들은 선교사들에게 이민국 직원들이나 궁금해서 물어보는 이웃들에게 쉽게 방어할 수 있는 글을 미리 서술해보라고 한다. 학생들을 전도하고 제자로 삼기 원하는 선교사는 대학교에서 그 나라의 언어를 배우기 위한 학생 비자를 얻을 수 있다. 이러한 경우에 그녀의 짧은 성명서는 이럴 것이다: "나는 언어를 배우기 위해 대학을 다니고 있는 학생입니다." 어떻게 일하지 않고 공부만 할 수 있는지 친구들이 묻는다면 그녀는 참 난감할 것이다.

돈은 어디서 구하는지, 왜 이 나라에 왔는지, 회사에서 일하는지 등 이런 꼬치꼬치 캐묻는 질문들은 성명서로는 충분하지 않은 지점까지 갈 수 있다. 이럴 때 자신의 신분을 숨기기 위해 거짓말을 해야 할 것인가?

현지인들과 심지어 그들 중에 새 신자를 만났을 때 어떻게 말을 풀어가야 할지도 참 까다로운 문제이다. 겉으로 보기에는, 아주 쉬워 보인다. 현지인들이 곧 신자가 될 것이고, 선교사가 자신들을 속이게 된 어쩔 수 없는 이유를 이해해 줄 것이라고 쉽게 생각하는 선교사들도 있다.

그러나 언제나 그렇게 쉬운 것만은 아니다. 오히려 배신감을 느끼고 선교사가 이것 말고 또 어떤 거짓말을 했을지 의심의 눈초리를 하는 사람도 많다. 실제로, 그것이 무엇이든 간에 확실히 기독교는 자신들이 생각했던 것이 아니라고 치부하면서 등을 돌리고 예수님을 믿는 것을 비윤리적인 것으로 여기기도 한다.

몇몇 선교사들은 여러 새로운 직업으로 입국하는 것을 마치 자신들이 국제 비밀요원이라도 된 양 신나 하기도 한다. 실제로 선교 기관들은 특이한 직업으로 선교사를 모집하는데 예기치 않은 성공을 거두기도 한다. 수많은 젊은이가 자신이 예수님을 위한 제임스 본드(James Bond), 제이슨 본(Jason Bourne)이나 잭 바우어(Jack Bauer)라고 상상하면서 선교의 최전선에

서기를 원한다. 그러나 이런 면은 필요하지 않은 경우에도, 실제와 다른 가식의 탈을 쓰게 되는 문제점을 초래한다. 비자 제출, 매일 사람들이랑 마주치는 것, 선교의 기회들을 생각하며, 진실을 말할 때의 긴장감과 그 나라에서 자유롭게 살 수 있는 것을 저울질하는 것은 결국에는 타격을 맞는다. 이들 사이에 균형을 찾는 것에 대한 긴장이 힘들어진 선교사들은 숨기는 것을 택하게 된다. 선교사의 진실성과 신뢰성은 깨지고 복음을 전하는 것은 어려움을 겪게 된다.

몇몇 선교사들은 필요하지 않은데도 사실을 숨기는 것에 익숙해진다. 왜냐하면, 거짓말은 더 나은 대의라는 마음 상태에서는 꼭 부정적인 것은 아니기 때문이다. 어떤 이들은 "만약 거짓말을 하는 것이 나를 여기에서 사역할 수 있게 해주고 예수님께 잃어버린 영혼들을 데려올 수 있게 한다면, 목적은 수단을 정당화시킬 수 있는 것 아닌가"라고 생각한다. 입국이 어려워 새로운 직업으로 사역해야 하는 곳에서 진실을 유지하는 것은 매우 힘든 일이다. 그래서 더 나은 대의를 위한다는 마음은 짧고 특정 기간 유지되는 충분한 진술서를 작성하게 한다.

3. 선교 기관의 교리나 운영 방침의 변화

몇 년 전에, 한 선교 기관이 새로운 버전의 교리 성명을 냈다. 큰 변화가 있는 것은 아니었고, 실제로 그 기관의 대부분 선교사는 그것이 원래 기관의 입장으로 이해했던 것과 많이 바뀐 것은 아니라고 생각했다. 당연히 그 기관은 신규 선교사 후보생들에게 달라진 성명서를 동의하고 그것을 따를 것이라는 내용에 서명을 요구했다. 이미 선교지에 있는 선교사들에게도 서명하든지 아니면 사임을 하라고 했다.

별문제 없이 많은 선교사가 즉시 서명을 했으나, 새 성명서를 중요한 변경으로 여기며 거기에 동의하지 않는 선교사들도 있었다. 선교활동을 지원하고, 그들 자신이 따라야 할 선교 기관이 동의하지 못할 어떤 것을 요구하는 것이어서 쓰라린 심정으로 그들은 사임했고, 미국으로 돌아갔다. 그러나 이들 중에서도 더 나은 대의를 위해서라고 생각하면서 하나님이 자신들의 선교지에 부르셨고, 성명서에 동의하든지 하지 않든지 간에, 단지 종이 쪼가리에 불과한 성명서에 서명만 하면 그 선교지에 머물 수 있기에, 그들은 서명했고, 계속 사역을 했다.

그러나 선교사가 비자와 생활을 지원하는 파송해 준 선교 단체나 교단에 거짓을 말하는 것은 입국해서 복음을 전하기 위해 이교도 정부에 대해 거짓을 말하는 것과는 전혀 다른 일이다. 그러나 더 나은 대의를 위한다는 명목은 복음의 전파를 위해 이러한 속임수를 쉽게 정당화한다.

4. 선교학적 방법들

때때로 학생들과 선교사 후보생들은 이런 질문을 한다.
"선교사는 종일 무엇을 해야 하는가?"
물론 대답은 선교사마다 다를 것이다. 선교사들 모두 각자의 스타일과 기술, 선교 사역에서 선호하는 방식이 분명히 있을 것이다. 선교지에 막 도착하면 새내기 선교사들은 선교의 방법이 새로운 것부터 낯선 것까지 있음을 알게 된다. 예를 들면, 이슬람 배경의 선교지에서 사역하게 된 선교사들은 하나님의 이름을 알라라고 하는 것을 보면 이상하게 여길지도 모른다.

모하메드가 태어나기도 수 세기 전부터 그곳의 기독교인들은 알라를 하나님을 부르기 위해 사용했지만, 오늘날에 알라는 분명히 이슬람교의 신을 지칭하는 말이기 때문에 기독교인들과 무슬림 모두 이러한 관행이 적절하다고 여기지 않는다. 실제로 최소한 하나의 이슬람국가에서 이러한 관행을 위법화하고 있다. 또, 캐멀메소드(Camel Methods)라고 하는 논란의 소지가 많은 복음 전도 방법이 있다. 이는 예수님을 언급하고 있는 코란(Quran)의 구절들을 이용해 무슬림들에게 복음을 전하는 방법이다. 코란이 역사적인 사람으로 예수님을 서술하고 예수님이 훌륭하신 분이라고 말하기는 하지만 코란의 예수님이 나오는 구절에 익숙한 무슬림들은 코란을 전혀 모르는 사람만큼 쉽사리 복음에 반응하지 않을 것을 선교사들은 기억해야 할 것이다.

게다가, 코란은 예수님에 대한 많은 잘못되고 이단적인 것들을 가르치고 있다. 선교사들은 복음의 도구로 코란을 사용할 때는 주의해야 한다. 만약 그들이 아는 전부가 사실 '수라 알이임란'(Surah Al-Imran, 코란의 세 번째 장-역주) 3:42-55, 캐멀메소드에서 사용하는 코란의 구절이라면 더욱 그렇다. 이것은 마치 무슬림이 구약 성경의 한 장을 가지고 기독교 성경학자를 개종시키려 하는 행동과 같다. 어떤 상황에서는 전도할 때 코란을 사용하는 것이 무슬림과 복음 전도자 간에 연결통로가 될 때도 있겠지만, 많은 선교사는 이런 방법이 무슬림들의 마음속에 코란을 정당화한다고 느끼고 있다. 사실, 코란을 통해 전도된 무슬림들은 그 이후에도 오랫동안 코란을 성경과 같은 기독교의 성경으로 생각하기 쉽다.[1]

복음에 적대적인 지역에서 전도할 때에 또 다른 논란거리가 있다. 기독교로 개종한 무슬림은 생명의 위협을 받기 때문에, 몇몇 선교사들은 이들에게 기독교인이 된 후에도 무슬림처럼 살라고 하기도 한다. 기독교인이 된 이후에도, 모스크에 가고, 코란을 읽고, 메카를 향해 하루에 다섯 번 기도하는 것을 계속하고, 샤하다(Shahada)를 매일 반복해서 말한다. "알라 외에 다른 신은 없습니다. 모하메드는 그의 사도입니다."

또한, 이러한 지역의 다른 선교사들은 무슬림이라는 단어가 단순히 '복종하는 자'란 뜻이라고 하면서 자신들을 무슬림이라고 소개하기도 한다.

---

[1] Phil Parshall, "Danger! New Directions in Contextualization," *Evangelical Missions Quarterly* 34:4 (October 1998): 404–17.

우리도 결국에 하나님께 복종하는 자라고 하면서 말이다.
 그러나 '무슬림'이라는 단어를 듣는 사람들은 실제로 그것이 모하메드의 가르침에 따라 알라에 복종하는 사람이라고 이해한다.
 이 모든 경우에 있어 선교사들은 과연 균형을 찾기 위한 어떤 고뇌와 긴장 또는 분투를 하고 있는가?
 더 나은 대의를 위해서라는 마음가짐은 이런 긴장 상태를 없앤다. 만약 선교사들이 이러한 대의를 가지고 그 국가에서 안전히 머물 수 있고, 그들에게 기도문을 읽게 해서 전도를 해도 문제가 없다고 반문하는 사람들도 많다. 목적이 수단을 정당화시킨 것이다.
 확실히 어떤 상황에서는 앞에서 언급된 방법들이 유용할 때도 있다. 선교사들은 그들이 선교하는 사역지가 매우 적대적이고, 이교도적이며 또는 세뇌돼 있다고 볼 수 있을 정도라면, 선교학적인 도구나 방법론들은 효율을 위해 융통성이 있어야 한다고 생각한다.
 그렇다면 선교사들이 하나님께 받은, 각 사람을 그리스도 안에서 성숙한 자로 세우기 위해 믿는 자들을 훈련하고, 성경과 신학을 가르쳐야 하는 의무는 얼마나 더 강력해야 하는가?
 정령 신앙이 널리 퍼져 있는 동남아시아에서, 몇몇 선교사들은 복음을 제시할 때 정령 신앙을 믿는 자들의 영혼, 귀신, 마술, 강한 힘에 대한 두려움에 초점을 맞춘다. 예수님을 영접하게 되면 어떻게 예수께서 그들 가운데 오실 수 있는지, 성령께서는 이 세상의 어떤 영적 존재보다 크다는 것을 말하는 전략을 쓴다. 이 전략은 사람들을 교회로 많이 이끄는 데에는 탁월할 것이다.
 그러나 문제는 죄에 대한 회개가 없이 사람들이 자신의 죄를 그대로 교회로 가져온다는 것이다. 우리를 하나님에게서 분리하는 것은 죄이지 두려움이 아니다. 복음 전도자들은 복음을 듣는 자들이 죄를 회개하고 믿음을 가지라고 전해야 한다. 또, 이런 말은 도덕적으로도 옳아야 하고, 진정성을 가지고 해야 한다.

어떤 복음 전도자들은 이런 전략들을 뛰어넘어 속이는 것이라고 볼 수도 있는 방법을 쓰기도 한다. 웹스터 온라인 사전에서는 차라탄(Charatan)을 '대담하게 속이는 사람 또는 고객들을 속임수나 농담으로 끌어들이는 사람'[2]이라고 정의하고 있다. 안타깝게도 우리는 이 단어를 몇몇 선교사들에게 적용할 수 있다. 나는 최근에 어떤 선교사가 눈이 잘 안 보이는 것처럼 속이면서 사람들이 죄인의 기도가 적힌 종이를 읽게 했다는 소식을 들었다.

기도문을 소리 내 읽었다고 해서 구원을 받는 것인가?

지옥 불에 떨어지지 않으려면 하나님을 믿어야 한다고 하면서 아이들에게 공포심을 주는 경우도 이런 술수다. 불행하게도, 이런 아이들이 죄의 문제나 예수님, 복음에 대해서는 듣지 못한다. 기도문을 암송하면 구원을 가져온다고 믿는 그런 부류들은 더 나은 대의를 위하여라는 이름으로 사역을 할 때 방법은 중요하지 않다.

우리의 위대한 선교의 본보기인 사도 바울은 이렇게 말했다.

> 이에 숨은 부끄러움의 일을 버리고 속임으로 행하지 아니하며 하나님의 말씀을 혼잡하게 하지 아니하고 오직 진리를 나타냄으로 하나님 앞에서 각 사람의 양심에 대해 스스로 추천하노라(고후 4:2).

우리의 믿음과 실천의 유일한 지침으로서 바울의 방법을 실행하고 성경 말씀으로 돌아온다면 얼마나 많은 선교와 복음 전파에 쓰이고 있는 부끄러운 방법과 전략들이 없어지게 될까?

바울은 또한 복음의 적대적인 장소에서 박해를 피하려고 드러내 놓고 복음을 전하는 것은 피해야 한다는 견해에 대해서도 다음과 같이 언급한다.

2　*Webster's Online Dictionary*, s.v. "Charlatan," http://www.websters-online-dictionary.org/definition/charlatan.

우리가 이 직분이 비방을 받지 않게 하려고 무엇에든지 아무에게도 거리끼지 않게 하고 오직 모든 일에 하나님의 일꾼으로 자천해 많이 견디는 것과 환난과 궁핍과 고난과 매 맞음과 갇힘과 난동과 수고로움과 자지 못함과 먹지 못함 가운데서도 깨끗함과 지식과 오래 참음과 자비함과 성령의 감화와 거짓이 없는 사랑과 진리의 말씀과 하나님의 능력으로 의의 무기를 좌우에 가지고 영광과 욕됨으로 그러했으며 악한 이름과 아름다운 이름으로 그러했느니라 우리는 속이는 자 같으나 참되고 무명한 자 같으나 유명한 자요 죽은 자 같으나 보라 우리가 살아있고 징계를 받는 자 같으나 죽임을 당하지 아니하고 근심하는 자 같으나 항상 기뻐하고 가난한 자 같으나 많은 사람을 부요하게 하고 아무 것도 없는 자 같으나 모든 것을 가진 자로다(고후 6:3-10).

특히 7절을 보자. "진리의 말씀과 하나님의 능력으로 의의 무기를 좌우에 가지고" 선교사들은 뱀처럼 지혜롭고 비둘기처럼 순결하게, 어떤 일을 하고자 할 때 하나님이 지키실 것이라는 믿음을 가지고 진리를 말해야 한다. 더 나은 대의를 위한다는 생각의 문제점은 홀로 지혜로우신 하나님 대신에 대의의 내용을 사람이 정한다는 것이다.

성경은 결코 오늘날 많은 이들이 그러하듯 복음 전파와 제자도를 따로 떼어 놓지 않는다. 온전하고 성경에서 말하는 선교는 둘을 동전의 양면처럼 취급한다. 복음 전도에 있어서 더 나은 대의를 위한다는 마음은 가장 저항이 없는 쉬운 길을 가게하고 최대한 빨리 주목할 만한 결과를 가져오는 방법이라고 하며 무엇이든지 쓰게 한다.

> 비록 의도한 것은 아니었지만, 속도와 성장에 대한 우리의 서구적 관심은 교회를 세우는 전도방식을 가져왔다. 누가 그러한 고귀한 목표에 대해 뭐라고 말할 수 있겠는가?
> 그러나 이런 방식의 접근법은 무언가 불안한 것이 있다. 새 신자들이 즉시 교회 지도자의 위치로 들어가야 한다. 극단적인 예는 한 선한 의도를 가진 해외

자원봉사 단체인데 이들은 나흘 동안 5개의 교회를 세우려고 했다. 새 신자들은 제대로 된 제자훈련의 과정도 없이 교회의 지도자가 돼야 했다. 또 다른 문제는 새 신자들로 '교회'가 너무 빨리 세워지게 되면, 그들의 비성경적인 교회의 모델이 자동으로 또 다른 새로 개척되는 교회에 투영되는 문제를 초래한다. 단 한 가지의 해결책은 어느 정도의 시간을 가지고, 제대로 된 제자훈련을 해야 한다는 것이다. 이런 과정은 믿는 자들이 '교회'를 성경에서 찾게 해줄 것이고, 성경에서 찾는 교회를 세우게 될 것이다.

- 스텐 와플러, 우간다 북서부 선교사

5. 교회론

교회의 수를 강조하면, 선교사들은 종종 가장 적은 시간을 들여 가장 많은 교회를 만들 방법들을 선택하게 된다. 그러나 신약성경에서 말하는 자격을 갖춘 지도자가 있는 교회를 만드는 일에는 지름길이란 없다. 무엇이 교회인가에 대한 정의가 요즘 시류에 점점 맞추어 가고 있는 것이 현실이다.

어떤 선교사들은 기도와 성경 공부, 교제를 위해 매주 만난다면 교회라 할 수 있고, 다른 선교사들은 성경 공부를 하기 위해 모이는 가정을 교회라 한다. "예수님이 '두세 사람이 내 이름으로 모인 곳에는 나도 그들 중에 있느니라'라고 말씀하시지 않았느냐"며 이런 느슨한 교회론을 옹호하기도 한다. 마태복음 18:20을 통해 예수님이 말씀하신 것은 두세 사람이 모였을 때 같이 임하시겠다는 것을 약속하신 것일 뿐이다.

어떤 선교사들은 가능한 한 많은 교회를 시작하려 하고 성경적으로 온전하기를 바라는 이들도 있다. 새로운 교회가 더 많은 사람에게 더 빨리 다가갈 수 있고 더 쉽게 새로운 사람들을 교회로 부를 수 있다고 생각한다. 새 신자들은 교회 개척을 위해 기존에 있던 자신의 지인이나 가족들을 전도할 수 있다. 선교사 팀(Tim)과 레베카 루이스(Rebecca Lewis)는 교회 개척에 이런 자연적인 관계들을 이용하는 것에 대해 말했다.

> 각각의 경우에, 가족과 같은 응집력 있는 공동체에서는 선교사들을 환영해 주었기 때문에, 복음이 그 공동체 전체에 전해질 수 있었고, 그 결과, 굳이 교제를 위한 새로운 모임이 없더라도 자연적인 공동체 안에 교회가 생기게 됐다. 이것은 우리에게 '교회(예를 들면, 헌신적인 공동체)는 이미 있다. 다만 그들이 예수님을 아직 모를 뿐이다.'라고 말한 랄프 윈터의 말이 생각나게 한다.[3]

더 나은 대의에 치우친 사람들이 루이스 부부의 모델을 가져다가 쓰면서 교회와 교회 개척에 대해 재정의하는 것은 쉽게 볼 수 있는 일이다. 다른 어떤 것보다 속도를 중요시하고, 더 나은 대의라는 명분으로 자유로워진 많은 선교사는 디모데전서 3:1-7이 말하는 목회자들의 자격은 외면한다. 교회에 대한 정의와 교회 지도자들의 자격, 이런 문제에 있어 선교 단체의 위치는 더 나은 대의의 차원에서는 모두 부차적인 것이 됐다.

> 선교 사상의 최근의 추세는 우리가 현지인들을 데리고 훈련해 교회를 개척한다면, 그 이후에는 현지인들이 모든 것을 스스로 해나갈 것이라고 믿는 것이다. 그래서 실제로, 지도자들을 가르치는 것과 훈련, 멘토링하는 것은 기본적인 사역이 아니다. 그러나 누군가가 본보기가 돼 주지 않는다면 현지인들이 자동으로 교회를 세우고 유지할 수 없다. 바울은 디모데에게 지도자들을 가르치는 일에 집중하라고 권고했다. 우리가 최근에 현지인들에게 기대하는 것같이, 복음만 전해지게 되면 그 이후의 과정은 당연히 되는 일이 아니라는 것을

---

[3] Tim and Rebecca Lewis, "Planting Churches: Learning the Hard Way," *Mission Frontiers* 31 (January/February 2009): 18.

보여준다. 교회를 개척하는 일이나 교회의 부흥을 위해서는 지도자들의 신학적, 사역적으로 세워짐이 필요하다.
- 데이비드 블레드소, 브라질 도시 전도자 · 교회 개척 지도자

6. 교회 개척 운동

지난 십 년간 가장 많은 열매를 맺었던 선교 방법론 중 하나가 교회 개척 운동(CPM[Church Planting Movements])이다. 솔직히 이와 같은 결과는, 같은 시기에 선교사들이 사용했던 다른 전략과 방법론과 비교하면, 가장 큰 규모의 선교 단체에서 단 하나의 해결책, 만능열쇠처럼 이 방법을 사용할 것을 권했기 때문에 가능한 것이었다. 교회 개척 운동을 지지하는 사람들은 이것은 방법론이 아니라고 하지만 위 선교 단체가 그들의 세계 선교의 전략으로 삼았다면 사실상 방법론이 된 것이라 할 수 있다. 이 운동의 수석 설계자는 이렇게 정의한다.

> 교회 개척 운동은 지역의 토착 교회가 기하급수적으로 빠르게 증식하는 것을 말한다. 이러한 교회는 한 종족이나 목표한 사람들 사이를 파고 들어가서 교회를 개척한다.[4]

그는 교회 개척 운동이 지상 대 명령을 최대한 빨리 완수할 방법이라고 믿고 있다. 그는 또 매들린 랭글(Madeleine L'Engle)의 책, 『시간의 주름』(A Wrinkle in Time, 2007)의 내용을 가져와 이렇게 묻는다.
"두 점 사이의 거리가 가장 짧은 것은 무엇일까?"

---

4   David Garrison, *Church Planting Movements* (Midlothian, VA: WiGTake Resources, 2004), 21.

흔히들 생각하는 직선보다 더 빠른 것은 두 선 사이를 접는 것이 아니겠냐고 답한다.[5] 교회 개척 운동은 교회를 개척하는 교회를 개척함으로써 교회가 급증하는 것을 추구한다. 이런 일이 일어나기 위해서는, 사람 하나하나를 전도해, 제자훈련하고, 성경 공부를 이끌게 하고, 교회를 만들고 하는 등등의 옛날 방식인 단선적 방식은 너무 느리므로 이제는 그만둬야 한다고 주장한다. 교회 개척 운동은 직선을 주름처럼 접어서, 모든 단계를 한 번에 하나씩 하는 것이 아니라 동시에 여러 개를 한꺼번에 하고, 이 패러다임을 새로운 교회의 유전자에다 주입해야 한다고 말한다.

교회 개척 운동과 교회 개척에 대한 비슷한 전략을 지지하는 사람들은 누가복음 10:1-12를 성경적 기초와 모델로 삼는다. 그러나 누가복음 10:1-12는 교회 개척과는 아무런 상관이 없다. 예수님이 제자들을 각 동네와 지역으로 전도를 보내면서 하시는 말씀일 뿐이다. 또한, 말씀하셨던 당시는 성령께서 믿는 자들에게 강림하셨던 오순절 사건 이전이라 교회가 태어났다고 볼 수도 없다.

사역의 현장에서 가능한 한 빠르게 교회를 개척하기 위해 교회 개척 운동은 아니지만, 그와 유사한 접근 방식도 있다. 예를 들어, 단기순환교회 개척(Short-Cycle Church Planting, SCCP)은 '5년 안에 현지인에 의해 다시 교회 개척이 가능한 교회를 만드는 전략이라고 알려졌다. 교회 개척의 모든 요소, 언어 습득부터 지도자 양성까지 동시다발적으로 이뤄진다. 가능한 한 효율적으로 달성된다……. 목적은 교회를 최대한 빠르게 세우고 성장시키는 것이다.' 실제로, 단기순환교회 개척이 속도에 대한 필요를 만족하게 하려고 시간을 접는 자신만의 방법을 '동시적 행동(Simultaneous Activity), 즉 연속적으로 하나하나를 사고하는 것 대신에 교회 개척의 모든 국면을 한꺼번에 동시에 집중하는 것'이라고 정의한다.

폭넓게 복음을 전파하고 모든 공동체에 있는 평화의 사람(Person of Peace)

---

5   David Garrison, *Church Planting Movements*, 244-45.

을 찾는 것을 교회 개척 운동이 강조하듯이, 단기순환 교회 개척 모델은 선교 팀들에게 자신의 공동체를 온전히 복음화시킬 수 있는 핵심적인 사람(key people)을 찾기 위해 복음의 씨를 부지런히 자주, 직접 전하라고 요청한다. 게다가 교회 개척 운동이 현지인들이 독립적으로 설 수 있도록 현지인들의 손에 이미 바톤을 들려주고 경주를 시작하는 것처럼(미래 어떤 시점에 넘겨주는 것이 아니라) 단기순환교회 개척 또한 그러하다.

> 우리는 현지인들을 선교의 모든 단계에 참여시킴으로써 의존성을 없애기 위해 노력하고 있다.
> 또 단기순환 교회 개척은 속도에 대한 필요를 숨기지 않는다. 우리는 우리의 노력을 가속화시킬 수 있는 지렛대를 계속 찾을 것이다.[6]

이처럼 빠른 성장을 추구하는 교회 개척 전략들은 그 구체적인 세부사항이 비슷하다. 따라서 이 장에서는 모두 교회 개척 운동이라는 용어로 통일하도록 하겠다.

교회 개척 운동을 비판하면서 호이트 러브래이스는 '시간을 접는 행위'가 제자훈련과 교육에 대해 적절한 관심을 두지 않는 것 이외에도 이 패러다임이 가져오는 문화충돌을 언급했다.

> 많은 이유로 모든 단계를 한꺼번에 해야 하는 '시간을 접는 행위'와 폭발적 성장만을 바라며 서두르는 것으로 인한 어마어마한 스트레스는 우리의 최종 목적이 무엇인지 잊게 하고, 인내하지 못하게 하며, 일부 사회계층에 쏟아야 할 관심을 쏟지 못하게 했다.[7]

---

6 Avant Ministries, "What Is Short-Cycle Church Planting?" http://www.avantministries.org/what-is-short-cycle-church-planting-2.
7 Hoyt Lovelace, "Is Church Planting Movement Methodology Viable? An Examination of Selected Controversies Associated with the CPM Strategy," paper presented at the Evangelical Theological Society Spring Southeast Regional Con- ference, 2006, 20.

러브래이스는 교회 개척 운동이 필요한 핵심적 훈련도 없이, 중요한 사역의 자리를 지역 지도자들로 채우고 있다고 지적한다.

> 교회 개척 운동 방법론의 핵심 본질은 그 운동 안에서 지도자를 정하는 데 있다. 선교지역에서 지도력은 매우 중요하다. 가장 강력한 교회 개척 운동은 선교사의 영향력이 가장 적은 곳에서 일어났다. 이런 이유로, 교회 개척 운동의 실행자들은 현지의 지도자들을 성장시키고 그들에게 최대한 빨리 이 운동의 미래를 맡긴다.[8]

그러나 우리가 알듯이, 속도에 대한 집착은 선교사가 떠나고 남겨지게 될 교회가 건강해질 겨를도 없이 시간표대로 속도를 높여 움직이게 한다. 각 교회에 장로를 세우고 지역의 지도자들이 사역의 자리에 있는 것은 성경적이고 현명한 일이다. 그러나 성경에 따르면, 이들은 성경적으로 자격이 있어야 하고, 소명자들이어야 하며, 훈련된 자들이어야 한다.

지도자들이 이러한 자질을 개발하려면 사역과 새로운 사역지로 나아가는 게 조금 느려지는 것은 당연한 일이다. 그러나 더 나은 대의를 위한다는 생각을 하는 이들에게는 속도가 느려지게 하는 것은 어떤 것이든 바람직하지 않은 장애다. 물론 더 나은 대의를 위한다는 생각과 교회 개척 운동 방법론이 합쳐져 추진력을 갖게 되면, 많은 선교사가 생각하기에 적절하다고 생각할만한 속도가 나게 될 것이다.

그러나 이 속도는 선교사들에게 절차를 무시하게 하고, 지엽적으로 보이는 것은 없애도록 할 것이다. 방해하거나 후퇴하게 하는 사람은 최소한 팀 플레이어가 아니라고 보거나, 복음의 전파를 방해하는 사람이라고까지 매도될 수 있다. 이런 이야기를 하는 것은 온전한 기준에 미치지 못한 교회 개척 운동의 보고서를 폭로하려고 하는 것은 아니다.

---

[8] Lovelace, 9-10.

그러나 교회 개척 운동의 숫자가 부풀려졌다든가, 현지인들이 그 사역을 돈을 받고 유지하거나, 가장 유명한 교회 개척 운동이 자세히 들여다보면 실제로 쇠퇴하고 있다는 이야기를 하는 이들도 있다. 사실, 큰 대도시에서 살아남은 몇몇의 교회 개척 운동은 선교사들이 따라야 할 전략이나 방법론에 많은 예외가 있다.

부에노스아이레스의 끝도 없이 펼쳐진 대로와 그 양쪽 편에 있는 높은 아파트 빌딩들을 보며, 나는 이 도시에 교회 개척 운동의 방법을 적용해 모든 건물에 교회를 세우려는 한 젊은 선교사와 대화를 나누었다. 그는 단체의 여러 가지 노력에 대해 말했고, 얼마나 그것이 수박 겉핥기식이었는지 토로했으나 최대한 많은 곳에 최대한 빨리 복음을 전파해야 하기 위해 노력하고 있다고 말했다. 그의 영적 부담감은 지상 대 명령을 수행하기 위해 빌딩에서 빌딩으로 달리기를 원하는 것이 분명했다. 그가 나에게 이 일을 더 잘 수행하기 위한 조언을 구하였을 때 나는 대답했다. "천천히 하십시오."

7. 오직 하나님만 하실 수 있는 것

찰스 피니(Charles G. Finney, 1792-1875)는 하나님을 잃어버린 영혼에 대한 부담을 갖고 복음을 전하기 위해 소명을 받은 사람이었다. 그의 열정으로 그는 부흥을 경험하는 교회를 도우려는 방법을 고안하려 했다. 그는 역사상의 부흥과 각성을 연구하였고, 다음에 나오는 특징들이 부흥과 각성을 경험한 교회에 있다는 결론을 내렸다.

① 하나님의 공급은 부흥이 머지않았다는 것을 의미한다. 하나님이 때때로 매우 분명히 공급하셔서 마치 그의 뜻을 드러내시는 것 같을 때가 있다. 막혔던 일에 길을 여시는 일이나, 부흥을 위한 환경을 준비시키시는 것이 그 예

이다. 이를 보는 자들은 천국에서 보여주는 것처럼 그렇게 명백히 부흥이 곧 오겠다는 것을 알 수가 있다.

② 죄인의 악함이 기독교인들을 비통하게 해 겸손케 하고 고통을 준다.
③ 신자들이 부흥을 위해 전심으로 기도한다.
④ 사역의 관심과 설교, 다른 모든 노력이 특히 죄인의 돌아옴에 초점을 둔다.
⑤ 신자들이 자신들의 죄를 서로에게 고백하기 시작한다.
⑥ 신자들이 부흥을 위해 필요한 희생을 기꺼이 하려 한다.
⑦ 사역자들과 지도자들이 하나님이 기뻐하시는 도구로서 사역한다.[9]

피니는 부흥의 자리에 있는 특성을 설명하는 것을 넘어 사역자들이 부흥을 위해 해야 하는 조치를 규정하기까지 했다. 그는 사역자들이 부흥을 조정할 수 있다고 믿었다. 피니는 말했다.

지난주에 설명한 바와 같이, 부흥을 위한 수단을 올바르게 사용하는 것과 부흥 사이의 관계는 곡물을 재배하기 위해 올바른 수단을 사용하는 것과 그 결과 수확한 곡물과의 관계만큼 철학적으로 확실하다. 사실, 실패한 때도 있지만, 이를 따를 때 그 효과는 확실하다고 할 수 있다.[10]

당신은 부흥을 바라는가?

당신에게 부흥이 올까?

만약 하늘에서부터 하나님의 목소리가 들린다고 생각해 봅시다.

'부흥을 원하는가?'

당신은 '네'라고 말할 수 있는가?

'그것을 위해 희생을 감수할 수 있는가?'라고 하실 때 '네'라고 할 수 있는가?[11]

---

[9] Charles Grandison Finney, *Lectures on Revivals of Religion* (Leavitt, Lord & Co., 1835), 25-32.
[10] Charles Grandison Finney, *Lectures on Revivals of Religion*, 29.
[11] Charles Grandison Finney, *Lectures on Revivals of Religion*, 32.

당신은 당신에게 부흥이 없는 이유를 알 수 있을 것이다. 그 이유는 바로 당신이 부흥을 원하지 않기 때문이다. 당신이 그것을 위해 기도하지 않고, 간절히 원하지도 않고, 부흥을 위해 노력하지도 않기 때문이다.[12]

피니는 부흥과 각성은 우리가 만드는 것이라고 믿었다. 만약 목회자가 부흥을 원한다면 앞에서 언급한 방법을 따르기만 하면 된다. 그러면 하나님은 당신 자신의 영광을 위해 부흥을 주실 수밖에 없다는 결론이 나온다. 그러나 비록 피니보다 100년 전 인물이긴 하지만 조나단 에드워즈(Jonathan Edwards, 1703-1758)는 이에 대해 반대했다. 오히려 에드워즈는 인간 중심의 조작이 가지는 유혹과 위험에 대해 말했다.

에드워즈는 신실하게 그의 목회 사역을 하던 중 1734년에서 1735년 사이에 뉴잉글랜드 지역에서 대각성을 경험했고, 그 당시에 일어났던 일에 진정으로 놀랐다. 그러나 그가 놀라운 자신의 경험을 세상에 발표했을 때, 단순히 조금 과장해서 말한다면, 이제 어떤 부흥도 놀랍지 않았을 것이다. 왜냐하면, 그는 어떤 종류의 설교가 잠자고 있던 죄인들을 깨웠고, 또 어떤 반응이 나올 건지를 명백하게 보았고 이를 그대로 적었기 때문이다. 열정이 지나친 복음 전도자가 이것을 보고 그대로 따라 한다면, 부흥은 빨리 올 수는 있겠으나 부흥이 그렇게 올 수 있다면 그것은 이미 하나님의 놀라운 일 하심이 아닐 것이다. 다만 인간의 계획된 수완으로 된 것일 뿐이다.[13]

교회 개척 운동은 교회 개척이고 더 정확히 말하자면 각성이나 부흥과 비슷한 교회 개척이다. 영적 거듭남은 보통 믿는 자의 마음 안에서 일어나는 것을 말한다. 그러나 부흥은 교회의 차원에서 일어나는 것을 말한다.

---

[12] Charles Grandison Finney, *Lectures on Revivals of Religion* (Leavitt, Lord & Co., 1835).
[13] C. C. Goen, ed., "The Morphology of Conversion," in the editor's introduction to *The Great Awakening,* by Jonathan Edwards, as found at The Jonathan Edwards Center at Yale University, http://edwards.yale.edu/archive.

다시 말하자면, 부흥은 영적으로 살아있으나 미지근한 자들이 다시 살아나는 것이다.

반면에 각성은 더 넓은 차원에서 영적으로 죽은 자들을 살리는 구원을 말한다. 어떤 차원이든 간에, 하나님의 주권과 인간의 책임 간에는 관여 정도에 대해 논쟁의 여지가 있긴 하지만 하나님이 이 일을 시작하지 않으시면 어떤 일이든 절대 일어나지 않을 것이다(요 6:44, 엡 2:1-10, 빌 1:6). 사람이 그 길을 준비할 수는 있겠지만, 하나님의 일하심을 좌지우지하지는 못한다.

교회 개척 운동을 권유하기 위해 『티핑 포인트』(*The Tipping Point*, 2000)라는 비즈니스 베스트 셀러가 교회 개척을 세상 유행만큼 대중적으로 만들 방법으로 선교 관리자들에게 인기가 있었던 적도 있었다. 그러나 선교사들은 인간이 영적인 '티핑 포인트'(작은 변화들이 쌓여 이제 변화가 하나만 더 일어나도 갑자기 큰 영향을 초래할 수 있는 상태가 된 단계-역주)를 만들어 낼 수 없다는 사실을 알게 됐다.

교회 개척 운동을 고안하고 누구보다 열심히 수행했던 서던침례교 국제선교위원회(International Mission Board, IMB)조차도 그 사실을 인정하게 됐다.

> 국제선교위원회의 지도부는 어떤 인간의 재능이나 프로그램도 빠른 교회 개척을 이루지 못한다는 것을 인정한다. 온전한 교회들이 폭발적으로 세워지는 것은 성령의 사역이다. 추수의 날이 올 때까지 인내 가운데 씨 뿌리기를 수십 년간 해야 하는 사역지가 많이 있다.[14]

선교사들 사이에서 비즈니스 세계에서 사용하는 모델을 가지고 교회 개척 운동의 문화와 정신을 발전시키려는 것은 언뜻 적절하게 적용하는 것

---

[14] J. Gerald Harris, "Shining the Spotlight on the IMB's Church Planting Movement," *The Christian Index*, May 24, 2007, 1.

처럼 보일 수도 있다. 그러나 하나님만이 하실 수 있는 일을 선교사들에게 기대할 때, 선교사들은 커다란 낙담이나 우울함을 겪게 된다. 교회 개척 운동과 그 효율성에 관해 언급한 기사에서, 제럴드 해리스(Gerald Harris)는 이렇게 보고했다.

> 교회 개척 운동에 대해 조심스럽게 보고 있던 한 선교사가 말하기를 '교회 개척이 빠르게 일어나는 것을 체험하지 못한 선교사는 낙담한다. 이 방법론은 99%의 선교사들에게 실패감이 들게 돼 있다. 교회 개척이 일어나지 않는다면, 선교사들은 대부분 자신이 실패한 것처럼 느끼기 때문이다.'[15]

좌절감의 문제가 서던침례교 국제선교위원회에서 서서히 문제로 떠오르자, 목회 사역 관리자들은 열심히 일하고 있는 선교사들에게 이런 문제가 발생하는 것에 대응하기 위해 나섰다. 오랫동안 국제선교위원회에서 선교사와 관리자로 있었던 클라이드 미더(Clyde Meador)는 빠른 교회 개척의 부흥을 경험하지 못한 선교사들을 격려하기 위해 목회 서신을 썼다.

> 선교의 지도자인 우리가 교회 개척 운동을 너무 강조한 나머지 때때로 이를 경험하지 못한 선교사들에게 그들이 부족한 것처럼 느끼게 한다거나 뭔가 그들이 자신의 책임을 다하지 못하고 있는 것처럼 느끼게 할 수가 있다. 그러나 분명히, 대다수 선교사, 거의 98% 이상의 선교사들은 자신의 사역지에서 교회 개척 운동을 경험하고 있지 못하고 있다. 예를 들어, 서던침례교 국제선교위원회의 선교사들이 1200여 개의 종족을 섬기고 있는데, 30개 이하의 종족이 교회 개척 운동을 경험하고 있을 뿐이다. 대부분 선교사는 교회 개척 운동을 시작도 못 하고 있다.[16]

---

15 J. Gerald Harris, "Shining the Spotlight on the IMB's Church Planting Movement," *The Christian Index*, May 24, 2007, 3.
16 Clyde Meador, "The Left Side of the Graph," *Journal of Evangelism and Missions* 6 (Spring 2007): 59–60.

미더는 계속해 말했다.

> 대부분의 교회 개척 운동은 한 종족이 주님께 돌아오기까지 오랜 시간의 관계 구축과 발전, 신뢰를 쌓는 기간이 필요하다.[17]

실제로, 역사의 페이지에는 오랫동안 주목할 만한 성과도 없이 신실하게 사역했던 데이비드 브레이너드와 윌리엄 캐리, 아도니람 저드슨같은 선교사들의 이름들도 가득하다. 미더는 현명하게 결론을 내렸다.

> 어떤 사람도 교회 개척 운동을 성공시킬 수 없다. 하나님께 돌아오도록 사람의 마음을 움직이는 것은 하나님이시다. 사람의 수를 늘리시는 것도 그가 하시는 일이다. 우리는 교회 개척 운동을 통해 가장 최고의 성과를 가져올 수 있는 방식을 준비하고, 교회 개척 운동의 발전과 지속을 저해하는 것들로 보이는 관행을 피하는 것은 할 수 있겠지만, 교회 개척 운동의 성과를 가져오는 분은 바로 하나님이시다. 예수님을 따르는 자들로서, 우리는 신실하게 물을 주고 씨를 뿌리는 일을 해야 한다. 우리는 하나님이 믿지 않는 자들을 그에게 돌아오게 할 때 이런 우리의 신실함을 사용하실 것을 믿어야 한다.[18]

교회 개척 운동의 결과가 좋지 못한 선교사들을 비난하는 것이 온당하지 않은 것처럼 교회 개척 운동으로 부흥을 가져온 선교사를 칭찬하는 것도 옳지 않다. 성경의 말씀과 완전히 조화를 이루는 입증된 선교 사역 방법이 있다. 선교 사역에 하나님의 축복과 은혜를 구하고 청하는 데는 하나님을 존중하는 방식으로 사역하는 것이다.

---

[17] Clyde Meador, "The Left Side of the Graph," *Journal of Evangelism and Missions* 6 (Spring 2007): 4.
[18] Clyde Meador, "The Left Side of the Graph," *Journal of Evangelism and Missions* 6 (Spring 2007): 5-6.

나를 존중히 여기는 자를 내가 존중히 여기고(삼상 2:30).

전에 언급했듯이, 더 큰 대의를 위한다는 생각에 대해 우리가 주의해야 하는 것은 우리가 뱀처럼 지혜로워야 하는 것도 사실이나, 동시에 예수님의 이름과 영광을 위해 사역하려면 비둘기처럼 순결해야 한다는 사실이다.

중국내륙선교회(China Inland Mission, CIM)의 위대한 선교사이자 설립자인 제이 허드슨 테일러(J. Hudson Taylor, 1832-1905)는 말했다.

> 하나님의 방법으로 하나님의 사역을 하면 하나님의 공급이 부족한 일은 결코 없다.

많은 선교사와 선교 단체들이 수년 동안 재정적인 후원자들과 선교사들의 이익에 따라 추수의 현장에서 떠나고 있다. 그러나 자원이나 여론이 아니라 성경 말씀이 우리를 인도해야 한다. 랄프 윈터는 2009년에 이렇게 말했다.

> 지난 5년에 걸쳐 나온 두 개의 선교편람은 교회 개척 선교가 2.7% 성장해 왔다는 것 보여주고 있다. 이에 반해 구호 사업이나 개발 사업은 75%가 성장을 했다. 이미 규모 면에서도 더 큰 이 사업이 성장의 측면에서도 27배나 빠른 것을 알 수 있다.
> 이런 추세를 분석하지 않는다면 무엇을 분석해야 할까?
> 내가 하려는 것이 바로 이것이다. 이런 현실을 외면하지 말자. 좋은 경향이 아니라고 생각한다. 더 나빠질 수도 있다.[19]

---

[19] Ralph Winter, "Two Responses," *Occasional Bulletin of the Evangelical Missiological Society* 22:1 (Winter 2009): 8.

선교 단체나 후원이 필요한 선교사들은 그 단체나 후원자들의 선호에 민감해질 수밖에 없다. 그러나 그들은 성경에서 말하는 모델과 정의, 사역의 사명에 있어서 하나님이 분명히 보여주신 뜻에 따라 일해야 하지, 추세나 선호에 따르면 안 된다.

8. 결론

의심할 여지 없이, 인기에 편승한 시류나 무엇보다도 빨리 사역이 돼야 한다는 생각을 비판 없이 받아들이게 되면 선교사들은 무슨 일이든 효과만 있으면 된다는 식의 실용주의에 빠지게 된다. 많은 선교 전략가들은 마태복음 24:14의 사역을 느리게 만들려 한다는 이유로, 교회 개척 운동과 같은 방법을 사용해 빠르게 복음전파를 하고 싶다고 생각하면서 선교사들이나 현지인들이 신학 교육을 받는 것에 회의적이다. 그들은 전 세계적으로 교회 개척 운동이 시행된다면 이 세대 안에 전 세계의 미전도 종족에게 복음이 전파될 수 있다고 믿는다. 그럼 예수님의 재림이 가능할 뿐 아니라 아니 더 빨리 오실 수도 있고, 우리는 모두 천국에 가 있을 것이다.

그렇다면 더 이상의 훈련이 무슨 필요가 있는가?

그 결과 현대 선교학 방법론들은 단기적 성과에만 초점을 맞추게 되고 건전한 교회나 제자훈련이 여러 세대에 걸쳐 계속되는 것은 나중에나 생각해 볼 문제가 되거나 필요 없는 것으로 여겨진다. 교회 개척 운동과 역사적인 각성들을 비교하면 많은 공통점이 발견된다. 각성이 일어날 때 아무도 하나님의 일하심을 강제할 수 없기에, 사람은 교회 개척 운동이 일어나도록 할 수 없다. 우리는 다만 돛을 펼칠 뿐이고, 오직 하나님만이 바람이 불게 하시는 것이다.

무엇이든 기초를 제대로 세우지 않으면, 굳건한 상부구조를 바랄 수 없는 것은 당연하다. 그러므로 선교사들은 성경 말씀과 건전한 신학으로 돌아와 각성들이 어떻게 일어났는지 물어야 한다.

누가 언제, 어디에 성령을 그의 자녀들에 부어 주시는가?

이런 각성이 일어나는 것이 하나님의 뜻이라는 것을 믿는다면, 왜 하나님은 이런 각성을 항상 부어 주지 않으시는가?

하나님은 전 세계의 모든 곳에서 대각성이 일어나는 것을 원하지 않으시는 걸까?

교회 개척 운동의 대답은 '그렇다'다. 그 이유로 선교사들이 각성이나 교회 개척 운동을 가능하도록 변화시키기 위해 뭔가를 해야 한다는 것이다. 그러나 성경 말씀을 자세히 살펴보면 하나님은 언제나 주권적인 계획을 세우고 계시는 것을 알 수 있다. 이삭과 리브가의 쌍둥이 형제 중 야곱을 택하신 하나님은 오직 자기 뜻에 따라 행하셨다.

> 그 자식들이 아직 나지도 아니하고 무슨 선이나 악을 행하지 아니한 때에 택하심을 따라 되는 하나님의 뜻이 행위로 말미암지 않고 오직 부르시는 이로 말미암아 서게 하려 하사(롬 9:11).

성경은 또한 하나님이 육신적인 유대인의 혈통으로 이스라엘을 택하신 것이 아니라고 말하고 있다. 게다가 이스라엘이 이집트에서 출애굽 할 때도 하나님 자신의 영광을 나타내기 위해 바로의 마음을 강퍅하게 한 것도 하나님이셨다.

비록 그렇기는 하지만 윌리엄 캐리의 저서, 『이교도 개종에 대한 크리스천의 의무에 관한 연구』(*Enquiry into the Obligations of Christians to Use Means for the Conversion of the Heathen*, 2007)에서도 알 수 있듯이, 하나님은 그가 사용하실 도구를 찾으시고, 우리는 그의 도구다. 그러므로 선교사들은 분명 대각성이나 교회 개척 운동을 방해하는 방식으로 사역하면 안 된다. 오히려 이를 쉽게 하는 방식으로 사역해야 한다.

그러나 예수님이는 그의 교회들에 교회를 개척하라고 명령하신 적이 없다. 그것이 온전한 교회라고 하더라도 말이다. 주님께서는 "제자로 삼고 그가 분부하신 모든 것을 가르쳐 지키게 하라"라고 하셨다. 물론 교회를 개척하는 것이 이러한 과정에서 자연스럽게 돼지는 일이기는 하나, 예수님 말씀의 요지는 제자로 삼고 그들은 가르치라는 것이었다.

더 나은 대의는 그것을 주장하는 자들도 인정하는 바와 같이 많은 이들을 하나님께 온전한 영광을 돌리지 않는 전략이나, 시스템, 방법들을 사용하도록 이끈다. 그러나 이것이 이 타락한 세상에서 사역할 때에 필요한 것이라고 말한다. 선교사들이 복음에 대해 적대적인 지역에서는 조심스럽고 지혜로워야 하겠지만, 진리가 아닌 더 나은 대의를 선택하지 않도록 긴장의 끈을 늦춰서는 안 된다.

"예수님이라면 어떻게 하셨을까?"라는 질문과 함께 이를 사회 전반에 적용하는 움직임으로 끌어냈던 찰스 셸던(Charles Shelden, 1857-1946)은 『그의 발걸음』(In His Steps, 1896)이라는 책에서 이 질문에 자신의 일상을 끊임없이 신실하게 적용하는 크리스천의 일상들을 이야기했다. 그러나 21세기의 현대사회에서 예수님이 하신 대로 그대로 하는 것은 아무래도 무리이기 때문에, 더 좋은 질문은 "예수님이는 어떻게 하셨지?"일 것이다. 더 나은 대의에 이끌리는 선교사들은 예수님이 하신 여러 일보다 선교 단체가 받아들일 만한 대안을 찾을 것이다.

그러나 예수님이 실제로 하셨던 일은 우리를 구원하시기 위한 십자가의 사역으로까지 이어졌다. 예수님의 삶을 보면 예수님은 제자들을 가르치고, 훈련하시고, 함께 사신 후에 그들을 보내셨다. 사역하면서 조바심을 내거나, 수단이 목적을 정당화시키는 듯한 교회 개척 운동이 일어났으면 하면서 돈이나 인간적인 노력을 투입하는 일은 예수님은 하지 않으셨을 것이다.

수박 겉핥기는 아예 시도조차 하지 않는 것보다 낫다는 말도 있으나, 우리는 이 둘 중에서 하나를 고를 필요가 없다. 우리는 하나님이 이끄시는 대로 그가 주신 은사에 따라 일하면 되기 때문이다. 가르치는 은사라면 주님이 우리에게 분부하신 모든 것을 지키도록 '가르치면' 된다. 그러나 선교사들이 너무 급해 하나님이 온전하고 깊은 관여를 하지 못하신다면, 선교사들이 할 수 있는 진정한 더 큰 대의는 자신의 속도를 줄이고 하나님이 그분만이 하실 수 있는 것을 보는 일일 것이다.

추천도서

Dever, Mark. *Nine Marks of a Healthy Church.* Wheaton: Crossway, 2004.

_____. *What Is a Healthy Church?* Wheaton: Crossway, 2007. Edwards, Jonathan.

The Surprising Work of God. New Kensington, PA: Whitaker House, 1997.Finney, Charles Grandison. *Lectures on Revivals of Religion.* New York: Leavitt, Lord & Co., 1835.Hale, Thomas. *On Being a Missionary.* Pasadena, CA: William Carey Library, 2003.Harris, J. Gerald. "Shining the Spotlight on the IMB's Church

Planting Movement." *The Christian Index*, May 24, 2007. Lewis, Tim and Rebecca Lewis. "Planting Churches: Learning the

Hard Way." *Mission Frontiers* 31 (January/February 2009). Meador, Clyde. "The Left Side of the Graph," *Journal of Evangelism and Missions* 6 (Spring 2007): 59–63.

Parshall, Phil. "Danger! New Directions in Contextualization." *Evangelical Missions Quarterly* 34:4 (October 1998): 404–10. Winter, Ralph. "Two Responses," *Occasional Bulletin of the Evangelical Missiological Society* 22:1 (Winter 2009): 6–8.

제8장

제자 삼기: 신학 교육과 선교사 책무

　이 장에서는 신학 교육과 목회준비의 필요성을 이야기하는 수많은 책과 글에서 볼 수 있는 지혜의 말들과 설득력 있는 주장들을 생각해 보자. 이 논의를 넘어 왜 우리가 국제적인 선교 사역의 필수적인 요소로 신학 교육을 포함해야 하는지에 대해 이야기해보려 한다. 성경의 진리가 없을 때 교회로 교묘히 들어온 혼합주의와 싸워낸 건전한 교리의 가치에 대해 우리가 지금까지 역사적으로 봐 왔던 일들을 기억해야 한다.

　신학 교육의 목적은 그들이 어디에 있든 교회를 위해, 훈련된 지도자들과 미래 교회의 지도자들을 가르칠 수 있는 훈련된 교수들을 배출하는 것이다. 많은 선교의 현장에서 신학 교육을 제공하는 것은 매우 중요하다. 만약, 이것이 없다면 인재들은 미국에 있는 일반 대학의 신학부(Divinity School)나 신학대학원(Theological Seminary)에 가기 위해 미국 비자를 얻는 수밖에 없을 것이다.

　그러나 그들이 미국에서 받은 교육이 설령 자신의 나라로 돌아간다 해도, 다른 사회적 배경을 가지고 있는 그곳에서 사역할 때에는 맞지 않을 수도 있다. 안타깝게도 실제로 많은 이들이 자신의 나라로 돌아가지 않고 있다.

1. 미국의 신학 교육

피 선교지의 목회자들이 미국에서 신학 교육을 받기 위해 유학하는 것에 반대하는 이유를 두 가지 들겠다. 이 논의를 모두 다 설명하기에는 한정된 지면이므로 간단히 설명하도록 하겠다.

첫째, 지구 남반구 나라의 국민이 실제로 미국에 오게 되면, 자기 나라의 어려운 경제 상황과 만연된 질병, 뒤떨어진 사회기반시설, 불안정한 정치 상황과 내전, 미래에 대한 작은 기대 등과 미국에서의 여러 가지 이점들을 비교하게 되고, 다시 돌아갈 마음을 갖기가 어렵다. 그들은 아마 자기의 나라로 돌아가서 그들의 민족을 위해 봉사하겠다는 이타적인 마음으로 미국에 왔을 것이다.

그러나 교육을 받는 동안 자녀들이 미국에서 자라게 되고 이제 그 자녀들이 잘 모르는 고국으로 다시 돌아가는 것이 얼마나 힘든 일인지 깨닫게 된다. 미국에서는 좋은 공립학교에 선진화된 의료 서비스와 비교적 안전한 치안 서비스를 받을 수 있고, 진열대를 꽉 채운 식품점에 다니기가 편하다. 다시 자국의 힘든 상황으로 돌아가는 것은 생각만 해도 힘든 일이다.

일반적으로, 가장 똑똑하고 장래가 유망한 인재만이 비자를 받을 수 있고 유학을 위해 해외로 나갈 수 있는 재정적 지원을 받을 수 있다. 그들이 미국에서의 새로운 삶의 달콤한 유혹에 빠져 고국으로 돌아가지 않는다면 그 결과는 "인재 손실"일 것이다. 이는 결과적으로 그들 본국의 교회를 더욱 힘들게 만드는 일이다.

둘째, 그 학생들이 고국에 돌아가기로 했더라도, 그들이 열심히 받았던 교육이 그들이 희망했던 만큼 적용하기가 어렵다. 교과의 내용, 교구, 교육 방법은 모두 구술로 가르쳐야 하는 농업 기반의 집산주의적이고(모든 농장이나 산업을 정부나 집단이 소유하는 정치 제도-역주), 전근대적인 세계관을 가지고 있는 그들의 나라보다는 미국에서 사역할 때 더 적합한 것들이다.

이러한 문제와 나중에 논의할 다른 문제들을 해결하기 위해서는 피 선교 국가의 선교 사역의 필수 요소인 신학 교육을 포함해야만 한다.

2. 신학 교육의 역할

신학 교육은 목회준비에 있어 필수적일 뿐만 아니라 학위를 제공한다. 많은 현지의 교회와 지도자들은 이러한 졸업 자격증을 원한다. 동아시아의 한 선교사는 그가 중국 교회 지도자들로부터 가장 많이 받는 요청은 자격 증명으로 이어지는 정식 교육에 대한 것이라고 말했다. 이러한 요청은 이곳뿐만 아니라 전 세계적으로 공통적이다. 때때로 선교사나 선교행정부서는 그러한 요청을 필요 없는 것으로 치부한다. 아이러니하게도 그 요청을 무시한 사람들은 자신들의 학위는 소중히 여기면서도, 이러한 요구가 그들이 균형을 이뤄야 하는 다른 필요와 비교해 전적으로 정욕적이라는 이유를 댄다.

신학 교육은 인정된 신학교의 승인을 받은 목회자들을 배출한다. 전 세계의 몇몇 교회들은 어느 정도 명망 있는 신학교의 졸업장을 목회자에게 요구하며 절대적으로 필요한 조건으로 여긴다. 많은 교회가 목회자 후보자들과 면담을 할 때 신학적 오류를 인지할 수 있는 능력에 관해 관심을 두고 약간의 의심의 눈초리로 보내기도 한다. 그러나 목회 후보자가 명망 있는 신학교에서 공부한 졸업장을 보면, 이에 전적으로 신뢰를 보이며 그의 설교와 가르침이 진리를 가르칠 거라고 굳게 믿는다.

신학대학교나 대학원의 기본적이고 필요한 기능은 오늘날 교회를 위한 목회자를 훈련하고 미래의 교회를 위한 목회자를 훈련할 사람을 갖추는 것이다. 불행하게도, 전 세계의 선교지를 다녀온 사람들은 신학 교육을 중요하게 여기지 않거나 선택적인 사치의 영역으로 여긴 교회와 목회자들에게서 신학적 일탈을 자주 목격했다. 케냐의 모펫신학대학(Moffat Bible College)의 강사인 케빈 파스잘렉(Kevin Paszalek)은 다음과 같이 말했다.

성경을 이해하는 방법, 해석 방법 및 적용 방법에 대한 배경지식이 전혀 없다면, 선의를 가진 사람조차도 하나님의 길을 벗어나게 교회를 이끌 수밖에 없다.

그러나 이곳은 아직 훈련받지 않은 자들도 소중하다. 그는 계속해서 말했다.

케냐에서 내 처음 만난 목사 중 한 사람은 자신이 책임지고 있는 세 교회를 목회하기 위해 22마일이나 되는 길을 걸어서 돌아다녔다.

이런 헌신 된 종들의 사역은 매우 중요하다. 졸업생 중 한 사람인 찰스 마이나 마카리아(Charles Maina Macharia) 목사는 말했다.

때때로 교회는 목회자가 없어 문을 닫기도 한다. 모펫에서 훈련된 목회자들은 하나님의 교회를 돌볼 목사들을 양성하는 일을 돕고 있다.[1]
가난한 자들의 교회(Church of the Poor)가 서구의 교회만큼 신실하게 복음을 전하기 위해서는 필요한 모든 기술이 있어야 한다. 이는 재정적으로 풍부한 신학교 없이는 할 수 있지만, 지속해서 꾸준한 성경 학습과 좋은 신학 교육자들이 없이는 할 수 없다.

-퐁 춘 삼, 싱가포르 침례신학대학 선교부 교수

목회자들과 지도자들의 신학 교육과 성경적 준비는 오래전에 교회가 정죄한 이단적 사상을 분별하도록 준비시킨다. 이단은 종종 새로운 이름을 붙여 형태를 변형하며 계속 존재하지만 교육받은 그리스도인은 그 오류를

---

[1] Africa Inland Mission On-Field Media, *Moffat Bible College*, video from AIM International Online, MPEG, http://www.aimint.org/usa/videos/moffat_bible_college.html (accessed September 20, 2009).

알아볼 수 있고 역사가 반복되는 것을 피할 수 있다. 불행히도, 있어야 할 훈련이 없는 경우가 너무 많다. 그래서 이단, 교리적 오류, 혼합주의가 교회를 정의하는 데 있어 너무 흔한 것이 됐다.

3. 역사적으로 위험을 피한 사례

한 나라에 단순히 군대가 있다고 해서 쿠데타가 일어나지 않거나 공격을 당하지 않고 전복되지 않는 것을 보장할 수 없는 것처럼, 신학 교육이 교리적으로 확실한 신학자를 보장하거나 이단이 발을 들이지 못하는 교회를 보장하지는 못한다. 그러나 군대가 없는 나라는 사실상 부패와 공격을 불러일으킨다. 이처럼 목회자와 지도자 훈련을 위한 시스템이 없는 교회는 오류와 이단을 불러온다.

요즘 텔레비전과 라디오에서 나오는 설교자들을 생각해 보면, 얼마나 많은 설교자가 오류의 요소를 가지고 있다고 생각하는가?

그 오류 중에 어떤 것은 괜찮고 어떤 것은 위험한가?

특히 새로운 신자들을 가르칠 때는 어떠한가?

거짓 선지자와 거짓 교사의 침투는 하나님의 백성과의 싸움에서 항상 사탄의 핵심 전략이었다. 사탄은 사람들을 약간의 오류로 감염시킬 수만 있다면 그들이 '대부분 진리'를 가지고 있어도 걱정하지 않는다. 실제로 1%의 거짓을 주입할 수 있는 한, 99%의 진리를 주어 그들을 안심시킬 수 있을 것이다.

로켓의 궤도는 처음에는 1%의 오류를 거의 느끼지 못하지만 몇 마일 후에는 이것 때문에 로켓이 의도한 목적지까지의 경로에서 완전히 벗어났음을 알게 된다. 우리 주님께서 진리이시기 때문에 교회는 그 진리를 소중히 여겨야 한다. 사탄은 우리의 구원을 빼앗거나 하나님의 뜻을 방해하거나 그리스도의 교회에 대항 할 수는 없지만, 그리스도의 순수한 복음과 가르침에 거짓을 주입하기 위해 끊임없는 전략을 세운다.

복음이 새 신자의 마음으로 들어가려 할 때, 사탄은 자신의 영역을 잃고 있다는 것과 새로운 신자들이 영적으로 가장 취약한 삶의 단계에 있다는 것을 알고 필사적으로 대항한다. 초신자들은 자신이 믿어야 할 것을 아직 확신하지 못하며 오류를 인식하거나 반박하도록 배우지 못한 상태이다. 이 세계 곳곳의 선교현장에서, 우리는 건전한 훈련과 신학 교육을 제공해야 한다.

> 우리가 그를 전파하여 각 사람을 권하고 모든 지혜로 각 사람을 가르침은 각 사람을 그리스도 안에서 완전한 자로 세우려 함이니(골 1:28).

사탄은 항상 그의 '제5열'을 가지고 하나님의 백성에 대항해 싸웠다. 민족주의자 에밀리오 몰라(Emilio Mola) 장군은 1936~1939년까지 일어난 스페인 내전에서 제5 열이라는 단어를 만들어냈다. 그가 군대를 이끌고 마드리드를 공격하려 할 때, 그렇게 큰 도시를 어떻게 네 개의 부대로 정복할 것인지 질문을 받은 적이 있었다. 자신의 군대 사기를 올리고 공화당 정부군의 사기를 저하하기 위해 나간 라디오 방송에서 그의 네 개의 부대는 이미 도시 안에 있는 제5 열의 부대원들과 합쳐질 것이라고 말했다.

영국인들 또한 제2차 세계 대전 초기에 이 개념을 빌렸다. 영국인들은 그들 사이에 사는 독일인들이 히틀러가 해협을 넘어 침략할 경우, 히틀러를 도울까 봐 두려워했다. 제5열의 위협은 미국이 자국에 거주하는 일본인에 한 것과 마찬가지로 전쟁 당시 독일인들을 맨섬(Isle of Man)의 수용소에 억류하는 데에 이론적 근거였다. 사탄이 제5열에 대한 모든 것을 알고 있는 것은 당연하다. 그가 그것을 만들어냈기 때문이다. 그는 어지럽히고, 분열시키며, 정복하기를 원하면서 거짓 교사를 사용한다. 신학 교육을 포기하게 되면 거짓 교사에게 그 문을 활짝 열어주게 된다.

거짓 선생이 교회에 들어오면 그리스도의 지체에 분열이 생기게 된다.

그렇게 되면 그리스도께서 우리에게 지키라고 말씀하신 그 연합을 잃어버리게 되고, 그것을 잃으면 우리는 증인 됨과 신뢰를 잃게 된다(요 17:21). 그러므로 거짓 선생들이 신자들을 속여 타락하게 한다면, 하나님을 영화롭게 하고 그를 영원히 누리는 일 곧, 하나님이 우리에게 명하신 일을 성취하지 못하게 된다.

베드로후서 2장에서 베드로는 거짓 교사의 특징과 삶의 모습, 그에 수반되는 윤리의식에 관해 설명했다. 구약을 보면 수많은 거짓 선지자와 교사들이 일어났고, 이들은 혼합주의, 이단, 반역, 결국에는 하나님의 심판을 가져왔다. 신약 또한 거짓 선생들, 바리새인의 누룩, 양의 탈을 쓴 늑대를 조심하라는 수많은 경고가 들어 있다. 바울은 에베소 장로들에게 자신이 떠난 후에 이렇게 경고했다.

> 내가 떠난 후에 사나운 이리가 여러분에게 들어와서 그 양 떼를 아끼지 아니하며 또한 여러분 중에서도 제자들을 끌어 자기를 따르게 하려고 어그러진 말을 하는 사람들이 일어날 줄을 내가 아노라(행 20:29-30).

바울의 편지들은 먼저 우리에게 무엇을 믿어야 하는지, 어떻게 살아야 하는지를 가르쳐준다. 생각하는 것은 행동으로 이어진다. 우리가 믿는 것은 우리의 행동 방식으로 이어진다. 바울은 이 기본 원리를 알고 있었기 때문에 모든 편지에서 신학을 먼저 가르치고 나서 윤리를 가르치는 데 집중했다.

우리는 이 진리를 선교의 철학과 방법론 사이의 연관성에서 볼 수 있다. 당신이 선교라고 믿고 있는 것은 당신의 선교 수행 방식에 영향을 미친다. 이런 이유로 '당신의 교회론은 당신의 선교학을 움직일 것이다'와 같은 말은 옳은 것이다. 신학 교육은 전 세계의 모든 나라에서 건강한 교회를 위해 필수적이다. 건전한 신학 지식을 가진 훈련된 목자들이 없다면, 거짓 선생, 선지자, 설교자들이 마음대로 믿는 자들을 흔들어 파멸의 길로 인도할 것이다.

초대교회가 확장되기 시작하고 이방인들이 주께로 돌아오기 시작했을 때 이방인들을 교회 안으로 받아들이는 문제에 대한 소동이 있었다. 논쟁이 너무 커서 그 문제를 해결하기 위해 회의가 개최됐고 새로운 교회들이 직면한 위기를 피하려고 모였다. 그것은 이방인이 먼저 유대인이 돼야 하는지의 문제와 또 그 논쟁으로 인해 교회가 연합과 견고한 합의 위에 있지 못할 수 있는 위험이었다. 공의회는 그들의 결정을 당시 바울과 바나바가 전한 모든 교회에 전해줬다. 그 결과 초대교회의 성장 가운데 치유와 축복이 넘쳤다.

> 이에 여러 교회가 믿음이 더 굳건해지고 수가 날마다 늘어가니라(행 16:5).

만약 이 상황에서 신학적으로 이 문제에 대한 해결책을 낼 수 있을 만큼 훈련된 사람들이 없었다면, 어떻게 됐을지 우리는 한 번쯤 생각해 보는 것이 좋을 것이다.

수 세기에 걸쳐 교회에 대한 사탄의 공격이 많이 있었다. 에비온파(Ebionism), 영지주의(Gnosticism), 몬타누스파(Montanism), 마니교(Manichaeism) 등 니케아 회의 이전의 이단들, 역사상의 모든 삼위일신론과, 고대 기독론 논쟁의 이단들이 바로 그것들이다.

신학자들이 이런 공격에 직면해 극복하지 못했다면 오늘날 교회는 어떤 모습이 됐을까?

이러한 위협이 심각하게 받아들여지지 않았거나, 이러한 문제를 해결할 수 있을 만큼 충분히 훈련된 신학자들이 없었거나, 또는 더 나아가 교회가 자신들이 위험한 신학적 일탈에 처해있다는 사실을 인식하지도 못할 만큼 무지했다면 어땠을까?

역사를 통틀어서, 정통 기독교에 대한 이단들의 위협을 대처하기 위해 가장 위대한 신학적 지성들이 공의회에 정기적으로 모였다. 역사는 이러한 이단들이 절대 사라지지 않으며 항상 다시 나타나고 있음을 보여준다.

사실, 성경은 태양 아래 새로운 것이 없다고 가르친다(전 1:9). 예를 들어, 그리스도가 인간일 뿐이라고 가르치는 여호와의 증인은 니케아 공의회가 서기 325년에 정죄한 고대 아리우스파 이단의 또 다른 표현일 뿐이다. 오늘날 선교사들이 속도의 필요성에 굴복하고 신학적 성찰이 없는 선교학적 방법론을 고수한다면 이런 이단들의 위험을 인식하고 피하도록 선교지의 신자들을 훈련하지 못할 것이다.

많은 이단은 과거의 실수를 되풀이하는 것이다. 예를 들어, 이슬람과 몰몬교 사이에는 많은 중요한 차이점이 있지만, 기원의 측면, 남성 중심성, 창립한 종교단체의 이전 및 일부다처제의 허용 등의 공통점이 있다. 두 종교 모두 구약과 신약에 대한 창시자 한 사람의 재해석을 바탕으로 성장하였고 성경의 많은 부분을 그대로 유지했다. 성경이 자신들의 경전보다는 열등하기는 하지만 성스러운 책이라고 믿는다. 양자의 기원에 있어, 천사가 나타나서 창시자들에게 하나님을 숭배하는 방법에 대한 '올바른' 이해를 하도록 그들을 지도한 것으로 나타난다.

"그러나 우리나 혹은 하늘로부터 온 천사라도 우리가 너희에게 전한 복음 외에 다른 복음을 전하면 저주를 받을지어다"(갈 1:8)라는 바울의 훈계는 위의 예를 볼 때 얼마나 적절하고 필요한 것인지 모른다. 하나님이 성도들에게 단번에 주신 복음이 있으며, 성경은 천사가 나타나서 자신이 가브리엘이라고 주장하고 다른 복음을 주겠다고 하더라도 경계하라고 경고한다. 또한, 하나님은 자신의 백성에게 모세를 통해 배도의 끊임없는 위협을 경계하라고 가르치셨다(신 13:1-3).

하지만 우리가 참 복음 안에서 완전히 서 있던 적이 없었다면 거짓된 복음을 어떻게 알 수 있을까?

교회의 역사를 통틀어 신학자들은 교회에 대한 이러한 위협을 해결하기 위해 함께 모여왔다. 과거에 이러한 위협이 실제적이고 위험했다면 오늘날의 위협도 실제적이고 위험하다고 할 수 있다. 교육을 받은 신학자들과 숙련된 성경학자들이 없다면, 신생 교회들은 과거를 되풀이할 것이고 불행하게도 비극적인 다른 결과를 낳게 될 것이다. 이런 이유로 바울은 목회자들과 교회들이 건전한 교리를 믿고, 가르치고, 공고히 하기 위해 매우 신중히 해야 한다고 말했다(롬 16:17; 엡4:14; 딤전 1:1, 3, 10; 4:6; 6:3; 딛1:9, 2:1, 10). 디모데전서 4:16에서 그는 이렇게 말했다.

> 네가 네 자신과 가르침을 살펴 이 일을 계속하라 이것을 행함으로 네 자신과 네게 듣는 자를 구원하리라(딤전 4:16).

바울은 멘토로서 교회를 바로잡고, 책망하고, 지시하며, 권고하기 위한 모범이 됐다. 바울은 다른 사람들을 올바른 믿음으로 훈련해야 하므로 사역자들과 교회들이 무엇을 믿고 가르치는지가 중요하다고 가르쳤다. 에크하르트 슈나벨(Eckhard Schnabel)은 말한다.

> 바울의 선교 사역의 또 다른 목표는 선교사를 훈련하는 것이었다. 바울과 여행을 다니며 그와 함께 한 자들은 선교활동에 참여했다. 마치 예수님과 함께하기로 선택된(막 3:13-15) 예수님의 제자들이 '사람을 낚는 어부'(막 1:17)로 훈련받았듯이 바울과 함께한 동료들도 '훈련생'으로 보인다.[2]

하나님은 역사 전반에 걸쳐 교회가 그들을 위협하는 이단을 인식하고 대항하고 피할 수 있도록 신학 교육과 목회준비를 복되게 하셨다.

4. 역사적으로 위험에서 빠져나온 사례

안타깝게도 역사 속에는 교회로 몰래 들어오는 오류의 사례들로 가득

---

[2] Eckhard J. Schnabel, *Paul the Missionary: Realities, Strategies and Methods* (Downers Grove, IL: InterVarsity Press, 2008), 248.

차 있다. 부패한 지도자들이 성경 말씀과 하나님께 영광을 돌리기보다는 정치적인 행동에 더 능숙하고 개인적인 부와 권력에 더 관심이 많았기 때문이다.

교황청의 권력 남용이 수 세기에 걸쳐 계속되는 동안, 신학적 오류는 점점 더 흔해지게 됐다. 이런 와중에 로마 가톨릭교회는 돈을 모으기 위해 면죄부를 팔았다. 면죄부를 사면 연옥에서의 시간을 줄일 수 있다는 명목이었다. 또한 '결혼할 수 없는' 사제와 교황에게는 종종 정부들이 있었다.

사실, 그 시대의 일부 매춘부들은 성직자 고객들을 전문으로 하기도 했다. 교황이 로마 가톨릭교회만 성경을 해석할 수 있다고 판결했기 때문에 그때 사람들은 하나님의 말씀에 몹시 무지할 수밖에 없었다. 참 불행하게도, 하나님의 말씀을 해석할 수 있는 사람들은 하나님의 말씀을 제대로 해석하지도 않았다.

그리스도의 신부가 이런 불결하고 부패한 상태로 시들어져 가고 있을 때, 하나님은 진리를 전파하고 교회를 일깨울 사람들을 깨우기 시작했다. 마틴 루터는 하나님이 사용하신 사람들 중 하나였다. 법대생이었던 루터는 어느 날 번개가 자신 앞에 떨어지는 죽을 뻔한 경험을 겪고 나서 사제가 됐다. 로마 가톨릭에 들어간 루터는 하나님을 간절히 찾았다.

그러나 성경을 보고 죄에 대한 경고를 읽으면서 그는 또 다른 뇌우를 겪게 됐다. 이번에는 양심의 뇌우였다. 로마 가톨릭에서 말하는 모든 방법으로 하나님을 찾았으나 아무것도 찾지 못한 그는 성경 말씀에서 오랫동안 구해 온 하나님을 비로소 찾았다.

> 오직 의인은 믿음으로 말미암아 살리라 함과 같으니라(롬 1:17).

당시의 교회에 만연해 있는 신학적 오류와 거짓들이 지독한 악취를 내고 있었기 때문에, 하나님은 창을 여시고 성령께서 이를 통해 들어올 수 있도록 하나님의 말씀을 연구하는 신학자를 사용하셨다. 루터만이 진리를 찾아서 전파하기 위해 진리의 근원으로 돌아온 것이 아니었다. 칼뱅과 츠빙글리 같은 많은 사람이 있었다. 그러나 이 모든 경우에 있어서 하나님의 말씀에 대한 참된 가르침을 이해하는 것이 그들이 오류를 인식하고 대항하게 했다.

> 내가 신학생이면서 교사였을 때의 기억이 신학교 교수와 성경학자들을 존경하게 했다. 나는 어떻게 하나님이 은사를 주어 그리스도의 몸을 세우고 풍성하게 하시는지를 볼 수 있었다. 때때로 이런 은사들은 소수만 이해할 수 있는 것처럼 보이기도 하지만 하나님이 그리스도의 몸의 지체들에 주시는 여느 은사들과 마찬가지로 소중한 것이다. 나는 학문의 공헌이 우리나라의 그리스도의 몸에서 더 잘 인정되기를 계속 소망하고 있다. 우리의 마음을 지키는 청지기 직분은 우리가 종종 소홀히 하는 사역이며, 그리스도의 몸은 이 때문에 약해진다.
> - 풍 춘 삼, 싱가포르 침례신학대학 선교학 교수

교회 역사는 교단과 교회가 성경의 말씀을 존중하지 않고 건전한 신학을 버릴 때 그들 사이에 종종 정통에 대한 죽음의 소리가 들린다는 것을 보여 준다. 이단적인 길로 가면서 교리적으로 건전해질 수 있다는 생각은 어림도 없는 말이다. 미국 정착 초기 청교도적이었던 뉴잉글랜드 지역에서 목회자를 위한 훈련 기관으로 시작했으나, 현재는 인본주의와 세속주의의 등불 역할을 하는 유명한 아이비리그 대학들만 봐도 알 수 있다.

그러나 적어도 두 가지 상황에서, 하나님은 올바른 신학적 회복을 이루기 위해 그분의 말씀에 확고히 선 건전한 신학자와 성경학자들을 사용하셨다. 서던침례회교단(Southern Baptist Convention)과 서던침례신학대학원(The Southern Baptist Theological Seminary)의 역사에서 하나님은 "나를 존중히 여기는 자를 내가 존중히 여기고"(삼상 2:30)의 말씀을 보여주셨다. 서던침례교회들 사이에서 자유주의 신학이 성경과 하나님의 진리에 대한 헌신을 약화하는 시기가 있었다. 그렉 윌스(Greg Wills, 서던침례신학대학원 전 역사학 교수-

역주)교수는 서던침례신학대학원의 자유주의 신학과 그에 따른 교회 차원에서의 자유주의 사이의 대응 관계를 적절히 정리했다:

> 서던침례신학대학원은 1900년경쯤부터 자유주의 신학을 장려하기 시작했다. 1940년대까지 이 신학교의 교수진은 거의 자유주의 신학을 가진 자들로 이뤄지게 됐고, 이 학교는 대부분의 서던침례교단의 자유주의 사상의 상층부를 구성하고 있었다.[3]

그러나 종교개혁의 역사에서와 마찬가지로, 하나님은 서던침례회교단 서던침례신학대학원이 정통주의 신앙으로 다시 돌아오도록 신학자와 성경학자들을 사용하셨다.

5. 역사적 위험 요소들

불행하게도, 신학 교육의 부족은 전 세계의 많은 교회에서 혼합주의를 초래했다. 많은 나라에서 가르치기 위해 여행할 수 있는 특권과 기회를 가진 나와 같은 사람들은 나처럼 어떤 공통된 맥락을 찾아낼 수 있다. 나는 몇 년 전 안데스 지방의 몇몇 현지인 목회자들과 식사를 함께 했던 적이 있다. 그들 중 아무도 음료를 끝까지 다 마시지 않는다는 사실을 알아차렸다; 그들은 잔의 찌꺼기를 땅에 쏟아버렸다. 나는 그들 중 한 사람에게 다가가서 그들이 지구 여신인 파차마마(Pachamama)에게 음식이나 음료의 마지막을 주는 관행을 계속하고 있는 것 같다고 지적했다. 그는 지적을 받을 때 얼굴을 붉혔지만, 그는 그것이 좋은 생태계를 유지하는 방법이라고 변명했다.

---

3   Greg Wills, "Southern Seminary, Southern Baptists, and the Two Religions" (The Southern Baptist Theological Seminary, March 11, 2009).

내가 원주민 마을에서 한 갓난아기의 장례식에 참석했는데, 이 복음주의적인 가족이 로마 가톨릭과 안데스의 정령 신앙, 복음주의적 전통으로 상호 간의 배타적인 믿음을 가지고 경야(竟夜), 장례, 매장 예식을 함께 주관하는 것을 보고 깜짝 놀랐다.

기독교 선교사들은 수 세기 동안 아프리카에서 사역해왔다. 그러나 나이지리아에서는 이 책의 1장에서 이미 언급했듯이, 복음주의 형태 교회의 건강하고, 풍성한 복음이 전통적인 정령 숭배의 조상 숭배와 주술과 완전히 혼합됐다. 목회자들은 그들의 성도들이 오전에는 교회에 있고 오후에는 마녀 같은 노파 점쟁이의 오두막에 가 있을지도 모른다고 지적했다. 그 아프리카의 교회들은 아주 포괄적인 기독교라고 주장하겠지만, 마술, 예수의 환생, 또는 어떤 예언자들의 환생, 이단적인 믿음을 포함하고 있었다. 그들 각각은 과거의 진리와는 어느 정도 연결돼 있었지만, 건전한 가르침의 소멸은 서로 다른 종교적 이단들을 발전시키게 해줬다.

앞에서 언급한 것처럼, 누군가가 아프리카 교회의 성공담을 이야기할 수 있었다면, 그것은 한 부족이 다른 부족을 공격해서 거의 100만 명이 살해되기 전까지는 아프리카에서 가장 '기독교' 나라인 르완다였을 것이다. 그렇다, 그들 중에는 그리스도인들도 많았는데, 그들은 성경은 가지고 있었지만, 명목상의 기독교인들이었다. 성경을 가지고 성경적으로 적용하고 또한 문화적으로 적절한 신학 교육이 부재했다. 르완다 복음주의 신학교의 졸업생인 알렉시스 네메이마나(Alexis Nemeyimana)는 말했다.

> 우리는 교회에서 성경을 사용했지만 실제로 성경적으로 생각하지 못했고 또 성경은 항상 정확하게 배우지 못했다.[4]

---

[4] Africa Inland Mission On-Field Media, *So We Do Not Lose Heart*, video from AIM International Online, MPEG, http://www.aimint.org/usa/videos/so_we_do_not_lose_heart.html (accessed September 20, 2009).

헤아릴 수 없을 정도의 많은 사람이 학살을 당했고, 유혈 사태 중에 칼을 휘두르며 살해했던 사람들은 성경적 복음주의 기독교의 고통스러운 부재를 지적한다.

가지각색으로, 멕시코 시골 마을의 복음주의자들 사이에 기독교가 들어오기 전만큼 지금도 정령 숭배 사상이 강하게 지속하고 있다. 기독교와 이전의 정령 숭배 사상을 결합한 것은 분명치 않은 혼합주의의 많은 징후를 남겼다. 예를 들어, 한 지역에서, 전통적인 바비큐 요리를 위해 짐승을 죽이는 사람들은 고기를 먹는 사람들을 동물의 영으로부터 보호하기 위해, 십자가 모습으로 요리하는 불 속에서 동물을 도살했다. 여성들이 요리하는 불 속으로 통나무를 집어넣을 때, 그들은 항상 통나무의 더 두꺼운 쪽을 먼저 넣어, 이것이 그들이 아기가 태어난 과정에서 머리부터 나올 수 있게 해준다고 믿었다.

안정된 신학 교육의 부재와 성경적 가르침이 없을 때 전통은 혼합주의에서 발전해 성경처럼 권위가 생기게 된다. 신자들은 그들이 배운 것을 실천하곤 하지만 그들이 배운 가르침은 상황화 되지 않고 성경의 가르침을 그들의 문화로 전달하지도 못한다. 중국에 도착한 한 선교사는 그곳의 신자들이 복음을 전파하는 방법은 알지만, 그들이 그 외의 다른 것은 별로 알지 못한다고 말했다. 왜냐하면, 그들에게 아무도 그것을 가르쳐주지 않았기 때문이다.

6. 전 세계의 신학 교육

전 세계의 신학 교육의 현 상태는 나라마다 다양하다. 수많은 사람에게 신학 훈련이 필요하지만 현존하는 프로그램이 없다. 르완다 복음주의 연합의 유스타스 카랑와(Eustace Karangwa) 회장은 말했다.

대부분의 교회는 훈련된 목회자들이 많이 필요하지만, 우리를 도와줄 만한 훈련된 사람들이 없다.[5]

많은 나라에서 신학 교육이 존재해도 그것은 안타깝게도 부족하다. 왜냐하면, 선교사들이 복음전파와 교회 개척을 수행하기 위해 신학 교육은 포기하기 때문이다. 설사 그렇지 않다고 하더라도, 선교사들이 신학적으로 안정된 교육기관을 남겨주지 못한다. 왜냐하면, 그들 자신의 교육이 하나님의 말씀 안에서 굳건히 서 있지 않았기 때문이다. 종종, 미국의 자유주의적 경향에 영향을 받은 신학교에서 훈련받은 선교사들이 그런 신학을 선교지에 심어 놓는다. 게다가, 제3세계의 부족한 경제 상황은 종종 서양의 선교사들이 신학교를 설립했을 때처럼 현지교회가 스스로 신학교를 유지하지 못하게 한다. 현지교회들의 보살핌 속에 남은 신학교들은 기본 서적과 보급품뿐만 아니라 운영자금도 부족하게 된다.

1) 현재 모델들

많은 선교 기관은 여전히 전 세계의 신학 교육의 실태를 심각하게 참여하며 보고하고 있다. 어떤 기관에서는 그들의 지역주민과 좋은 관계를 유지하거나 더 많은 지원자를 모집하기 위해 신학 교육에 열린 자리들을 홍보한다. 그러나 관심 있는 후보자들은 그 교육이 어떠한지 시험해보는 것이 더 현명할지도 모른다. 왜냐하면, 반짝이는 모든 것이 다 금은 아니기 때문이다. 현지에서 신학 교육으로 보고된 것의 대부분은 신학도, 교육도 아니다. 때때로 선교사들은 새로운 교회를 세우는 비결을 가르치기 위해 하루 코스 워크샵을 개최하거나, 전도 세미나를 열고, 심지어는 성도들이 십일조를

---

[5] Africa Inland Mission On-Field Media. *So We Do Not Lose Heart*, video from AIM International Online, MPEG, http://www.aimint.org/usa/videos/so_we_do_not_lose_heart.html (accessed September 20, 2009).

잘 하는 방법을 가르치기 위한 지도 교실까지 열기도 한다. 이 모든 것이 필요할 수도 있지만, 많은 선교사가 이런 것들을 신학 교육으로 간주하고 있다는 것이다.

기관이 참가자의 숫자를 집계해 신학생으로 그들을 보고할 때, 그 숫자는 꽤 인상적일 수는 있지만 정직하지는 않은 것이다. 또 다른 예는 T4T라고도 하는 사역자들을 위한 훈련(Training for Trainers)모델이다. 이 프로그램은 사람들이 신학교나 성경적으로 교육받지 않았다 하더라도 가정교회를 시작할 수 있도록 훈련하는 것을 목표로 한다.

적시(Just-in-time)의 프로그램은 많은 사람이 신학 교육으로 간주하는 또 다른 예다. 이 프로그램을 통해 교사는 필요한 정보가 있어야 하는 날에 교회 개척자에게 제공한다. 한 선교사는 이를 보고 새끼 오리들이 뒤따라 쫓아가는 엄마 오리 같다고 묘사했다. 새끼 오리가 알아야 할 것은 오로지 그 다음에 어디로 발을 디딜 것인가 하는 것이다. 가까이 따라다니면서 지켜보고 있는 한 필요한 지시를 제때 받을 것이다.

그러나 이러한 프로그램에 대해 한 선교사는 부족함을 토로하면서 신학과 성경 지식을 새로운 신자들에게 교육하는데 사용될 때에는 '가장 적시'가 아니라 너무 적고 너무 늦다고 했다.

2) 확장된 신학 교육

1960년대부터 과테말라의 선교사들은 분권화된 교육 모델을 실험하기 시작했다. 그들은 자신들의 새로운 모델을 확장된 신학 교육(TEE)이라고 불렀다.

랄프 윈터와 로스 킨슬러와 같은 선교사들은 그들이 교회를 위한 충분한 지도자들을 양산하지 못했다는 사실을 알게 됐다. 더욱이, 그들이 훈련하고 있는 사람들이 항상 충분한 훈련을 받은 지도자도 아니라는 것을 알게 됐다.

교회를 목회하는 사람들은 말 그대로 어른들로서 그들은 한 가정을 책임지고 있는 가장들이다; 그들은 가족과 농장을 가지고 있어서 신학교가 위치한 도시로 나갈 수가 없었다. 그렇게 할 수 있는 사람들은 하나님의 말씀에서 요구하는 은사와 성품의 성숙함에는 아직 미숙한 젊은 사람들뿐이었다.

게다가 선교사들은 현지교회들이 젊은 사람들을 목사로는 잘 받아들이지 않는다는 사실을 알게 됐다. 따라서 그들은 지혜롭게 신학교가 학생들에게 찾아가도록 했다. 교수들이 교회들로 찾아가서 거기서 직접 수업을 진행했다. 머클(Merkle)은 이 모델이 바울이 한 것과 잘 어울린다고 믿었다. 그는 말했다.

> 만약 우리가 선교지에서 신학 교육이 서양에서 한 것처럼 돼야만 한다고 생각하면 우리는 실수를 저지르고 있다. 선교사로서, 바울은 복음으로 그들을 세우고자 노력하면서 여러 교회를 방문하곤 했다. 훈련과 지도를 받은 사람들은 바울에게 가지 않았다. 반대로 바울이 그들에게 찾아가서 그들은 계속 일하면서 가족을 부양하고, 또 그들이 교회를 이끌 수 있는 지역적 환경에서 훈련을 받았다.
>
> 어떤 상황에서는, 아마도 새롭게 전도한 종족들 사이에 대부분 상황에서는, 공식적인 신학 교육은 훈련에 있어 융통성을 가져야만 한다. 결정적인 것은 기독교 신앙의 생존을 보장하기 위해 계속된 훈련이 발생하는 것이다.[6]

오늘날 확장된 신학 교육의 다른 모델은 학생들이 공부하고 완성한 수업을 보내거나 글로벌 라디오 성경 연구소(HCJB)와 마찬가지로 라디오를

---

6   Merkle, "The Need for Theological Education in Missions," *The Southern Bap- tist Journal of Theology* 94:4 (Winter 2005): 59.

통해 수업을 듣고 목회적인 훈련을 받는 통신교육 프로그램이다. 대부분 문명이 발달 된 지역에서는, 신학교 프로그램이 완전히 구술적인 가르침으로 구성돼 있다. 이것은 그들의 문맹 때문에 필수적이기도 하지만 그것은 문화적으로 적절한 방식으로 훈련하는 지혜와 보조를 맞추게 된다.

> 현재 추정치는 세계 인구의 2/3가 필수적으로 또는 선택적으로 구전 소통자들이다. 그들과 효과적으로 소통하기 위해서 그들의 구전 소통 방식을 따라야만 한다. 우리의 가르침은 그들의 구전 학습 스타일과 선호도가 일치해야 한다. 개요, 목록, 단계 및 원칙을 사용하는 대신 문화적으로 관련 있는 접근법을 사용해야 한다.[7]

전 세계의 신학 교육의 필요성을 주장하는 것은 모든 사람이 같은 방식으로 배운다고 단순히 가정하는 것이 아니라 건전한 신학에 충실하고 문화에 민감한 방식으로 성경을 해석하고 적용하도록 신자들을 훈련하는 것이 우리의 책임이라는 점을 상기시키게 된다.

현존하는 신학교 프로그램에 대한 피상적인 검토는 전통적인 선교지에서조차 가장 효과적인 훈련 프로그램이 역시 커리큘럼 안에서 철저한 실천 과목을 통합한 교육이라고 말한다. 어떤 이들은 학생들이 졸업하기도 전에 교회를 개척하도록 요구한다. 또 다른 이들은 선교여행을 요구하기도 하고, 핵심 필수 과목의 부분으로서 정기적인 전도 활동도 포함한다.

신학 교육은 틀에 박힌 형식으로만 할 필요는 없다; 그것은 융통성 있게 교육할 수도 있다. 평생 계속되는 교육은 평신도 훈련 과목들, 수련회, 콘퍼런스, 또는 심지어 멘토링 관계도 포함할 수 있다. 그 형식은 문화적으로 적절하다면 크게 문제 될 게 없으며 가장 중요한 요소는 하나님의 말씀을 충실하게, 효과적으로 해석하고 적용하도록 훈련하는 것이다.

---

7   David Claydon, ed. "A New Vision, A New Heart, A Renewed Call," in *Lausanne Occasional Papers from the 2004 Forum for World Evangelization* (Pasadena, CA: William Carey Library, 2006), 9.

7. 신학 교육으로 돌아가야 할 필요성

급성장하는 전 세계의 교회에서 가장 필요한 것은 더 많은 신학적으로 훈련된 목회자들과 교사들이다. 교회 지도자들을 양성하기 위한 건전한 신학교의 부재 가운데 이단적인 형태의 기독교가 많아지고 있다. 많은 선교 기관이 별다른 경고 없이 인적, 재정적 자원들을 잃었고 그들은 그 사역을 수행하는 데 있어 어려움을 겪고 있다. 나는 북아메리카, 중앙아메리카, 카리브해, 남아메리카, 유럽, 아프리카, 아시아의 많은 나라에서 고군분투하고 있는 복음주의 신학교들에서 가르치고 사역을 했다.

나는 텅 빈 서점의 선반, 책벌레가 책을 갉아 먹은 먼지투성이의 도서관, 교수들의 수가 너무 적고 상대적으로 많은 학생, 많은 학생이 교리의 문제에 있어 혼란스러워하는 것을 직접 목격했다. 많은 나라에서 단지 이름과 인종적으로 그리스도인으로 불리는 명목상의 수많은 신자가 있다. 르완다의 복음주의 신학연구소 소장 직무대행인 브루스 로싱턴(Bruce Rossington)은 집단 학살 당시 교회의 상태에 대해서 다음과 같이 말했다.

> 1994년에 일어난 일은 모든 것을 의심하게 했다. 명목상의 기독교는 쓸모없게 여겨졌다. 그것은 좋지 않았다. 그것은 일어나고 있던 일을 막지 못했다. 나는 진정한 영적인 의미에 대한 참된 목마름이 있다고 믿는다. 사람들은 중요한 질문에 대한 답을 찾는 중이다.[8]

존 스탬(John Stam)은 라틴 아메리카에 존재하는 교리적인 혼란에 대해 다음과 같이 말했다.

> 중남미 교회의 가장 큰 어려움은 얕고 선풍적인 유행에서 또 다른 것으로 비틀거리며 나아가는 것이다. 한동안, 그것은 '선포하라, 구하라' 또는 '거룩한

---

[8] Africa Inland Mission On-Field Media, *So We Do Not Lose Heart*.

웃음과 영적 전쟁' 같은 것이었다. '건강과 부'가 자리 잡고 있었는데 그것은 훨씬 더 편협한 '번영의 신학'으로 변질됐다.[9]

이것들은 단지 더 큰 질병의 증상일 뿐이다; 교회들은 대부분 성경을 믿음과 실천의 유일한 규범으로 사용하는 것에서 벗어나 있다. 아무도 이런 일이 일어나기를 바라지 않았지만, 우리가 이미 살펴본 것처럼, 전 세계에 가능한 한 빨리 도달하기 위한 새로운 전략이 종종 신학 교육을 불필요하게 만들었다.

여러 번, 신학적 자유주의자들은 건전한 단체들이 철수했을 때 가르치는 자리로 들어오게 됐다. 교회들이 빈 신학교 교실의 공백을 혼합주의와 이단으로 메우고 있으므로 이제 다시 선교 과제에 있어 신학 교육이 중점을 둘 때가 됐다.

8. 신학 교육의 기회들

교실로 돌아가야 할 기회와 초대장은 교회로부터만 온 것이 아니라; 현재 어려움을 겪고 있는 신학교들도 도움을 구하고 있다. 정부와 인증된 기관들은 종종 현지인들이 제공할 수 있는 것보다 더 많은 것을 요구하기에, 이것은 사실상 많은 복음주의 신학교들이 문을 닫게 한다. 데이비드 블레드소는 브라질의 상황을 다음과 같이 말했다.

> 기독교 신학을 다시 세우고 일부 확립된 복음주의 교단들 사이에서 강조하는 선교를 강조하는 것을 돕기 위해 역사적 선교 분야로 되돌아갈 기회들이 존재한다.[10]

---

9 John Stam, "The Need for Biblical Teaching in Latin America," Latin America Mission Online, http://www.lam.org/news/article.php?id=410.
10 David Allen Bledsoe, "A Plea to Reconsider TE Engagement," an unpublished paper, 4–6.

국제적인 청소년 사역(Youth Ministry)의 총재인 랜디 스미스(Randy Smith)는 미래의 청소년 사역의 지도자를 양성할 수 있는 지도자를 훈련하기 위해 교수들을 파견하는 프로그램을 시작했다. 이는 특히 선교사들이 상주할 수 없는 쿠바와 같은 곳에서 특별한 효과가 있었다.

나는 3년 동안 열정적인 대학생 나이의 남녀를 대상으로 집중적인 한 학기 코스의 제자도 프로그램을 시행했다. 엄격한 신학 훈련과 영적 훈련 속에서 열매 맺을 수 있는 환경을 조성하기 위해 매 학기에 약 12명의 학생을 입학시켰다. 우리는 함께 하나님의 말씀을 탐구하고, 기도하고, 또 공부하면서 육체적인 도전을 겪으며 우리의 공동체를 섬겼다.

우리 안에 있는 성령의 사역에 대해 다음과 같이 반응하면서, "자기의 기쁘신 뜻을 위하여 너희에게 소원을 두고 행하신다"(빌 2:13). 나는 기독교 지도자들의 이런 류의 집중적이고 친밀한 훈련이 우리 시대 선교의 책무에 있어 필수적이라고 믿는다.

— 데이비드 손주, 전 LIFT 제자도 훈련 대표

9. 해결책: 앞으로 나아갈 길

가장 중요한 교정 사항은 선교사들이 그들의 삶에서 하나님의 소명을 따르는 것이다. 하나님은 그의 교회의 필요를 알고 계시고 하나님은 그들의 부르짖음을 들으신다. 하나님이 이스라엘을 애굽에서 끌어내라고 모세를 부르셨듯이 많은 이들을 신학 교육자로서의 사명으로 부르시고, 은사를 주시고, 또 인도해 주신다.

고전적 교실 교육을 통한 목회학 석사과정이나 박사과정을 갖춘 정규적인 신학 교육만이 반드시 정답은 아니다.

신학 교육, 리더십 훈련, 목회준비에는 수많은 모델이 있다. 일부는 전 세계의 문화에서 발견되는 세대별 과거 훈련모델을 각색한 것들도 있다. 예를 들어, '보고 행동하는' 학습, 멘토식 모델, 현장훈련 등이 있다. 선교사들은 그들이 훈련을 받은 방식대로 현지인들을 훈련해야 한다는 고정관념을 피해야만 한다. 내용을 전달하는 데 있어 사용되는 가르치는 방식보다는 내용에 대한 이해가 더 중요하다.

건전한 교리, 효과적인 가르침, 분명한 성경적 적용의 가장 최고의 모델은 청교도들의 목회 사역에서 찾아볼 수가 있다. 그들 중 다수는 공식적인 신학 훈련을 받지 않았다. 그들은 고전어와 여러 가지 언어들에 대한 훈련은 받았을지도 모른다.

그러나 청교도들은 그들의 신학과 성경적 적용의 깊이를 멘토링하는 관계를 통해 배운 것이다.

『천로역정』(Pilgrim Progress, 1678) 안에 영혼의 안내자 사역을 묘사한 청교도 침례교인 존 번연(John Bunyan, 1628-1688)의 한 페이지를 인용하면서 싱클레어 퍼거슨(Sinclair Ferguson, 리디머신학대학원 조직신학 교수)은 이것은 청교도 목사를 묘사한 것이라고 말했다. 퍼거슨은 말한다.

> 사역에 대한 청교도적 견해의 모든 요소가 이 한 장의 초상화에 들어가 있다: 성경해석에서 결연한 배움과 결부된 개인의 경건함과 재능에 대한 기본적인 자격; 신앙심이 깊은 영성; 하나님의 사람들에 대한 깊은 관심; 복음의 신비를 펼 수 있는 능력이다. 이것은 사람들의 마음에 와닿아 양심을 감동하게 하는 방식으로 복음을 전한다. 이 모든 것은 주님께 간절히 의지하는 배경 속에서 이루어진다.[11]

---

[11] Mark Dever and Sinclair Ferguson, *The Westminster Directory of Public Worship* (Hagerstown, MD: Christian Heritage, 2008), 3.

퍼거슨에게는 이것이 경건한 목회자의 핵심이었다. 그는 청교도 사역자를 계속해서 다음과 같이 묘사한다:

> … 청교도들은 그들의 영성을 위해 결혼하려고 했다.[12]

청교도들이 어떻게 그런 위대한 학문과 사역에 대한 특징을 가지게 됐을까?

퍼거슨은 젊은 사역자들이 나이가 지긋한 사역자들과 대화하며 배우는 방식의 청교도 사역자들의 매주 하는 모임을 소개했다. 그들이 어떤 식으로 그들의 신학을 배웠는지 설명한 후, 퍼거슨은 말했다.

> 신학대학원이나 신학대학교 또는 신학부의 학부 교육이 부족하므로 청교도들의 성경적, 신학적 교육 자체가 부족하다고 생각하는 것은 잘못된 생각이다. 성경연구와 신학 분야에 있어 그들이 배운 것은 대부분이 현대 신학교에서 졸업한 사람들과 함께 있어도 절대 뒤떨어지지 않을 것이다.[13]

현지인들의 훈련이 서양 전통의 모든 과시적인 면과 함께 학문적으로 높은 수준을 반영할 필요는 없다. 그러나 그것은 미래의 교회 지도자가 될 제자들을 문화적으로 적절한 방법으로 훈련해야 한다. 그러한 방법의 하나는 청교도 모델과 오늘날의 수많은 문화에서도 발견되는 멘토링 방식이었다. 그것은 신학적으로 건전한 틀 안에서 하나님의 말씀을 이해하고 다른 사람들에게 진리를 전달할 수 있게 해준다. 전 세계의 수천 가지의 문화적 상황은 신학 교육이 항상 똑같아 보이지는 않겠지만, 성경의 가르침과 적용의 실체는 항상 같아야 하며 항상 존재해야 한다는 것을 지시한다.

---

12 Mark Dever and Sinclair Ferguson, *The Westminster Directory of Public Worship*, 9.
13 Mark Dever and Sinclair Ferguson, *The Westminster Directory of Public Worship*, 10-11.

10. 결론

　신학적으로 부족한 교회와 덜 준비된 목회자들의 현상유지는 계속될 수 없다. 왜냐하면, 너무 많은 것이 위기에 처해있기 때문이다. 많은 선교 기관이 제3세계의 교회들의 형제와 자매들을 훈련하기 위해 완벽한 위치에 있으며 신학적으로 안정된 미국 기반의 신학교와 동반관계를 맺기 위해서 연결돼 있다.

　데이비드 블레드소는 동역자 관계의 목표는 선교지 안에서 선교의 통제력이나 지속적인 존재감을 다시 확립하는 것이 아니라, 교회 개척과 성장이 확대되는 수단으로서 신학 교육에 초점을 맞추는 것이라고 지적한다.[14]

　가장 효과적인 신학교 모델은 복음 전도와 교회 개척의 사역을 늦추는 것이 아니라 그것을 향상한다. 현지의 교회들, 선교 기관들, 선교사들, 신학교들은 학생들이 교육을 받기 위해 해외로 나갔다가 돌아오지 않을 때 자주 발생하는 인재의 유출을 막기 위해서 협력해야 한다. 그들은 문화적인 배경 안에서 적절한 사람들을 훈련하고 그들을 교육하기 위해 다른 국가나 큰 도시로 보내지 않음으로써 그 유출을 막기 시작할 것이다.

　올바른 사람들은 목회자와 지도자들로 인정될 것이다. 그 올바른 내용은 단순히 선교사와 교수들이 서양의 교육에서 배운 것을 번역하는 것 이상을 의미한다. 지배적인 종교인 이슬람교, 로마 가톨릭, 힌두교, 불교 등 문화에 밀접한 신학적 문제들은 서양 배경의 신학교에서 가르치는 것보다 더 큰 노력이 필요하다.

　확실히, 존 번연의 영혼의 안내자처럼, 사역자는 신학적으로 갖춘 지식만이 필요한 것이 아니다; 사역적 기술, 경건한 인격, 리더십, 행정적 기술이 모두 필요하다. 이러한 측면의 대부분은 가르쳐질 수 없고 습득되는 것이다. 그러므로, 하나님이 원하시는 것을 습득하기 위해서는 멘토들이 필요하다.

14　Bledsoe, "A Plea to Reconsider TE Engagement," 6–8.

선교사들과 선교학자들은 점점 빨라지는 속도를 늦추고 예수님이 우리에게 명령하신 모든 것을 준수하도록 가르침으로써 제자들을 삼을 수 있는 지상 대 명령을 수행하도록 돌아가야 한다. 전 세계적으로 건전한 신학을 교회들 사이에서 우선시해야 할 필요가 있다.

특히 2%의 인구만 전도하고 떠나려고 하는 전략을 가진 자들이 말이다. 우리는 '그리스도가 아직 전해지지 않은 지역에 그리스도를 전해야 하고 동시에 예수 그리스도 안에서 모든 이들을 완전한 자로 세우기' 위한 전략 사이에서 균형을 찾아야만 한다.

추천도서

Burton, Sam Westman. *Disciple Mentoring: Theological Education by Extension.* Pasadena, CA: William Carey Library, 1998.

Claydon, David, ed. "A New Vision, A New Heart, A Renewed Call." In *Lausanne Occasional Papers from the 2004 Forum for World Evangelization.* Pasadena, CA: William Carey Library, 2006.

Dever, Mark and Sinclair Ferguson. *The Westminster Directory of Public Worship.* Hagerstown, MD: Christian Heritage, 2008.

Elliston, Edgar J., ed. *Teaching Them Obedience in All Things: Equipping for the 21st Century.* Pasadena, CA: William Carey, 1999.

Kinsler, F. Ross, ed. *Diversified Theological Education.* Pasadena, CA: William Carey, 2007.

Kinsler, F. Ross. *The Extension Movement in Theological Education: A Call to the Renewal of the Ministry.* Pasadena, CA: William Carey Library, 1978.Kirwen, Michael C., ed. *A Model Four Semester Syllabus for Transcultural Theology Overseas.* Lewiston, NY: The Edwin Mellen Press, 1986.

Stackhouse, Max L. *Apologia: Contextualization, Globalization, and Mission in Theological Education.* Grand Rapids, MI: Eerdmans Publishing, 1988.

제9장

수많은 구전 문화의 영혼들:
어떻게 복음을 전할 것인가?

세계 인구의 70% 이상이 구전으로만 학습이 가능한 사람들이다. 미전도 종족으로서 분류된 사람 중에 가장 높은 비율은 그들이 말하는 언어를 읽거나 쓸 수 없는 문맹자 즉 주요한 구전 학습자들이다. 그들의 삶은 여전히 구전 문화 속에서 살아가고 있다. 그들은 세상에서 일어나는 일에 대해 오직 구전으로만 배우고, 의견을 형성하고, 지식을 공유하며, 즐겁게 서로서로 살아간다.[1]

그들의 문맹 상태는 전통적인 교육 모델의 사용에 제한을 받는다. 예를 들어, 교실, 노트 필기, 읽기, 리서치 등을 활용하는 것을 말한다. 많은 선교사는 구전 학습자들을 교육하는 것이 너무 어렵다는 결론을 내렸다. 그러나 어떤 이들은 읽고 쓸 필요가 없는 교육방식을 이용해 큰 성공을 거두기도 했다. 구전 교육 모델은 암기, 스토리텔링, 노래, 속담, 드라마, 구호 등을 사용한다. 이러한 구전 학습자들을 훈련하는 오늘날의 도전 거리는 사실 새로운 것이 아니다.

---

[1] 실제로, 사람들은 그들 스스로 말하는 동안에 거의 아무것도 학습하지 못하지만 '구전,' '구전학' 은 이라는 용어는 현대 선교학의 표준이 됐다. 주요한 '청각' 학습자들이 더 기술적으로 더 정확한 표현인데 그들은 기록된 언어보다는 듣는 것으로 배운다.

1. 역사적 고려사항

  선교사들은 역사적으로 구전 문화에서 전통적인 서양식 교회, 제자훈련, 훈련 방법 등을 활용할 때 별로 큰 성공을 거두지 못했다. 또한, 선교학자들은 식자층에 있는 사람들이 구전 문화와 효과적으로 상호작용을 못 한다는 사실을 알게 됐다. 심지어 선교사들은 그들이 목표하는 선교지의 언어를 배우기 위해 시간과 노력을 들여도 분명한 의사소통은 한계가 있다. 게다가, 구전 문화는 문자로 된 문화가 이해하는 것과 같은 방식으로 새로운 정보를 이해하고, 배우고, 기억하고, 되뇌거나, 처리하지를 못한다.
  이런 어려움은 많은 선교 기관이 구전 학습자를 교육하는 도전을 하기도 전에 기가 눌리고 단순히 그들을 전도하고 그들이 스스로 영적으로 성장하도록 내버려 두게 됐다. 그러나 구전 학습자들의 문해력의 부족은 훈련의 커다란 장애가 되지 않는다; 그 핵심은 문화적으로 적절한 방식으로 그들과 의사소통하는 것이다.
  1960~1970년대 사이에 안데스산맥의 퀴추아 족에게 성령의 역사로 인해 그들 중에 복음주의 신자들이 생기게 됐다. 일부 회의론자들은 1980년경 그 성장률이 정체되기 시작했을 때 이러한 종족 운동의 성격에 의문을 제기하기도 했다.
  나는 첫 번째 박사 과정을 하던 중 이 종족들 사이에서 사역하고 있었기 때문에 그 운동을 분석하고 평가해 진위를 판별하기로 했다. 연구는 그 운동이 실제로 진짜였다고 결론을 내렸지만, 그들 중에 목회자가 거의 없었고 목사들이 적절하게 훈련될 방법도 없다는 사실을 밝혀냈다. 성령께서 여러 사람을 목사와 지도자로 부르셨지만, 그곳의 유일한 목회자 훈련 프로그램은 대도시에만 있었고 그것도 스페인어로만 진행되고 있었다. 또한, 이러한 서양식의 신학교들은 문맹자들인 퀴추아 족 학생들에게 높은 문해력을 요구했다. 학생들은 또한 대도시에서 자신을 부양할 수 있는 직업 기술도 필요했다. 목회자로서 섬겼던 퀴추아 족의 남자들은 스페인어와 읽고 쓰는 능력은 배울 수는 있어도 도시에서 훈련을 받기 위해 그들의 자급 농장과 가족, 교회를 모두 떠날 수는 없었다. 따라서, 일부의 진심 어린 선교사들이 열정적이고 섬기기를 갈망하는 몇몇 십 대 청소년들을 추려냈다. 그들은 젊은이들을 도시에 있는 그들의 집으로 데려와서 그들의 필요를 제공했고 신학교에서 교육을 받기 위해 그들에게 스페인어와 읽고 쓰는 능력을 가르쳤다.

불행하게도, 이러한 훈련을 받은 사람들은 전통적인 퀴추아 족 공동체에서 그들이 단지 어린 소년으로만 보였기 때문에 장로나 지도자들로 받아들여지지 않았다. 따라서, 훈련을 받은 소수의 사람조차 목회자로서 받아들여지거나 영적인 지도자로 평가받지 못했다.

> 만약 프랑스 해외 선교부에서 8년 동안 선교한 나의 활동을 정리해본다면 다음과 같다. 나는 세계관에 대한 자료수집과 문화기술 지적 인터뷰를 많이 했었다. 내가 전하고자 노력했던 사람들에 대한 분명하고 기본적인 이해에 도달했을 때 나는 비로소 성경에 기반을 둔 제자훈련 교육 과정을 발전시킬 수 있었다. 나는 그것을 팸플릿과 책 속으로 넣고 제작했다. 그것은 괜찮은 작업이었다. 한가지 유일한 문제가 있었는데 그것은 바로 그들이 문맹인들이었다. 내가 선교지를 떠날 때까지, 나는 구전으로 교리문답을 가르치는 방법을 만들었다. 이것은 침례교 신자들에게 전형적인 것은 아니었다. 내가 만약 시간을 되돌릴 수만 있다면, 아주 처음부터 이 일을 시작할 수 있었을 텐데 아쉬웠다. 내 제자들은 문맹의 환경 속에서 훨씬 더 나은 교육을 받았을 것이고 그들의 제자를 재생산할 수 있었을 것이다.
> 　　　　　　- 댄 쉬어드, 갈보리 선교 침례교회 담임목사 · 링컨대학교 초빙교수

이러한 도전은 내가 두 번째 박사과정을 할 때 "고산지대의 퀴추아 족: 문화적으로 적절한 목회훈련모델을 발견하기"라는 논문 주제로 연구를

수행하게 됐다. 이것은 퀘추아 족에 대한 나의 관심과 그들 가운데 지도자를 양성하는 방법을 발견하기 위한 열정에서 비롯됐다.

고산의 퀘추아 족과 같은 주요한 구전 학습자들은 전통적인 선교지의 대다수 사람과 서양 세계에서도 급속도로 성장하는 계층을 구성하고 있다. 그들은 또한 오늘날 선교사들이 직면하고 있는 가장 큰 도전 중 하나다. 그러므로, 우리는 그들에 대해, 그들이 어떻게 생각하는지, 그들이 새로운 정보를 어떻게 처리하는지, 우리가 그들에게 다가가고 가르칠 방법을 더 많이 배우는 것이 현명할 것이다.

2. 세계관과 문화

주요 구전 학습자들을 복음에 효과적으로 참여시키기 위해서는 그들의 세계관을 이해해야 한다. 국제적인 구전학 네트워크(International Orality Network)에서는 구전 학습자를 다음과 같이 정의하고 있다.

① 읽고 쓸 수 없는 사람.
② 가장 효과적인 의사소통과 학습 포맷, 스타일, 또는 방법이 글을 읽고 쓸 줄 아는 형식과 대조적으로 구전 형식을 따르는 사람.
③ 서면 수단보다는 구전으로 정보를 배우거나 처리하는 것을 선호하는 사람(이들은 글을 읽을 수 있지만, 글을 읽고 쓰는 것보다 구두로 의사소통하는 방식을 선호하는 문맹인들이다).

주요 구전 학습자들은 서양 세계에서 뛰어난 문해력이 있는 학습자들이 교육받은 것과 같은 방식으로 정보를 처리하지 않는다.[2]

---

2 Durk Meijer, "How Shall They Hear," presentation at International Orality Network Meeting, February 2008.

유치원 이상으로부터, 고도의 식자 사회에서는 점진적으로 아이들에게 이성과 문제 해결을 위한 논리에서 삼단논법을 사용하고 추상적인 생각을 활용해 개념적으로 생각하도록 가르친다. 이것은 기본적인 구전 학습자들이 선천적으로 공유하지 않는 학습된 능력이다.

민속인지학(Ethnocognition) 연구의 상대적 새로운 분야에서는 종족들이 생각하는 방식과 이성을 연구한다. 그것은 새로운 것이다. 왜냐하면, 기본적인 일상생활에 관여하고, 우리 주변의 세계를 이해하며, 또 원인과 결과의 관계를 처리하는 그런 기본적인 수준은 그저 평범한 상식일 뿐인데, 우리는 누군가가 그것과는 다르게 행동할 것이라는 사실에 놀라고 있기 때문이다. 사실 우리는 우리가 하는 것처럼 삶을 보지 않은 사람들의 인지에 대해 의문을 가진다. 우리가 소유한 이성적 능력, 우리의 직선적이고 순차적인 논리, 현실을 이해하기 위해 사용하는 삼단논법이 선천적인 것이 아니라 학습된다는 사실을 간과한다. 그것은 우리의 문화와 세계관의 가장 기본적인 수준의 구조로 짜여 있다.

그러나 주요 구전 학습자들은 우리가 다닌 학교에 다녀본 적이 없고, 대부분은 전혀 학교에 가본 적도 없다. 그들은 자신의 개인적인 경험이나 그들이 알고 신뢰하는 사람들의 삶의 기술이나 지혜를 통해서 아는 것을 배운다. 주요 항목, 계획적인 단계, 개요 또는 세부지침을 사용해 그들을 교육하는 것은 비효과적이다. 구전 문화는 얼굴과 얼굴을 맞대고 하는 문화로서 보고 행하는 교육방식을 선호한다. 세계관과 현실은 사람들의 생각 속에 복잡하게 뒤엉켜 있다. 한 개인의 세계관은 인생의 중요한 문제에 대한 대답이다.

"무엇이 진짜인가?"
"사람은 어디서 오는가?"
"사람은 죽으면 어디로 가는가?"
"병은 어디서 오는가?"
한 문화의 세계관은 그 구성원들이 그들의 세계를 이해할 수 있게 한다.

그것은 말 그대로 그들이 세상을 보는 방식이다. 선교학자인 찰스 크래프트(Charles Kraft)는 이렇게 정의한다.

> 이러한 세계관의 가정, 가치관, 약속은 인간이 현실을 내다보는 창구로 비유될 수 있다…. 우리의 세계관은 우리 문화의 다른 모든 측면과 마찬가지로 태어나면서부터 우리에게 가르쳐지고, 매우 설득력 있게, 대부분은 우리의 현실관이 아주 정확한 것이라고 여기며 절대 의심하지 않는다. 우리의 깊은 수준의 세계관은 우리를 둘러싼 개인적이고 비 개인적인 우리 주변의 우주에 대한 이해를 제공한다.[3]

고인이 된 선교사이자 선교학자, 선교학 교수였던 폴 히버트는 다음과 같이 말했다.

> 문화의 신념과 행동 뒤에 놓여 있는 현실에 대한 기본적인 가정을 세계관이라고 한다.[4]

세계관은 문화의 부분적 집합이며[5], 이는 반대로 문화가 세계관의 부분 집합이라고도 말할 수 있다. 문화는 한 세대에서 다른 세대로 발전되고 전승되면서 사회에서 배우고 공유되기 때문에 문화적 규범, 가치관, 행동, 의식, 일상생활의 다른 측면을 형성하는 세계관이 모든 요소에 영향을 미치고 있다. 결국, 이 모든 과정은 한 사람의 현실관 또는 세계관을 알려 준다.

---

3 Charles H. Kraft, *Communication Theory for Christian Witness* (Maryknoll, NY: Orbis Books, 1991), 161.
4 Paul G. Hiebert, *Anthropological Insights for Missionaries* (Grand Rapids: Baker Academic, 1986), 45.
5 폴 G. 히버트는 문화를 "생각하고, 느끼고, 행하는 것을 조직하고 규제하는 한 집단이 공유하는 아이디어, 감정, 가치관의 다소 통합된 시스템"이라고 정의했다(*Anthropological Insights for Missionaries*, 30).

세계관과 문화 사이의 공생 관계는 어떤 종족에 대한 현실 세계를 정의해 준다. 문화가 있는 세계관은 부모, 조부모, 목사, 교사, 형제자매, 친구, 광고, 음악, 가사, 속담, 구호, 전설, 영화, 대중문화 및 기타 영향력 있는 사람들에 의해서 전해진다. 우리의 삶과 공동체의 이야기들은 무언의 사건과 비극에 모두 질서와 의미를 부여한다. 선교사가 선교의 대상이 되는 문화의 세계관을 고려하지 않고 극단적으로 다른 세계관의 이야기를 전할 때 그 메시지는 듣는 사람에게 아무런 의미가 없는 말이 된다. 선교사가 선의로 한 메시지의 의미가 듣는 이들에게 혼란스럽게 되거나 모두 무의미하게 된다.

우리에게 잘 알려진 선교 영화인 '그것이 사실이야!'(EE-taow)에서 마크 주크(Mark Zook)는 그들이 두 정글의 새들의 결합에서 시작됐다고 믿는 부족에게 다가간다. 이것은 그들 사이에 받아들여진 기원 신화였다. 문제는 마크가 그들에게 세상을 창조하는 것에 대한 성경적 진리를 말할 때가 있었다. 그들은 자신들의 세계관 안에서 창조를 이해하려고 노력했지만 어떤 신이 세계를 무에서 창조했다는 것은 그들에게 이해되지 않는다. 그래서 그는 그들이 오랫동안 유지해 온 믿음의 부분에서부터 가벼운 질문으로 시작해 그들의 세계관을 조금씩 허물기 시작했다.

그는 한 노파에게 정글의 새가 인간이 되는 것을 본 사람이 있는지를 물었다. 마크는 또한 비가 오지 않아도 숲을 범람시킬 수 있는지를 물어보면서 그들 문화 속에 있는 '홍수를 내는 존재'에 대해 의문을 제기했다. 어려운 질문으로 노인들을 혼란케 하는 것은 그들의 세계관에 불편한 고민을 초래했다. 그들이 자신들의 신화 이야기에 대한 진실을 의심하기 시작할 때 그들은 점차 새로운 이야기를 들은 준비가 돼 있었다. 그러고 나서 마크는 그들에게 성경의 이야기와 구세주에 대한 그들의 필요성을 이해할 수 있는 성경적 세계관을 전해주기 위해 성경의 이야기를 들려줬다. 그 새로운 이야기들은 그들의 세계관을 근본적으로 바꾸었다.

3. 다리와 장벽

모든 종족에게 복음의 메시지를 전하는 데 있어 장애물이 있을 것이다. 이러한 장벽은 전통적인 종교, 죄, 또는 부를 잃어버리는 두려움과 같은 것이 될 수도 있다. 또는 서양의 세계가 그것을 침해하고 현대의 경이를 가져다줌으로써 존재하는 세계관이 설명할 수 없는 공간이 생길 것이다. 그러나 하나님은 이 세상의 문화 속에 증거를 남기지 않고 그냥 떠나지 않으셨다. 그의 은혜와 섭리로 인해 선교사들이 전한 복음의 메시지를 받아들일 수 있는 다리가 존재하는 것이다.

돈 리차드슨(Don Richardson, 1935-2018)은 『화해의 아이』(Peace Child)에서 그러한 다리를 발견한 경험을 기록했다. 그는 이웃 부족들과 끊임없이 싸우고 있는 식인 종족인 파푸아뉴기니의 사위(Sawi) 부족들 안에 정착했다. 그가 그들의 언어를 배우고 나서 그들에게 복음의 메시지를 전해주었는데 한 사람이 유다를 그 이야기의 영웅으로 추켜세우기 시작했다. 그들은 어리둥절한 리처드슨에게 그들의 문화를 설명했다.

반역은 누군가의 우정을 얻기 위한 최고의 미덕이고, 그가 전혀 예상하지 못할 때 그를 죽이고 먹는다는 것이다. 반역이 가장 최고의 미덕이었다. 이러한 복음의 장벽 때문에 리처드슨은 그러한 무자비한 사람들 사이에서 기독교가 정착되는 것을 포기했다.

그들은 선교사가 그들을 떠날 계획이라는 것을 알았을 때, 그들은 만약 그가 그들 곁에 머물기만 한다면, 이웃 부족과 싸우지 않겠다고 약속했다. 왜냐하면, 선교사는 외부 세계에서 오는 약과 편의를 가져다주는 원천이었기 때문이다. 선교사는 그들의 진실성을 의심했고 그들에게 어떻게 화해를 이룰 것인지를 물었다. 적군은 틀림없이 배반의 의도를 의심하게 될 것이기 때문이다. 그들은 적들과 화평하게 될 의식을 가졌다고 그에게 설명했다.

이 의식에서 리처드슨 부족의 족장은 그의 아들을 이웃 부족의 우두머리에게 줬다. 그 아이는 화해의 아이로 일컬어졌다. 소년이 건강하게 자라는 한 그들 사이에는 평화가 지속할 것이라고 설명했다. 이것은 리처드슨에게 하나님이 이 석기시대의 부족에게 복음을 전하기 위해서 남겨둔 다리였다. 그는 복음 이야기를 다시 꺼냈다. 이번에는 예수를 '화해의 아이'로 언급하면서 그들의 문화로 이해할 수 있는 방식으로 전했다. 리차드슨이 예수님을 배신한 유다의 이야기를 다시 꺼내자, 이번에는 그들이 실망했다. 그는 그들에게 이것은 그가 이전에 말했던 것과 똑같은 이야기라고 했지만, 그들은 동의하지 않았다. 그들은 그가 이전에는 예수가 화해의 아이라는 이야기를 하지 않았다고 했다. 누구든지 할 수 있는 최악의 것이 평화의 아이를 해치는 일이다.

이와 같은 방식으로 하나님은 리차드슨에게 이러한 문화 속에 하나님이 복음의 진리를 전할 수 있도록 제공한 구속의 이야기가 있다는 것을 보여주셨다. 세계의 전통적인 문화들은 독특한 도전 거리가 있지만, 하나님은 항상 어떤 방식을 제공하신다.

이상의 상황에서, 많은 선교사가 사위 부족들이 복음을 듣고 그리스도를 영접하고 그들의 책무가 끝날 것이라는 생각에 흥분을 느낄 수도 있다. 사위 부족은 기록할 언어도 없고, 성경이 기록된 어떤 언어도 이해하지 못한다. 참고 도서들로 가득 채워진 도서관도 없고, 목회자들을 훈련할 수 있는 교육 시스템도 없다. 어떤 이들은 그들이 자신들의 방식을 찾을 수 있어야 한다고 말할 것이다. 결국, 그들은 모든 진리로 그들을 인도하실 성령을 가지고 있다. 이제 많은 선교사가 다음 부족을 전도하기 위해서 이동하는 것을 선택할 수도 있다.

그러나 "내가 명령한 모든 것을 가르쳐 지키게 하기" 위해서 주요 구전 학습자들에게 가르치기 위한 도전은 선교사들이 그 명령을 피할 길을 따르도록 허락하지 않는다.

4. 문해력과 하나님의 말씀

이미 설명했듯이, 선교사들이 직면하는 가장 큰 도전은 세계의 많은 사람이 읽고 쓰는 능력이 부족하거나 아예 없다는 것이다. 우리 대부분이 주님을 알고, 훈련받고, 선교로 소명을 받게 된 방식은 하나님의 말씀을 읽고 성찰을 통해서였다.

허버트 클렘(Herbert Klem)의 저서 『성경의 구전 대화』(*Oral Communication of Scripture*, 1982) 서문에서 찰스 크래프트는 말한다.

> 우리는 사람들이 주로 성경을 읽음으로써 그리스도 안에서 성장한다는 가정에 너무 갇혀서 하나님이 구텐베르그(Gutenberg) 이전에 어떻게 또는 그렇게 일하셨는지 상상할 수가 없게 되었다.[6]

그러나 예수님이 갈릴리 해안을 따라 걸으며 당시의 백성을 가르쳤을 때 그는 고도로 문해한 교육 모델을 사용하지 않았다. 예수님 시대의 사람들의 10% 미만이 문해력을 갖고 있었기 때문에 그는 예화, 이야기, 비유를 접목한 교수법을 사용했다. 예수님은 "하늘나라가 마치 … 과 같다"라고 말하고 나서 그들이 시각화할 수 있는 실제 세계의 예들을 들려주곤 하셨다. 문자가 있기 이전의 세계는 오늘날의 그리스도인들이 상상하기 어렵다.

그러나 1455년이 돼서야 요한 구텐베르그가 이동할 수 있는 형태의 인쇄기를 발명했다. 이것은 인터넷이 우리 시대에 했던 것처럼 세상을 크게 변화시킨 발명이었다.

구텐베르그의 인쇄기 이전에는 교육을 받은 엘리트들만 글을 읽을 수

---

6 Herbert Klem, *Oral Communication of the Scripture* (Pasadena, CA: William Carey Library, 1981), ix.

있었다. 그 인쇄된 언어는 대중적이지 않았고 수도사들로 구성된 그룹이 성경을 베끼는 데만 2년 이상이 걸렸다.

구텐베르그 이후 성경, 예식, 신학 논문, 설교가 인쇄됐고 그리스도인들은 읽는 법을 배웠다. 기독교인들이 가는 곳마다 교회를 세웠고 그 옆에 학교도 세웠다.

세상의 어떤 지역에서는 읽는 것이 기독교인의 사고에서 매우 필수적이어서 교회에 가입하고 세례를 받기 위한 필수조건이 됐다.

기독교와 문해력은 기독교의 많은 사상에서 사실상 동의어가 됐다. 구텐베르그 덕분에 기독교는 글을 읽을 수 있게 됐다.[7]

> 문맹자들을 위한 목회훈련과 신학적 교육이 없다면 지도자들이 교회를 돌보는 것은 어려운 일일 것이다. 문제는 선교사가 교육을 선교지 상황에 맞게 하되, 피 선교지의 지도자들 사이에 읽고 쓰는 능력이 향상되는 것을 가정하고 장려해야 한다.
>
> 오늘날 선교 분야에서 우리가 제공할 수 있는 가장 큰 사회적 사역 중 하나는 문맹 퇴치이며 지역 지도자들이 계속 문맹자로 남으려 한다고 생각하면 안 된다. 성경은 문자로 기록돼 있고, 주님의 지혜로 쓰였기 때문에, 구원받은 자들과 그들의 지도자들이 문자를 깨우치는 데 큰 도움이 될 것으로 생각한다.
> - 데이비드 블레드소, 브라질 도시 전도자 및 교회 개척 훈련가

선교사들은 문자가 없는 현지인들이 읽고 배우기를 원한다고 추정하지만, 그들은 현지인들에게 그런 바람이 존재하지 않는다는 것을 알게 되면 충격을 받는다. 선교사들은 전형적으로 문맹을 삐뚤어진 시선으로 보며

---

7 Orality Issues Group, "Making Disciples of Oral Learners," a paper developed at the Lausanne Committee for World Evangelization, Pattaya, Thailand, October 5, 2004.

사회의 찌꺼기와 관련된 부정적이고 경멸적인 특징으로서 뭔가 그들이 거기서 구출된 필요가 있다고 본다.

그러나 많은 나라에서 문해력의 비율은 여전히 예수님이 그의 사역을 했던 때와 비슷한 수준이다. 대부분 정부는 그들의 사회기반시설과 경제 개발에는 열심이다. 그들은 다국적 기업들이 와서 공장을 짓고 그들의 나라에 투자하는 데 있어 경쟁적이다. 그러나 그들은 문해력을 갖춘 노동 인력이 기업들에 하나의 가능성으로 적합하다고 느낀다.

자국의 이미지를 높이고 외부의 도움을 끌어들이려는 욕구는 종종 실제 읽고 쓰는 능력을 과장하게 만든다. 정부에서는 은행을 이용하거나 투표하는 통계를 읽고 쓰는 능력을 측정하는 하나의 방법으로 본다. 왜냐하면, 누군가 이름을 서명하는 것은 읽고 쓰는 능력이 있어야 할 수 있고 어떤 이들은 읽고 쓰기 위한 하나의 시험으로 그 능력을 사용하기 때문이다.

우리가 미국으로 돌아가기 위해 에콰도르를 떠나기 전 우리는 주변 친구들과 동역자들에게 편지를 쓰고 계속 연락할 수 있도록 한 여성에게 주소를 알려달라고 부탁했다. 그녀는 말했다. "아 정말 미안해요, 나는 글을 읽고 쓸 줄을 몰라요. 난 내 이름에 서명하는 방법밖에 모르거든요." 우리는 그녀가 그녀의 이름을 조심스럽게 서명하는 것을 여러 번 본 적이 있었고 그녀가 문맹이라는 사실을 알았을 때 놀라게 됐다. 우리가 서로 계속해서 연락할 수 없다는 사실에 슬펐고 또한 우리가 미리 알았더라면 기꺼이 그녀에게 읽고 쓰도록 가르쳤을 것이기에 더욱 안타까웠다. 자신의 이름을 서명하는 것은 글을 읽고 쓰는 것을 증명하지 못한다.

어떤 나라에서는 초등학교 4학년을 졸업한 사람들을 읽고 쓸 수 있는 능력을 갖춘 사람으로 여긴다. 그러나 어떤 이들은 40년 전에 초등학교 4학년을 졸업하고 그 후로는 한 글자도 읽거나 쓰지 않았을지도 모른다. 그러면 그는 거의 글을 읽지 못할 것이다. 그러한 사람들은 자신의 이름을 쓸 수 있고 신문에서 머리기사는 읽을 수 있겠지만 문해력을 가진 세계에서는 제 기능을 할 수 없다.

쑥스러움은 종종 문맹자들이 글을 아는 서양인들에게 그들의 문해력의 수준을 헷갈리게 하는 원인이 되기도 한다. 어떤 사람들은 다른 이들이 자신을 깔보지 않게 하려고 읽고 쓸 수 있는 것처럼 과시할 수도 있다. 어떤 사람들은 실패를 두려워하기 때문에 읽고 쓰는 수업에 아예 오지 않을 수도 있다.

다른 경우에, 아이들이 학교에서 읽고 쓰는 것을 배울 수도 있는데, 어른들이 읽고 쓰는 능력을 어린이들의 놀이 수준으로 무시하는 자기방어 기재를 쓰기도 한다. 이렇게 되면, 아이들조차도 자라면서 어른이 되면 점차 같은 생각으로 읽고 쓰는 것을 무시하기 시작하고 결국 그것을 접게 된다.

허버트 클렘은 아프리카의 문해 선교 사역이 발견한 것을 보고했다. 많은 지역 사회가 읽고 쓰는 기술을 습득한 후에도 다시 구전 문화로 돌아가서 살아간다. 어떤 선교사들은 읽고 쓰는 기술을 가르치는 것이 구전 문화를 21세기로 변화시키는 간단한 열쇠라고 믿는다. 클렘은 말했다.

> 거의 100년간의 선교 단체와 정부의 읽고 쓰는 능력을 교육하기 위한 프로그램을 통해 중요한 정보를 얻고 읽을 수 있는 사람들의 수는 매우 적다. 일부 지역에서는 읽고 쓰는 능력이 25%에 이르지만, 대부분의 농촌 지역에서는 5% 미만이 될 가능성이 크다.[8]

5. 구전학, 복음 전도, 제자도

문해력을 가진 사람들의 수는 세계 인구의 20~30%에 불과하다.[9] 이 사

---

[8] Klem, *Oral Communication of the Scripture*, xvii.
[9] Unless otherwise noted, statistics within this chapter are representative of the work completed by the International Orality Network. The most comprehensive expression of this

람들은 낯선 책을 집어 들고서 읽고, 그 책을 이해하고, 성찰하고, 합당한 반응을 할 수 있는 사람들이다. 이런 능력이 없는 사람들이 세계 인구의 70~80%를 차지하고 있다고 상상해보라. 그러나 기독교의 전체 역사를 통해서, 대부분의 복음주의 교회는 문맹률이 아주 높은 전 세계의 소수 민족이었다. 우리는 지금까지 어떻게 하면 그들에게 다가가서 가르칠 수 있을지에 대해 집중적인 노력을 기울이지 못했다. 읽고 쓸 줄 아는 사람들은 리스트, 표, 개요, 도표, 그래프, 단계, 추상적 개념을 사용해 의사소통한다.

주요 구전 학습자들은 이야기, 반복, 속담, 전통적인 이야기, 전설, 노래, 구호, 시, 드라마를 사용해 의사소통한다. 안타깝게도 사역의 도구, 전도 프로그램, 제자도 자료들의 10% 미만만이 구전 문화의 필요를 위해서 제작돼 있다.[10] 미 종족 그룹으로 포함된 사람들과 수백만의 전도된 사람들은 구전 문화의 사람들이다.

그러면 우리는 어떻게 그들에게 전도하고 가르칠 수 있을까?

연대순 성경 공부(Chronological Bible Study)는 구전 문화의 사람들에게 전도하고, 훈련하고, 교육하기 위한 효과적인 도구 중 하나다. 이 도구를 사용해 선교사들은 하나님이 문자로 된 성경을 준 것과 같이 연대순으로 사람들에게 구전 형식으로 다가갈 수 있다.

연대순 성경 공부는 선택된 구절들에 대해서 전체 하나님 말씀의 맥락이 없이 설교하기보다는 문화적으로 적절한 방식으로 성경을 듣는 이들에게 주고 하나님, 창조, 죄, 희생, 구원에 관한 성경적 세계관을 발전시키게 한다, 선교사는 기본적인 말씀을 전달하기 위해서 이야기를 한다. 추가로, 문화적으로 적절한 방식으로 말하는 이야기를 사용하면서 선교사의 이야기를 통해, 청중들은 이해할 수 있을 것이고, 기억하고 또 다른 이들에게 그 이야기를 전해줄 수 있을 것이다. 연대순 성경 공부의 중요한 개념 중 하나

---

evaluation is found in the *Lausanne Occasional Paper* 54, "Making Disciples of Oral Learners," 2004.

10 Meijer, presentation.

는 비 성경적인 세계관 안에서 그것을 듣게 하려고 노력할 때 그 사람들은 복음의 메시지를 이해할 수 없을 것이다.

> 나는 매주 몇 시간씩 아프리카 사람들과 나무 아래에 앉아 말로서 성경의 이야기를 하면서 성경을 가지고 토론하는 시간을 보낸다. 우리는 듣고, 그들의 마음의 언어로 정확하고 의미 있게 재표현하기 위해 생각하고 토론하는 시간을 가진다. 한가지 이야기에 몇 주가 소요되기도 한다.
>
> 나는 이 과정을 실행하는데 많은 시간을 소비하지만, 궁극적으로는 지상 대 명령의 핵심인 "그들을 가르치고 가르친 모든 것을 지켜 행하게 하는" 한 방법이라고 믿는다.
> 나는 성경에 대한 몰이해가 서서히 풀리고 진리가 명확히 표현되고 변화가 일어나는 것을 보았다. 이런 종류의 선교는 수량화하기 더 어렵고 그 숫자는 그리 인상적으로 보이지는 않는다. 그러나 혼합주의는 하루아침에 이해되거나 직면하거나 제거될 수 없다.
> 훈련은 성경을 어떻게 이해하는지에 있어 아프리카인들을 멘토링 하는 느린 과정이다. 성경을 다루는 방법이 그들의 삶과 문화를 변화시키고 그들이 다른 사람들을 제자로 삼을 수 있는 과정을 그들에게 줄 수 있게 한다.
>
> — 스탠 와플러, 북서쪽 우간다 선교사

하나님의 말씀에는 이야기들이 가득하다. 우리 중 많은 이가 어린 시절에 어머니로부터, 주일학교에서, 여름 성경학교에서 구약과 신약성경의 이야기를 들었다. 이러한 이야기는 하나님과 삶에 대해 알게 했다. 예수님이 구전 학습자들에게 가르칠 때, 그는 구약 성경의 텍스트를 선택하고 세 가지 포인트의 설교를 하지 않았다.

예수님은 이야기하셨다. 예를 들어, 누가복음 15장에서, 예수님은 청중들에게 한가지 포인트를 강조하기 위해 세 가지 이야기를 전해줬다. 그는 잃어버린 양, 잃어버린 동전, 잃어버린 아들에 관해서 이야기했다. 그 이야기의 각각은 같은 논점을 가지고 있었다: 잃어버린 것은 잃어버린 사람에게 소중했고, 그것을 찾았을 때는 기쁨이 컸다. 그의 청중 중에 누구라도 집에 가서 이러한 이야기와 그 주요 포인트를 모든 가족 구성원들에게 반복할 수 있었을 것이다. 어떤 사람들은 서술적 형식 대신 교훈적인 성경의 내용을 다룰 때 성경의 진리를 전달하는 연대순 성경 공부의 가치에 대해 의문을 품는다.

예를 들어, 야고보서, 로마서 또는 산상수훈의 이야기를 어떻게 전할 것인가?

다니엘 시어드(Daniel Sheard)는 선교사들이 구전 학습자들에게 이러한 부분을 가르치는 방법을 설명한다. 그는 수업 내내 짧은 질문과 대답을 반복하는 것이 그 구절들을 가르치는 데 있어 매우 효과적이라고 입증한다. 구전 문화에서 가르칠 때 짧은 구절, 질문과 대답, 잦은 반복을 활용하는 것은 사실 새로운 방법은 아니다. 톰 네틀스(Tom Nettles)의 침례교 교리집에는 E.T. 윙클러(Winkler)의 1857년 메모와 유색인종을 위한 구전 가르침에 대한 질문이 포함돼 있다.[11] 윙클러의 교리집은 문맹을 가진 사람들을 가르치기에 아주 유용한 도구로 알려졌다. 우리가 에콰도르에서 선교할 때 이것은 안데스산맥 고원의 퀴추아 성도들의 구전 교육을 위한 간단한 교리로 사용하게끔 영감을 줬다. 피교육자들은 기독교 교리에 대한 지식으로 성장했고 올바른 답을 알아가는 데 있어 선의의 경쟁도 펼쳤다.

활용되는 구전 교수법은 그 교훈이 제대로 학습됐는지를 알아보기 위해 철저한 검토 시간을 포함해야 한다. 이 시험 또는 확인 시간은 학습자에게 이야기를 반복하도록 묻는 것으로 구성할 수 있다. 이야기를 반복하다가 보면 모든 사람의 마음속에 그 이야기가 저장될 뿐만 아니라, 또는 지속할

---

[11] Tom J. Nettles, *Teaching Truth, Training Hearts: The Study of Catechisms in Baptist Life* (Amityville, NY: Calvary Press, 1998), 135.

수 있는 부정확한 것을 교사는 분별해 낼 수 있다.

반복하는 시간 외에도 교사는 그 이야기의 이해력을 확인하는 질문 시간도 포함해야 한다. 이런 식으로 교사는 자신의 이야기 전개나 불 충분함의 문제를 식별할 수 있다. 듣는 이들에게 그 교훈을 그들의 삶에 어떻게 적용해야 하는지를 물어보는 것은 그들이 교훈의 요점을 파악했고 그것을 다른 이들에게 정확히 가르칠 수 있다는 것을 보장해 줄 것이다.

이것은 또한 지역 사회로 전해지기 전에 어떤 부정확한 적용을 수정할 기회를 제공한다. 다시 말해서, 주요 구전 학습자들에게 문화적으로 적절한 교육 기법을 사용하는 중요한 요점은 그들이 이야기를 이해하고, 기억하고, 다른 사람들에게 반복하고, 진리에 충실할 수 있도록 돕는 것이다.

성경 이야기를 연대기적으로 이야기를 하면, 듣는 사람은 하나님이 누구이신지, 하나님이 죄에 대해서 어떻게 생각하시는지, 희생이 무엇인지, 왜 하나님이 그의 아들을 십자가에 못 박혀 죽게 하셨는지에 대한 성경적 세계관을 발전시키게 된다. 실제로, 창조에서부터 십자가에 이르는 성경 이야기를 듣는 것은 예수님의 탄생과 삶에 관한 이야기로서, 기대감을 일으켜 듣는 사람들의 마음에 감동을 줄 것이다. 십자가와 부활의 이야기는 성경 이야기를 들음으로써 성경적 세계관을 발전시킨 사람들에게 있어 단순히 요한복음 3:16에 대한 설교를 들은 것보다 전적으로 다른 영향을 줄 것이다.

또한, 그것은 하나님, 죄, 예수, 천국, 지옥에 대해 전혀 들어본 적이 없던 정령 신앙을 믿는 부족들에게 전적으로 다른 영향을 미칠 것이다.

선교사들은 복음에 대한 다리와 장애물을 식별하기 위해 그들의 현지 문화에 대한 세계관을 배우는 데 시간이 필요하다. 분명한 것은 누구도 성경 속 각 페이지에 있는 모든 내용을 현지의 구전 문화에 다 전달할 수는 없다.

그래서 어떤 이야기를 할 것인지, 얼마나 많은 이야기가 필요한지, 혹은 문화적으로 적절한 방법으로 이야기할 방법을 어떻게 결정할 것인지?

그 문화에서 시간을 보내고, 세계관 식별 도구를 이용하고, 현지 언어를 배우고, 문화에 적응하는 것은 선교사가 현지인들에게 말할 수 있는 그 이야기 세트를 구성할 수 있게 할 것이다. 그들이 배워야 할 기본적인 성경의 진리 외에도 선교사는 다뤄져야 할 구체적인 문제들 가령 살인, 간통, 술 취함, 우상숭배 등등을 파악해야 한다.

구전 성경이 계속해서 구체화 됨에 따라 이러한 문제에 대한 하나님의 마음을 가르칠 수 있는 성경 이야기를 선택할 수 있으며, 성경적 세계관을 가르칠 수 있을 것이다.

일부 선교사들은 몇 시간 안에 공유할 수 있는 이야기 세트를 개발했고 어떤 선교사들은 사람들을 십자가의 이야기로 이끌기 전에 몇 주 또는 몇 달이 걸리는 이야기 세트를 이용하기도 한다. 그러한 이야기는 듣는 이로 하여금 진리를 이해하게 하고 구주 되신 예수 그리스도에게 항복하도록 만든다.

선교사들이 주로 복음 전도를 하기 위해 연대기 성경 이야기를 사용했지만, 제자를 만들고 훈련하고 또 특정한 시점에 교육하는 것을 위한 이 도구의 유용성은 계속 증가하고 있다. 문해력이 있는 사람 중에도, 연대기적 성경 공부는 성경적 세계관을 발전시키는 데 있어 아주 유용한 도구다. 내가 미국에서 가르치는 신학대학원의 학생 중에 한 사람은 13년이 넘게 그의 어머니에게 복음을 전했지만, 매번 거절을 당했다. 나는 그가 연대순 성경 공부를 활용해 그녀에게 복음을 전해보라고 권유했다.

그는 매주 한 번씩 그의 어머니와 점심을 먹으면서 그 과정을 걷게 됐다. 그가 십자가를 이야기할 순간에 이르자, 그녀도 거기에 도달하게 됐다. 그녀는 결국 그리스도를 영접했고, 세례도 받고, 지금은 교회에 출석한다. 그녀의 세계관은 바뀌었고 그녀는 마침내 진리를 이해하게 됐다.

6. 도전과 해결

　구전 교육을 하는 신학교는 수단과 인도와 같은 장소에서 존재한다. 이러한 신학교에는 컴퓨터나 도서관이 없다. 심지어 펜, 연필, 또는 종이도 없다. 모든 지침은 말로서 시행된다. 이 학교의 전형적인 교육 과정에는, 학생들이 첫해는 복음 전도의 목적을 배우기 위해 창조에서 십자가에 이르기까지 50개의 이야기를 배운다.
　이야기 외에도 그들은 각각의 이야기와 어울리는 두 곡 이상의 노래를 배울 수도 있다.
　신학교 2학년 때는 50개 이상의 이야기를 더 배우고 각각을 위해 두 개의 노래를 더 배우는 것으로 구성돼 있다. 3학년은 리더십 훈련과 교리 교육에 유용한 50개의 이야기와 2개의 노래를 각각 더 배우는 것이다.
　이야기에는 다소 중복되는 부분이 있을 수도 있고, 특히 상위 단계에서는 교육적인 부분에 대한 서술적인 형태의 언급이 있을 수도 있지만, 이야기와 적용의 목적은 분명하다. 성경의 세계관을 전달하는 것 외에도, 성경의 이야기들은 구체적인 특정 사안에 대한 가르침에 유용하다. 예를 들어, 선교사가 지역 사회에 도착해보니 교회 구성원이 어떤 여성과 죄를 짓고 있다는 것을 알게 됐다고 치자. 선교사는 그 구성원에게 고린도전서 5장에 나오는 음행한 자의 이야기를 들려줄 수 있을 것이다. 이런 식으로 하나님의 말씀이 특정 상황에 어떻게 적용되는지 매우 분명하게 보여줄 수 있다.
　그런데 이런 식이 아니라 선교사가 그저 이것이 잘못됐다고 개인적으로 불러 말하고 해결을 요구한다면 어떨까?
　공동체 구성원들은 그러한 지시가 하나님에게서 온 것인지 아니면 선교사의 개인적인 견해에서 온 것인지 확신하지 못할 수 있다. 이런 경우, 장차 그 선교사가 사람들의 신임을 잃게 되는 일이 생긴다면, 그의 모든 '개인적 의견'의 가르침도 무시될 가능성이 있다. 성경의 이야기로 교육하는 것에는 성경의 이야기를 들려주고, 듣는 자들이 그 내용을 삶에서 구체화하기 위해 반복하고, 특정 사안에 적용하고, 교회가 해결책을 간구하는 전 과정이 포함된다.

> 아내와 나는 지난 8년 동안 인도에서 재직 중에 진행되는 훈련모델로 성경적 스토리텔링을 집중적으로 활용하면서 '신학 교육'을 해왔다. 우리는 2년 동안 매주 나흘 동안 여섯 개의 교육 과정 속에서 창세기에서부터 복음서까지 100개의 이야기를 가르칠 수 있다는 것을 발견했다. 이것은 구약의 65장, 신약의 800절과 같은 분량의 것이었다.
>
> 각 스토리텔러는 적어도 다른 한 사람에게 그가 배운 모든 이야기를 말할 수 있어야 하고, 이러한 스토리텔링 제자들은 그들의 선생님과 함께 기말시험을 봐야 한다. 비록 요건은 오직 한 사람에게만 이야기를 가르쳐야 하지만 실제로 대부분 사람은 몇 번이고 반복해서 이야기한다.
> 우리는 그 이야기들이 네 '세대' 또는 심지어 다섯 '세대'의 스토리텔러와 청취자들에게 전달되는 많은 사례를 확인했다.
> – 바울 F. 코엘러, 킹스 커미션 미니스트리 회장

주요 구전 학습자들이 읽고 쓸 수 있는 교육 스타일로 단어들을 듣고 이해할 수 없는 것은 아니다. 상당한 도움을 받으면, 그들도 전통적인 교실이 있는 학교에 다닐 수 있고, 그 일을 하는 데 필요한 기술을 습득할 수 있고 시험에서 좋은 점수를 받을 수 있을 것이다.

그러나 그들이 이러한 진리를 그들의 구전 사회 속에서 배운 것을 가르칠 수 있다는 것을 보장하지는 않는다. 읽고 쓰는 능력을 바탕으로 한 가르침을 그들 공동체의 구전 중심의 학습자들에게 번역하는 기술은 선천적인 것이 아니며 고된 일이다. 예를 들어, PC와 Mac과 같이 다른 운영 체제를 사용하는 두 대의 컴퓨터가 이것을 예시할 수 있다.

맥의 하드 드라이브는 여러 부분으로 분할 할 수 있으며 그 부분은 일부 PC 프로그램과 파일을 처리하는데 기여할 수 있다. 이렇게 해서, PC 바이러스가 컴퓨터에 침범하면 하드 드라이브 전체가 감염되지 않고 분할된 부분만 감염된다. 이러한 구분은 또한 그들이 읽고 쓰는 능력이 기반을 둔 수업에서 수행할 수 있는 기술을 향상할 때 구전 학습자의 마음에서 일어난다. 그들이 수업 시간에 사용하는 뇌의 부분은 분할이 된다. 그들이 그 정보를 가지고 있을지는 모르지만, 그것은 결코 구전 문화 속으로는 들어갈 수 없을지도 모른다.

구전 문화에서 선택된 학생들은 읽고 쓰는 것을 배울 수는 있지만 그들의 학습 일부는 분할되고 결국 "학교"의 학습 문화로만 전념하게 된다.

구전 문화에서의 교육과 철저한 제자훈련의 도전은 많은 선교사가 그 책무에서 위축되고 그것을 시도하는 데 있어 절망감을 느끼게 한다. 그러한 문화에서 어떻게 훈련할 수 있을지?

그렇게 하는 것이 시간과 인적, 재정적 자원을 투자할 만한 가치가 있는지?

그 사람들이 이해하고, 기억하고, 다시 전하고, 그런 다음 그다음의 사람들에게 향하는 방법으로 복음을 전하면 어떨지?

그들은 정말로 훈련을 받아야 하는지?

말로 하는 방식을 가지고 구전 문화를 가르치려는 도전 외에도, 고정된 텍스트로서 성경이 없을 때 서서히 진행되는 오류로서의 항상 존재하는 위협도 있다. 선교사는 앞으로 누군가가 와서 성경을 번역하고 문맹을 퇴치하는 학교를 설립해 그 나라 사람들을 훈육하고 가르칠 수 있기를 바랄지도 모른다.

때로는 구전 문화 출신의 젊은 현지인이 선발돼 지배적인 문화의 신학교에서 배우는 데 필수적인 기술을 선교사로부터 배우고, 신학교에 가기 위해 선교사의 주머니에서 자금을 지원 받을 것이다. 졸업한 후, 선교사들은 그가 그의 고국으로 돌아가서 목회자가 되도록 설득할 것이다.

선교사들은 신학교 교육을 마친 젊은 사람이 그들의 지도자가 될 것이라는 설득을 또한 할 필요가 있을 것이다. 이 모든 것이 성공적이라고 가정해도 이 젊은이는 종종 자신의 고향 현지인들이 배우는 것이 불가능하므로 포기한다. 왜냐하면, 현지인들은 읽고 쓰는 능력이 바탕이 된 가르침을 위한 기술을 가지고 있지 않기 때문이다.

슬프게도, 역사적으로 많은 선교사가 이 시점에서 다른 곳으로 이동한다. 선교사들은 그들이 훈련한 젊은이가 나머지 사람들을 훈련할 수 있어야 한다고 믿고 그들을 훈련하는 노력을 포기하지만 결국 젊은이가 현지인들의 훈련에 대한 노력을 포기했다고 생각한다.

7. 결론

구전 문화의 사람들은 문화적으로 적절한 교육적 모델을 활용해 훈련을 받아야만 한다. 많은 구전 문화는 결코 읽거나 쓸 줄 모른다. 심지어 읽고 쓰는 것을 배운 문화도 종종 그것을 포기하고 다시 문맹의 문화로 돌아간다. 아주 많은 성경 번역가들이 그들의 사역에서 가장 행복한 날은 그들이 오랜 시간을 거쳐 현지인들에게 완성된 번역 성경을 넘겨주었을 때다; 그러나 가장 슬픈 날은 그들이 몇 년 후에 현지를 다시 방문했을 때 여전히 박스 안에 있는 성경을 발견했을 때였다. 그들이 그들의 성경을 번역해주는 선교사를 사랑했을지는 모르지만, 많은 문화권에서 읽고 쓰는 것은 여전히 중요하지가 않다.

구전 전통의 사람들을 교육하는 것은 도전적이고 그 결과는 그들의 좋은 기억력에 달려 있다. 그러나 여러 연구물에서 구전 문화가 읽고 쓰는 것보다 더 많은 정보를 더 오랫동안 정확하게 보존한다는 사실을 계속 보여주고 있다. 이것은 그들이 그것을 기억해야만 하기 때문이다. 그들은 자신들의 기억을 재생하기 위해 그들의 노트를 뒤져볼 수가 없으므로 잊힌 것은 영원히 사라진다.

구전 전통에서 전달을 중시한 성령의 역할은 여기에서도 또한 확실히 적절하다. 그들 사이에 있는 교사들은 성경의 이야기를 다시 말하는 데 있어 높은 정확성을 심어주려고 노력해야 한다.[12] 확실히, 고정된 텍스트와 문해력이 있는 청중들에게는 글을 잘 읽고 쓰는 교사들이 더 나을 것이다. 그러나 당신은 원하는 곳에 다가가서 사람들을 가르칠 수 없고, 그들이 실제로 있는 곳에만 갈 수 있다.

---

12 선교사인 라넷 톰슨(LaNette Thompson)은 성경 스토리텔러들을 훈련할 때 바닥에 분필로 원을 그렸다. 그들이 그 이야기를 다시 할 때, 그들은 실수하면 원 밖으로 나와야만 했다. 이것이 그들에게 정확성의 가치를 가르쳐줬다.

추천도서

Hiebert, Paul G. *Anthropological Insights for Missionaries.* Grand Rapids: Baker Academic, 1986.

Klem, Herbert. *Oral Communication of the Scripture: Insights from African Oral Art.* Pasadena, CA: William Carey Library, 1981.

Nettles, Tom J. *Teaching Truth, Training Hearts: The Story of Catechisms in Baptist Life.* Amityville, NY: Calvary Press, 1998.

Ong, Walter J. *Orality and Literacy.* New York: Routledge, 2002.

Schnabel, Eckhard J. *Paul the Missionary: Realities, Strategies and Methods.* Downers Grove, IL: InterVarsity Press, 2008. Steffen, Tom A. *Reconnecting God's*

Story to Ministry: Crosscul- tural Storytelling at Home and Abroad. Colorado Springs:

Authentic, 2005. Willis, Avery. *Making Disciples of Oral Learners.* International Orality Network, 2007.

제10장

비판적 상황화:
적당한 균형

새로운 선교사들은 다른 문화권의 사람들에게 하나님의 말씀을 신실하게 전하는데 있어 어려움을 느끼곤 한다. 문화적 차이는 여러 가지 형태로 온다. 예를 들어, 어떤 문화는 일곱 개의 주된 색깔이 있고, 다른 문화는 오직 네 개만 있고, 또 어떤 문화에서는 오직 밝고 어두운 것만 인식한다. 이러한 현실 속에서 당신은 이사야 1:18을 어떻게 번역할 것인가?

> 여호와께서 말씀하시되 오라 우리가 서로 변론하자 너희의 죄가 주홍 같을지라도 눈과 같이 희어질 것이요 진홍같이 붉을지라도 양털같이 희게 되리라.

어떤 문화에서는 진홍색, 흰색, 빨간색뿐만 아니라 눈이나 양털이 없다. 그러나 마다가스카(Madagascar)의 말라가시(Malagasy) 방언을 하는 사람들은 백 개의 색깔을 구별하고 이백 종류의 소리를 인식한다.
줄루어(Zulu)의 경우에 120개나 되는 '걸음'에 해당하는 어휘 표현이 있는데 어느 단어가 엠마오로의 예수님의 여행이나 물 위를 걸으신 것을 가장 잘 표현할 수 있을까?
콩고에 있는 한 선교사는 세례 요한이나 구약의 선지자들을 묘사하기 위해 '외치다'(Crying out)라는 단어를 사용했는데 어느 날 그것이 갓난아기들이 그들의 침상에서 하는 울음의 종류를 가리킨다는 사실을 발견했다.[11] 우리는 하나님의 말씀을 다른 문화와 언어로 충실하게 표현하는 것이 쉬운 일이 아님을 알아야 한다.

설교자들과 선교사들은 청중들이 메시지를 이해하고 그리스도를 구원의 유일한 소망으로 받아들일 수 있도록 계속해서 복음을 전하는 일에 최선을 다해야 한다. 효과적인 복음 전달은 그들의 문화적 맥락을 고려하는데 특히 미전도 또는 미개척지에서 선포할 때 더욱 그러하다. 이 마지막 장에서 우리는 상황화와 그것의 필수적인 사용과 한계를 살펴보게 될 것이다.

1. 조정해야 할 상황화

일부 사역자들은 바울이 복음을 전혀 상황화 하지 않았다고 믿으면서 그들도 상황화하지 않을 것이다. 이러한 신념은 그들이 상황화를 이해하지 못하거나 그것을 다르게 정의했다는 의미이다. 어떤 설교자들이 사용하는 부적절한 어휘의 사용을 '상황화'라고 오해하는 사람들이 있는데, 그들은 종종 그렇게 함으로써 중요한 것을 놓치게 된다. 사실 따져보면 바로 이러한 비판자들이 주일마다 상황화를 하고 있다.

그들은 그리스어나 히브리어가 아닌 영어로 설교를 한다. 그들이 예복이나 토가(고대 로마 시민이 입던 헐렁한 겉옷-역주)가 아닌 정장과 넥타이를 착용한다. 그들은 고대 성경 시대의 일상생활에서 인용하지 않고 현대적인 예화를 설교에서 사용한다. 사실 목회자가 주일 아침에 설교 메시지를 준비할 때 청중들과 가장 잘 소통할 수 있는 단어, 방식, 예화 등을 생각하

---

1   1 Eugene Nida, God's Word in Man's Language (New York: Harper, 1952), 16.

면서 성경 메시지를 상황화 한다. 어린이를 위한 설교는 서양 복음주의권에서 널리 용인된 상황화의 또 다른 예다. 설교가 시작되기 전에 많은 교회에서 목회자들은 아이들의 메시지를 전달하기 위해 모든 아이를 앞으로 나오게 해 설교단을 둘러싼 계단 위에 앉도록 초대한다. 목회자는 유쾌한 말투와 절제된 행동을 사용하면서 어렵지 않은 말로 설교를 전한다. 몇 분 후, 목회자는 똑같은 메시지를 가지고 성인들에게 팔을 흔들고 열정적으로 설교단을 쳐가며 말씀을 전할지도 모른다. 목회자는 또한 같은 메시지를 금요일 저녁 청소년 모임에서 또는 월요일 아침 요양원에 있는 환자들에게 전할지도 모른다. 그러나 그는 그때마다 다른 방식으로 전달할 것이고 아마도 여러 가지 관용구, 예화, 또는 어휘를 바꿔 사용할 것이다.

만약, 우리가 상황화를 복음에 대한 위협이라고 생각하면서 선교에서 상황화 시키는 것을 금지한다면 우리는 그들이 이해할 수 있는 복음을 청중들이 결코 소유할 수 없는 사치품으로 만들어 버릴지도 모른다. 교육수준이 낮은 사람들에게 설교하거나 가르칠 때 목회자들은 교육수준이 더 높은 사람들에게 설교했던 말씀을 가지고 단순화시킨다. 사실 그들이 여행하거나, 현지의 음식을 먹고, 화폐를 쓰고, 또 반대 도로로 운전을 하면서 서로 다른 상황 속에서 일상생활을 상황화 한다. 오늘날 복음과 하나님 나라의 발전이 직면하고 있는 위협은 상황화의 실천이 아니라 그 단어의 의미에 대한 오해다.

2. 상황화는 복음을 변질시키는가?

어떤 사람들은 상황화가 기독교의 어떤 측면을 문화처럼 보이게 하려고 그것을 바꾸는 것으로 생각하지만, 상황화는 단순히 복음을 이해시키는 과정이다. 우리의 청중들에게 복음을 이해시키기 위해 우리의 말이 그들에게 이해가 되지 않는다면 우리는 그들의 언어를 사용해야만 한다. 그러나 이것은 세속적인 어휘나 불신자들의 생활방식을 모방하는 것이 상황화의 적절한 사용이라고 생각하지 않는다. 이런 방식으로 의사소통을 하는 유일한 이유는 지역 문화가 이런 방식으로 의사소통을 하므로 그렇지 않으면 메시지가 이해될 수 없기 때문이다. 적절한 언어가 없는 텔레비전 프로그램은 사람들이 메시지를 이해할 수 있도록 자막이 필요할 것이다. 물론, 이런 경우라면 문화도 없다.

사실, 많은 사람이 상황화라고 부르는 것 중 상당수는 단순히 유행하고 성장하기 위한 노력이다. 그것은 효과적일 수도 있고, 특정 인구 통계학자들에게 흥미를 끌 수도 있고, 모든 청중에게 불쾌하지는 않을 수도 있지만, 그것은 복음을 상황화 하는 것이 아니라 마케팅이다.

상황화의 문제는 종종 같은 문화에서도 세대에 걸쳐 민감하기도 하다. 예를 들어, 내가 이 책을 쓰고 있을 때, 미국의 일부 목회자들은 그들이 살며 사역하고 있는 물질주의적인 문화, 포스트모더니즘의 사람들에 접근하기 위해 경향을 따르거나 최신 유행을 추구하는 것이 당연시됐다. 이것이 그들의 사역의 모습이기 때문에, 이러한 목사들이 전통적인 교회나 모임에 설교하도록 초대가 됐을 때 모든 사역자가 입는 양복과 넥타이를 하기보다는 전통에 순응하기를 거절하고 대신 티셔츠, 청바지, 슬리퍼나 운동화를 신는다. 그들은 자신들이 청중의 아버지 세대의 설교자가 아니라 현재의 문화에 보조를 맞추고 있다는 사실을 전달하기 원한다.

그러나 여기에 몇 가지 진실이 자리 잡고 있다. 정장이나 넥타이는 성경적으로 요구되지 않지만 특별한 장소에서 그들은 하나님의 백성, 하나님의 말씀, 하나님의 존재에 대한 경외심을 전달한다. 또 다른 문화적 배경에서, 구야베라 셔츠(Guayabera, 쿠바 남성이 즐겨 입는 셔츠·재킷-역주)나 심지어 몇몇 사람들이 선호하는 일상복 한 옷도 똑같이 입을 수 있다. 그러나 지도자들이 다른 사람들의 예배 환경에 걸맞지 않은 옷을 입었을 때 그것은 반대의 의도로 의사소통을 하고 무례하게 보일 수도 있다. 그들은 많은 사람이 상스러운 언어로 여기는 것을 오히려 그들 나라의 사역에서 사용할 때 그것이 가장 적절하고 효과적일 수도 있다. 그러나 그들이 현지의 포럼에서 말을 할 때 그들은 더 이상 자신의 고국 상황에 있지 않기에 그러한 언어는 부적절하다. 그것이 그들에게 불쾌하고, 효과적이지 않으며, 분열을 일으킨다는 사실은 당연할 것이다.

> 오늘날 내가 생각하는 브라질에서 가장 필요한 것은 현재의 신학적, 사회적 경향과 씨름을 하고, 상황에 맞는 성경적인 대답으로 반응할 수 있도록 브라질 복음주의자들을 돕는 선교사들이다.
> - 데이비드 브레드소, 브라질 도시 전도자 및 교회 개척가

어떤 종류의 언어와 사역으로 의사소통하는 것이 하나님의 말씀을 존중하고, 그의 존재를 인식하고, 어떻게 우리가 예배하는 그분에게 영광을 돌릴 수 있을까?

한 문화에서는, 정장과 넥타이가 필요할 수도 있고, 하와이에서는 셔츠가 필수적일 것이다. 재세례파 성도들은 수염을 기르는 것이 경건한 사람들에게 필수적이다. 그러나 재세례파들이 수염을 기를 수 없는 많은 선교지에서 복음을 상황화 할 때 그들은 그 환경에 적응해야 한다. 일부 기독교 전통에서는 운율이 있는 시편의 찬송가를 부르면서 하나님을 예배하는 것을 선호한다.

그러나 많은 선교사는 하나님을 예배하는 유일한 방식에 대해서 조정하거나 위험을 무릅쓰고 의사소통해야 한다. 교회에서 화려한 장식으로 차려입은 부유한 서양인들은 하나님의 존재를 예배하기 위해 문화적으로 적절한 옷을 입고 있다. 비슷한 방식으로, 안데스산맥에서는 주일에 퀴추아 부인들이 동이 트자마자 처음에는 그들의 머리를 풀고, 눈이 녹은 개울에서 머리를 감고, 빗질하고, 예배하러 들어오기 전에는 다시 그것을 땋는다. 아무도 그들에게 이렇게 하라고 가르치지 않는다. 그들이 하나님께 예배하러 올 때 최선을 다해 경의를 표하는 방식이었다. 사도 바울은 로마서

10:13-15에 "여호와를 부르는 자는 모두 구원을 받으리라"라고 하고 나서 그는 구원을 위한 복음을 듣는 것의 중요성을 강조하는 일련의 질문을 계속했다. 상황화의 논의에서 바울의 "그들은 어떻게 들을 것인가?"라는 질문은 도움이 된다. 스와힐리어(Swahili)만 사용하는 사람들에게 영어로 복음을 전하는 것은 무의미할 것이다.

대신에 우리는 하나님의 말씀에 신실하고 문화적으로 적절한 방식으로 복음을 전해야만 한다. 다른 민족의 언어 배경에서 복음을 전하기 위해 사역하는 선교사들은 끊임없이 말씀의 진리를 상황화 하기 위해 노력해야 한다. 예수 영화 프로젝트와 함께 일하는 사람들은 그들이 사역하는 수많은 언어로 처음에 잘못 만든 것을 발견한 다음 수정하고, 축소하는 등 수많은 시간과 많은 돈을 들였다.

어떤 경우에는 "창녀"를 위해 선택된 단어가 일부의 사람들을 불쾌하게 만드는 구어적 표현이었다. 또 다른 경우, 선교사들이 번역을 위해 하나의 방언을 선택했는데 그것이 실제로 전쟁 중인 상대 민족의 언어였다. 그래서 그 문화의 사람들은 선교사의 번역을 거부했다. 복음의 효과적인 의사소통은 새로운 선교사들이 단순히 이해만 하는 것 외에도 그들의 청중에 대한 언어, 사투리, 억양까지 배워야만 한다. 하버드대학교에서 남부 특유의 끄는 말투나 케이준 루이지애나 억양을 가진 선교사가 다윈의 진화론에 대한 창조론의 지혜를 논할 때 받을 차가운 환영을 한번 상상해 보라. 이 상상된 시나리오는 하나의 억양처럼 보잘것없어 보이는 것이 어떻게 메신저를 존경하고 듣는 방법에 기여하는지를 보여준다. 상황화의 문제를 고려하지 않는 것은 대부분의 복음에 불필요한 걸림돌로 이어질 것이다.

3. 상황화에 한계가 있는가?

상황화 문제는 종종 논란이 돼왔다. 몇 년 전, 일부 선교사들은 지역의 문화가 그들의 민족을 위한 복음의 내용을 결정하고 기독교가 어떻게 보여야 하는지를 결정하도록 해야 한다고 주장했다. 선교에 대한 보수적인 쪽에서는 성경이 모든 문화에 대해서 말하고 문화를 초월한다고 주장한다. 즉 성경은 모든 문화에 영향을 미치고 누구에게도 영향을 받지 않는다. 어떤 문화도 복음을 변화시킬 수 없고 성경의 어떠한 내용도 바꿀 수 없다. 왜냐하면, 그렇게 하는 것이 문화적으로 더 바람직하다고 누군가는 생각할 수 있기 때문이다. 그런데도, 효과적인 복음의 전달자들은 복음을 전할 때 대상 문화를 고려해야 한다고 말한다.

대부분 선교사와 설교자들이 복음의 메시지를 바꿀 수 있는 어떤 것도 피하려고 하므로, 그들은 상황화라는 어려운 일에서 움츠러든다. 그러나 어떤 사람이 상황화 하지 않는다면, 그는 오히려 복음을 바꾸는 일을 하는 것이다. 그는 현대판 유대인이 되는 것이다. 그는 사실상 청중들에게 그와 같이 돼야만 구원을 받을 수 있다고 말하는 것이다. 우리는 복음의 스캔들이나 걸림돌 또는 공격을 굳이 없애고 싶진 않지만, 추가적인 성경적 요구를 복음에 더하기는 원치 않는다.

나는 이전에 페루의 평범하고 문맹의 문화에서 사는 한 여성 신자들에 대해 언급을 한 적이 있었다. 그녀는 자신의 구원 문제를 걱정했다. 왜냐하면, 그녀는 항상 교회의 새 신자(Membership) 교육을 받기 위해서는 읽고 쓰는 능력이 필요하다고 배워왔기 때문이다. 그녀는 새 신자 교육을 구원과 동일시 여겼고 그녀의 문맹 상태로 인해 자신이 구원받지 못할 것이라고 믿었다. 과거의 선교사들은 교회 회원의 필수조건으로 읽고 쓰는 능력을 요구하면서 구전 문화인들을 이해하지 못한 상태에서 의도치 않게 성경이 요구하는 대로 사람들을 가르쳤다. 물론 성경은 어디에도 읽고 쓰는 능력이 구원을 위한 필수조건이라고 명시하고 있진 않지만, 많은 사람이 성경과 기독교에 대해 알고 있는 것은 선교사들이 가르친 것뿐이다. 그러므로, 선교사들이 교회 새 신자 훈련에 읽고 쓰는 능력의 조항을 추가했을 때 사실상 그것은 구원에 있어 무언가를 추가하고 있는 셈이다. 선교사들과 설교자들이 복음을 상황화 하려고 할 때 그들은 어디까지가 적당한

지를 궁금해할지도 모른다. 바울은 우리에게 이러한 지침을 주고 있다. 바울은 고린도전서 9:19-23에 복음을 사람들이 이해할 수 있게 하려고 모든 합법적인 방법으로 조정했다고 말한다. 그는 또한 23절에 그 한계를 제시한다,

> 내가 복음을 위하여 모든 것을 행함은 복음에 참여하고자 함이라(고전 9:23).

하나님의 영광과 그의 계시에 대한 경외심이 우리를 상황화의 한계를 구분 짓도록 지도해야만 한다. 그 결과 우리는 복음의 메시지를 바꾸거나 하나님에게 책망받을 만한 어떤 일도 하거나 말하지도 않게 될 것이다. 상황화의 목표는 문화적으로 적합하고 하나님의 말씀에 충실해야 한다. 문화적 상대주의는 상황화 과정을 이해하는 데 도움을 줄 수 있는 또 다른 오해받는 개념이다.

세속적인 인류학자들은 문화를 연구할 때, 그들은 종종 그들을 다른 사람들과는 구별되고 그들 자신을 하나의 우주로 본다. 그러한 사고방식으로, 예를 들어, 그들의 문화 속에서 사람이 태어날 때 쌍둥이 중 하나를 죽여도 그것을 만약 살인으로 보지 않는다면, 살인으로 간주할 수 없다. 이러한 세속 인류학자들은 어떤 문화도 다른 것에 비해 공정하게 비교될 수 없다고 믿기 때문에, 이러한 관점을 흔히 문화 상대주의라고 부른다. 그들은 그것이 모두 상대적이며, 초(超) 문화적인 도덕 법칙이란 없다고 말한다. 분명히 기독교인들은 그런 말도 안 되는 생각을 받아들이지 않는다.

하나님은 죄가 무엇인지 분명히 말씀하셨고 그의 말씀은 모든 문화에서 권위를 가진다. 비록 지역 문화가 어떻게 생각하든지 간에 말이다.

그러나 성경 밖의 문제들 즉 하나님이 도덕적 중요성으로 언급하지 않은 삶의 측면에서 우리는 자유를 가진다. 모든 것이 평등하다면, 나무나 벽돌, 대나무 또는 진흙으로 만든 집에서 사는 것은 죄악 된 것이 아니다. 우리가 가죽 구두나 테니스 운동화, 나무 신발, 또는 맨발이어도 그것이

하나님께 중요한 문제가 아니다. 우리는 다른 문화권에 들어가서 그들이 쉽게 이해할 방법으로 복음을 전달할 수 있고 그들이 듣도록 하는 데 필요한 조정을 할 수 있다. 특히 성경 외적인 문제에 관해서 말이다.

상황화 할 수 있는 측면에서 구체적으로 언어, 음악 스타일, 악기, 의복 스타일, 건축 재료와 같은 것들이 포함될 것이다. 상황화는 성경 외적인 측면에서 적용되기 때문에 메시지는 절대 변하지 않는다. 상황화는 선교사들과 설교자들에게만 국한되지 않는다. 현지화(Glocalization)라는 용어는 많은 나라에 있는 다국적 기업이 같은 사업을 하고 있지만, 각각 미묘한 차이를 가지고 있는 방식을 말한다. 맥도널드는 말레이시아에서 여전히 햄버거를 팔고 있지만, 계산대의 소녀들은 그들의 머리 위에 종이로 된 터번 모자를 쓰고 절대로 햄을 먹지 않는 무슬림들을 배려하기 위해 햄버거가 아닌 "소고기 버거"라고 부른다. 우리는 햄버거에 햄을 넣지 않지만, 문화적으로 불쾌한 명칭은 무슬림들이 맥도널드에 가까이 다가오지도 않게 한다. 그것은 정확히 같은 맥도널드이지만 문화적인 옷을 입은 형태로 바뀐다.

상황화는 단순히 유행을 따르거나 스타일을 꾸미는 것이 아니라 그것은 선교에서 필수적이면서도 그리스도의 메시지는 약화하지 않는다. 상황화의 실천에 대한 비판의 상당 부분은 사실 기독교가 전 세계의 문화에서 무엇을 가르치고 어떤 모습을 보여야 하는지를 비판 없이 허용한 일부 선교사들의 사역과 글에서 비롯된다. 일부 선교사들은 성경에 나오는 것처럼 문화를 높이 평가해 온 듯하다. 그 결과 문화가 중심이 돼 그들에게 적합하다고 생각되는 성경의 부분들을 좌우하고 기독교를 어떻게 실천할 것인지에 영향을 줬다. 예를 들어, 세례(침례)는 '옛 삶의 방식은 죽었고 지금은 그리스도와 함께 걷는 것을 공개적으로 선언하는 것'을 의미하는 믿음의 기반 위에 어떤 선교사들과 문화에서는 현재의 세례의 모습이 부적절하다고 주장한다. 그 결과, 어떤 젊은 개종자는 모든 사람이 보는 앞에서 공동체가 피워 놓은 불로 걸어 들어가 큰 소리로 그리스도를 믿는다고 외치고 조상 숭배, 정령 숭배, 마술의 옛 방식을 부정해야 한다고 선언한다. 그런 다음, 한때 자신의 몸과 영혼을 보호한다고 믿었던 부적, 주물, 행운의 팔찌나 목걸이를 잘라 불 속에 버리곤 했다.

일부 선교사들은 문화적으로 말하자면 여기서 바로 세례가 일어난다고 믿었다. 물론 그것은 강력한 공개 증언이 되겠지만, 성경적으로 이것은 세례라고 말할 수 없다. 형태와 의미의 중요성은 기독교 선교사들이 이슬람 지역에서 사역하고 있는 지역에서 세간의 이목을 끄는 조사를 하도록 만들었다.

4. C1-C6 상황화

C1-C6로서 불리는 논란이 많은 상황화의 등급은 선교사들이 복음에 적대적인 이슬람 지역에서 기독교를 상황화하고 있는 정도를 측정한다. C1-C6 등급은 사실상 상황화라고 할 수 없는 C1에서부터 시작한다.

C1의 시작은 미국의 수많은 교회와 같이 생긴 건물에서 만나는 이슬람 국가의 교회를 언급한다. 예배자들은 주일 오전 9:45분에 주일학교로 모이고 난 뒤 11시에 큰 예배당으로 간다. 가족들은 주일학교에 몇 명이 왔는지 보고하는 작은 간판이 붙어있는 나무로 된 설교단에서 정장을 한 설교자와 마주 보고 좌석에 함께 앉는다. 이 교회의 복음주의 신자들은 그들 스스로 기독교인이라고 부른다. 그들은 스테인드글라스의 부드러운 빛 아래에 앉아 선교사들이 집에서 사용했던 것과 같은 찬송가집으로 오르간과 피아노를 연주하며 찬송을 부른다. 이 교회는 스타트렉(미국 NBC TV에서 1966-69년에 방영된 우주선-역주)의 수송 차량의 광선에 의해 미국의 바이블 벨트에서 이슬람 지역의 도시로 이동된 것만 같다.

C2는 사실상 C1과 같지만 다른 것은 현지어로 예배와 교육이 이뤄진다. C3부터는 비종교적인 문화적 형태를 이용함으로써 어떤 측정 가능한

상황화로 나아가기 시작한다. 예를 들어, 예배와 의복의 형태는 일상생활에서 볼 수 있다. 상황화 된 C3교회가 더 매력적이고 구도자 중심적이기 때문에 이슬람의 배경을 가진 더 많은 현지의 신자들을 보유하고 있지만, C1과 C2의 형식은 일반적으로 신자들을 위한 예배 장소로서 비기독교 문화에 거의 영향을 미치지는 않는다.

C4 교회는 더 많은 부분에서 이슬람처럼 보이도록 상황화 된다. 예를 들어, 그들 중에 신자들은 라마단 금식 기간을 지키고, 돼지고기와 알코올을 피하고, 이슬람식 종교의 용어들도 사용한다. 비록 그 문화권 내의 무슬림들은 보통 이러한 신자들을 무슬림들로 보지는 않지만, C4 신도들은 그들 자신을 기독교인으로 지칭하기보다는 "이사 알-미사"(Isa Al-Misah)의 제자들 즉 메시아 예수의 제자라고 말한다.

C5 상황화는 이 교회의 신도들이 사회적, 법적으로 무슬림으로 남아있으므로 상황화의 논란이 시작되는 지점이다. 사실, 그들은 이슬람과 매우 밀접하게 동일시돼 있으므로 그 문화권 내의 다른 사람들에 의해 단순히 교리적으로 일탈한 무슬림들로 간주하는 경우가 많다. 특히 C5 신자들은 예수를 따르는 무슬림들로 불리기 때문이다.

C6는 매우 극단적인 등급에 있다. C6의 맨 끝은 이슬람과 동일시되는 사실상 비밀 신자들로 구성돼 있다. C1-C6 상황화는 많은 쟁점을 일으킨다.

크리스천들이 기독교의 하나님을 언급할 때 알라라는 단어를 사용해야 하는가?

기독교 선교사들이나 복음 전도자들이 무슬림을 전도하기 위해서 코란을 사용해야 하는가?

이미 언급한 것처럼, 상황화의 그러한 노력은 위험으로 가득 차 있고 이단적이고 혼합주의적인 위기들이 도사리고 있다. 지뢰밭에서 발끝으로 갈 수도 있지만, 길을 발견하고 가는 것이 더 현명한 방법이다. 그러나 위험이 도사리고 있는 곳에서 살며 사역하기 위해 부르심을 받았을 때 선교사는 반드시 복음을 듣는 사람들이 이해할 수 있는 방식과 문화의 남은 부분에 영향을 미칠 수 있는 형태로 복음을 상황화 해야 한다. 선교사는 또한 성경에 충실한 방식으로 상황화 해야 한다.

많은 상황에서, C1 복음 전도는 즉시 추방되는 결과를 초래하거나 상황이 더 나빠질 수 있다. 만약 거절한다면, 문화가 복음 전도자들을 거절했을 것이기 때문에, 복음을 듣지 않고 복음을 거절할 것이다. C1의 극단에서는 상황화라는 어려운 일을 하지 않고도 선교사가 목회할 수 있을지 몰라도 이것은 결실도 성경적이지도 않다.

바울이 사도행전 17장에서 아레오바고에서 말씀을 전할 때 그는 "당신이 배운 철학자들은 진리에 대해 무지하고 나는 당신들을 가르치기 위해 여기에 있다"라고 말하면서 시작하지 않았다. 대신, 그는 그들의 종교적 열정에 대한 관찰로 시작했고 그들의 도시와 문화에 대한 지식을 행동으로 보여줬다. 그가 얻은 지식을 가지고 자신에게 귀를 기울이는 자들에게 진리를 전했다.

C1의 상황화는 전혀 상황화가 아니며 하나님의 나라를 발전시키는 데 효과적이지도 않다. 오히려 이것은 그들이 고향에 두고 온 교회처럼 예배할 곳을 원하는 외국인들을 위한 교회일 뿐이다. C6 역시 상황화가 아니다. 그것은 충분한 수의 임계 질량에 도달할 때까지 상황화 된 교회 개척을 지연시키거나 단순히 교회가 중요하지 않다고 선언하는 것이다.

그러나 신약 성경은 우리가 다른 신자들과 연합해야 하고 세례를 받고 때로는 그리스도와 연합된 우리의 정체성으로 인해 고난을 받아야 한다고 가르친다. 포도 주스와 빵을 구할 수 없는 곳에서 포도 주스와 빵으로 주님의 성만찬을 준수하라고 요구하는 것은 상황화가 아니다. 그 등급의 정반대쪽은 부적들을 태우는 것을 세례라고 할 수도 있지만, 이것도 상황화가 아니다. 하나님을 경외하는 균형을 찾는 것은 힘든 일이다. 선교사들은 새로운 신자들이 하나님의 말씀에 충실하고 문화적으로 세심한 방식으로 복음을 이해하며 지도할 수 있도록 잘 훈련돼 있어야만 한다.

5. 비판적 상황화

비판적 상황화는 필요한 균형 상태를 제공한다. 한편, 상황화에 완전히 실패한 것은 외국 종교를 수입하고 구원에 있어 성경 외의 요구사항을 추가하는 것이다. 반면에, 신학적이고 성경에서 말하는 제한이 없이 문화를 상황화 하는 것은 기독교의 혼합주의와 비정상적인 표출로 귀결된다. 이교도의 세계관을 가진 사람에게 복음을 전하는 것은 혼란을 초래할 수 있다. 나무나 별들 또는 조상들을 숭배하고 죄에 대한 성경적 이해가 없는 사람들에게 요한복음 3:16을 설교하는 것은 구원의 손길을 보여주는 결과는 주지만 그들은 복음을 이해할 수도 없고 그리스도에 대한 필요도 느끼지 못할 것이다.

많은 선교사가 연대기적 성경 이야기를 통해서 하나님의 계시의 위대한 서사를 가르침으로써 성경적 세계관을 제공한다. 상황화를 비난하는 사람들은 우리가 그저 복음을 전하기만 된다고 믿으며 이것이면 충분하다고 말할 것이다. 그러나 문해 사회 속에서 그렇게 잘 통하는 세 가지 포인트의 연역적, 귀납적 설교는 주요한 구전 문화에서는 잘 통하지 않는다.

> 바울은 비판적 상황화를 실천했다; 그는 상황화를 그의 사역을 통해 가르쳤고 그의 서신에도 기록했다. 고린도에 보낸 그의 첫 번째 편지에서는 말씀의 실천에 관한 내용을 기록했고 두 번째 편지는 그의 사역적 철학에 관한 내용을 보냈다. 그리스도의 대사(고후 5:20)로서 그가 전개하는 주제는 비판적 상황화를 보여준다. 대사들은 외국의 권력자들 앞에서 그 나라를 대표하기 위해 왕이 보낸 존경받는 사절들이었다. 대사는 왕의 메시지에서 벗어나지 않았다. 동시는 그는 상대 문화의 이해와 수용을 보장하기 위해 그 메시지를 적절하게 언어와 문화적인 요소로 포장했다. 비판적 상황주의자들도 그와 똑같이 한다. 그들의 메시지는 성경에 의해 규정돼야 하며 문화에 의해 형성돼야 한다. 한 문화 안에서 복음을 전하거나 새로운 교회를 세우는 것도 그 문화에 의해 형

성돼야 한다. 그러나 성경적 규정은 메시지의 온전함을 보호함으로써 혼합주의를 방지한다.
　　　　　　－ 스텐 메이, 미드-어메리칸 침례신학대학원 선교학 교수 및 의장
　　　　　　　　　　　　　　　　　　　이전 짐바브웨 선교사

　모계 사회와 같은 지역에서는 어머니가 가장 중요한 인물이다. 여자가 상사로서 지역 사회 지도자의 역할을 하고, 가정을 책임지며, 그들의 여성 가족 구성원으로부터 유산을 물려받는다. 아버지가 존재해도, 그는 그저 생물학적으로만 필요하고 인생에 있어 그리 중요한 존재가 아니다. 중요한 남성상이 있다면 그것은 어머니의 동생이다.
　여기서 우리는 어떻게 복음을 제시해야 할까?
　복음을 적절하게 상황화 시키기 위해 문화를 아는 공부를 하지 않는다면, 신에 대한 부족한 견해는 하나님을 아버지로 설교할 때 그들을 교회로부터 떠나게 할 것이다.
　그럴 때, 문화가 자유자재로 상황화 하도록 허용하고 어머니 하나님이라고 설교해야 하는가?
　아니면 타협을 해서 삼촌 하나님이라고 설교해야 하는가?
　물론 이 두 가지 선택사항 중 어느 것도 복음에 대한 성경적 이해로 귀결되지는 않는다. 문화를 연구한 선교사는 복음의 명백한 제시에 대한 도전을 인식하고 그 사람들에게 하나님을 아버지로 보는 성경적 관점을 가르쳐야만 한다. 그러한 관행이 현대 인류학의 도전으로 다가오지만, 한 민족 사이에 복음과 기독교를 적절하게 상황화 하는 것은 바로 성경적인 접근법이다.

6. 사중적 모델

많은 선교사가 폴 히버트가 발전시킨 사중의 비판적 상황화의 모델에서 필요한 지침을 발견했다. 히버트는 현대 선교운동이 상황화에 대한 어떤 고려도 없이 시작됐다고 주장한다. 근대 선교의 초기에는, 선교사들이 그들 나라의 식민지 경로를 따라 세계 각지에 다니며 지역 문화를 거의 존중하거나 연구도 하지 않고 마치 그들의 본국처럼 교회를 세우려고 했다. 그러한 민족 중심주의와 신학적 제국주의의 결과는 겉으로는 매우 외래적으로 보이는 종교였고 내적으로는 심각한 혼합주의를 초래했다.

선교사들이 그들의 언어와 종교와 함께 세계의 문화를 연구하는 지혜와 가치를 깨닫기 시작하면서 상황화의 시대는 실제로 시작됐다. 그러나 무비판적 상황화는 도를 지나쳐 성경적 왜곡이 나타났다. 선교사들은 문화의 위치를 너무 높인 나머지 현지인들이 기독교의 형식, 실천, 내용까지 결정하도록 했다. 그들은 다른 사람들을 배려하지 않은 채 각 문화를 연구했고, 이로 인해 전 세계적이고 역사적인 교회와 거의 관련이 없게 됐다. 게다가 그들은 죄로 정의된 범주를 문화적으로 계속 허용했기 때문에 죄에 대한 관점이 약해지게 됐다.

히버트는 하나의 시정 조치로서 비판적 상황화를 주장했다.[2] 이러한 접근법 안에서, 선교사들은 성경에 충실하면서도 문화에는 민감함을 유지해야 한다. 성경적으로 식견이 있고 신학적으로 교육을 받은 선교사들이 이 모델의 안전장치인 것이다. 히버트가 제시하는 네 가지 단계는 문화적 주해, 해석학적 공동체 안에서의 성경적 주해, 비판적 응답, 새로 상황화 된 관습이다.

문화적 주해 속에서, 선교사는 우선 상대의 문화를 즉각적으로 판단하

---

[2] Paul Hiebert, *Anthropological Reflections on Missiological Issues* (Grand Rapids: Baker Books, 1994), 75-92.

기보다는 이해하고자 노력해야 한다. 성경적 주해의 시작 단계는 그 구절을 해석하기 전에 포장을 푸는 것과 마찬가지로 그 구절을 분석하는 것이다. 그래서 선교사들은 그 구절을 이해하기 위해 문화, 역사, 동기, 세계관을 연구해야 한다. 문화의 정보 제공자들과 참여자들의 관찰은 특히 이러한 노력에 있어 효과적이다.

선교 역사에서, 일부 선교사들은 이교도들이 이교도의 의식에서 귀신을 부르기 위해 드럼을 사용했다는 것을 알고 부족에서 드럼 사용을 금지했다. 몇 년 후, 선교사들은 그 사람들이 여러 가지 방법으로 의사소통을 하기 위해 드럼을 사용한다는 사실을 알게 됐다. 그들은 오직 한 가지 종류의 드럼과 특정 리듬을 사용해서 정령을 불러올 뿐이었다. 모든 드럼을 불법화하는 것은 몇몇 사람들이 인터넷을 죄의 목적으로 사용했다고 해서 인터넷 사용을 모두 불법화하는 것과 같은 것이다.

중국에 간 몇몇 선교사들은 새로운 개종자들이 그들의 부모와 조상들의 사진에 꽃과 향을 바치고 그들에게 기도하는 듯한 모습을 관찰했을 때 어떻게 반응해야 할지 큰 문제였다. 선교사들이 그것에 이의를 제기하자, 중국인 신자들은 단순히 성경이 우리에게 명령한 대로 부모를 공경하고 있을 뿐이라고 대답했다. 선교사들이 그들의 가족의 묘지에 꽃을 놓는다는 사실은 이 신자들의 혼란을 가중했다.

외부자적 관점에서, 선교사는 새로운 중국인 형제가 계속해서 그의 조상들을 숭배하고 있다고 생각했다. 그러나 그 형제는 자신이 성경적 훈계와 문화적 요구를 모두 순종하고 있다고 생각했다.

다음 단계는 신학적으로 교육받은 선교사와 그 문화에서 훈련받은 신자들이 함께 있는 해석학적 공동체를 이뤄 성경을 주해하는 것이다. 이러한 신자들은 선교사가 완전히 파악하는데 수십 년도 넘게 걸릴 만한 심오한 문화적 지식을 이해하도록 도와주고 선교사는 이천 년의 신학적, 성경적 성찰과 해석을 그들의 테이블로 가져오는 것이다.

히버트는 이 테이블을 현지인들과 선교사들이 함께 성경을 연구할 수 있는 해석학적 공동체라고 불렀다. 현지의 형제와 자매들이 가져다주는 통찰력은 그들의 문화에서 성경의 적용에 대한 통찰력을 줄 뿐만 아니라, 선교사들이 자신들의 문화적 편견 때문에 전에는 보지 못했을 만한 성경 속의 진리를 보도록 도와준다. 그 해석학적 공동체가 성경을 특정한 문화적 맥락에서 적용하기 위해 성경을 연구하고 그것을 적절히 다루기 위해서는 문화적, 성경적 지식이 필요한 문제가 발생할 것이다. 선교사의 고국처럼 일부다처제를 금지하고, 알코올 사용을 금지하고 또 천연 허브 사용을 막을지도 모른다.

그러나 선교사는 일부다처제가 현지에서 수십 년간 세대에 걸친 관행이었고, 부부 연합체에 함께 종속돼 있고, 이혼은 존재하지도 않고, 아내들이 남편들에게 완전히 의존하고 있는 문화에서 일부다처제를 어떻게 다뤄야 할 것인가?

선교사는 선교지의 전통문화에서 필수적인 요소는 자연 발효 옥수수로 된 치카(Chicha) 술을 어떻게 봐야 할 것인가?

베틀넛이나 코카잎을 씹는 것은 어떠한가?

세계의 전통적인 문화 가운데 약국의 창고에나 있을 법한 무수한 천연 약초들은 어떠한가?

그것들은 환각제인가?

아니면 커피와 같은 카페인 자극제인가?

그것은 허용될 수 있을까?

아니면 애니미즘 전통 종교의 무리와의 연관성이 그들을 유죄로 인정할 것인가?

미국을 포함한 많은 문화는 정령 숭배적인 미신을 가지고 있다. 문화적으로 정보를 주는 현지인들의 도움이 없다면, 선교사는 그것들과 그것이 정령 신앙과 연관됐다는 것을 전혀 인식하지 못할 것이다. 선교사가 현지 문화를 실행할 때, 이것이 그가 직면해야 할 죄인지 아는 일에도 현지인의 도움이 필요할 것이다. 또는 노파들이 전하는 전설이 해가 없는 미신인지 아닌지에 대해서도 도움이 필요할 것이다.

7. 죄를 언급하기와 기능적 대용물

문화를 연구해 온 선교사는 해석학적 공동체 안에서 그와 함께 섬길 형제와 자매들을 훈련하고 성경을 연구한 결과 스스로는 보지 못했을지도 모르는 죄 된 관습이나 그릇된 신앙을 확인하게 될 것이다. 그러한 관습에 직면했을 때, 권위적으로 지시하기보다는, 선교사는 단순히 "성경은 이것에 대해 뭐라고 하는지?"에 관해 물어볼 수 있을 것이다. 그들은 현지 문화 속에서 함께 죄를 발견할 것이고 새로운 기능적 대용물을 발전시킬 것이다. 그 공동체에 의해 공급된 필수적인 새 관습은 문화의 대표자들이 그것들을 제안했기 때문에 받아들일 준비가 돼 있다.

예를 들어, 안데스산맥의 일부 지역에서는, 새로운 커플이 결혼하면, 그들은 신랑의 부모 집에서 첫해를 보낸다. 한 해 동안, 신랑은 그들의 새로운 집을 위해 필요한 건축 자재를 모두 모은다. 그가 필요한 모든 것을 모으면, 전체 공동체의 사람들은 함께 진흙 벽으로 덮인 지붕의 집을 짓기 위해 모인다. 건축 자재를 제공하는 일 외에도, 신랑은 지역 사회의 사람들에게, 이 문화의 일부로서, 그들이 먹고 마실 모든 음식과 술까지 제공한다. 신혼부부의 집을 건축하는 날에 축제는 종종 술 취함과 싸움, 더 나쁜 결과를 일으키기도 한다. 그러한 관행을 접한 선교사는 방탕한 행위를 중단시키기 위한 시도로 그 모든 관행을 즉시 금지할 수도 있다. 문제는 현지인들이 그것을 이해하지 못하고 그들에게 규칙을 강요하는 것을 하나의 낯선 종교로 보게 된다는 것이다. 자연스러운 반응은 외부의 종교를 거절하는 것이다.

당연한 대응은 외래 종교를 거부하는 것인데, 만약 그들이 외래 종교를 받아들이면서도 결국 어떻게 집을 얻게 할 수 있을까?

대안적인 접근법은 그 해석학적 공동체 안에서 성경을 공부하면서 집 마련과 관련된 죄악 된 관행을 인정하고 그들에게 술과 싸움에 대한 성경적 교훈을 가르쳐 주는 것이다. 문화 속에서 문제를 발견하게 되면, 성경은 그것들에 대한 비판적 대응을 요구한다. 그들의 반응은 전통적인 것에 대한 새로운 대용물을 만들어서 술이나 싸움을 하지 않고 집의 건축을 완성하게 될 것이다.

그 해석학적 공동체는 신랑이 술 대신에 음식과 청량음료, 또는 음악을 대체하는 것 외에 다른 것들은 정확히 같은 방식으로 그 관습이 계속된다는 사실을 제안한다. 이렇게 해서 그들은 집을 지을 것이고 문화는 기능적 대용물로서 새로운 무(無)알코올 관습을 시행할 것이다.

모든 인간의 상호작용 속에서 존재하는 진리가 있는데 그것은 "우리는 서로 소통할 수 없다"라는 것이다. 이 어색한 진리는 우리의 모든 메시지는 해석돼야 하고 수신자에 의해 할당된 의미를 강조한다. 지역의 세계관과 문화를 고려하지 않으면 의사소통이 실패한다. 이것은 선교사가 만약 힌두교인에게 그가 거듭나거나 영생을 갖기 원하는지 물어보면 쉽게 알 수 있다. 힌두교인들은 그가 끝없는 윤회설에 갇혀 있다고 믿고 그의 끝없는 환생이 멈추기를 원한다.

결국, 힌두교 신자들은 선교사의 초대를 거절한다. 사실 현지인들은 선교사가 고려하지 않은 문화와 세계관으로 선교사의 메시지를 해석하고 있었다. 설교자나 선교사가 한 사회에서 문화, 언어, 또는 삶의 경기에서의 게임의 법칙을 이해하지 못할 때 그의 복음 전파가 종종 모두 그릇된 이유로 불쾌하게 전달되기도 한다. 그러고 나서, 청중들이 그들과 그들의 문화적 유산을 이해하지 못하는 선교사를 거부할 때, 그들은 또한 복음도 거부해 버리고 만다.

8. 조화와 상황화

동아프리카 속담에 "코끼리 두 마리가 싸우면 풀이 다친다"라는 말이 있다. 이처럼, 우리가 상황화의 가치와 정당성을 논할 때 위험에 빠지는 잠재적인 희생물이 있는데 그 위험성을 감히 간과할 수 없다. 하나의 잠재적인 희생물은 복음의 순수성이다. 또 다른 잠재적인 희생물은 그리스도께서 우리에게 지키라고 하신 연합이다. 예수님은 이러한 연합의 증거가 아버지께서 나를 보내신 것과 그가 우리를 사랑하신 것을 세상으로 알게 할 것을 말씀하셨다(요 17:23).

어떤 믿음은 우리를 필연적으로 갈라놓을 것이지만(아무 편도 들지 않는 사람은 어떤 것에든 속을 수 있다) 우리는 본질적인 것에 있어 연합을 위해 노력해야 한다. 우리가 분열하고 당파적인 내분에 굴복할 때, 우리는 세상이 보고 듣게 하는 증언을 잃게 된다. 최종적이고 잠재적인 피해자는 이 장의 주제인 비판적 상황화의 선교학적 방법이다.

설교자들과 선교사들은 문화적으로 적절한 방식으로 복음을 전해야 한다. 그렇지 않으면 사람들은 그리스도께서 우리에게 선포하라고 보내신 복음의 메시지를 결코 이해하지 못할 것이다. 내가 한때 거주했던 아구스틴의 안데스 성당에서 복음의 유일성을 가르쳤을 때, 나이가 많은 한 사람이 그의 부모와 조부모의 영혼에 관해서 물었다. 그는 그들이 퀴추아 전통 종교와 정령 신앙과 가톨릭이 혼합된 형태를 믿어왔다고 말했다. 비록 그들의 작은 마을에는 사제가 없었지만, 사제는 일 년에 한 번씩 미사를 하기 위해 방문하곤 했다. 그는 말하기를 그들이 설교하는 모든 것은 라틴어로 되어 있었고, 그의 부모들은 스페인어도 하지 못하며 하물며 라틴어는 더 못한다고 말했다. 그리고 나서 그는 자기 부모들이 죽고 나서 어떻게 됐을지에 대해서 질문했다.

"그들은 어디로 갔을까요?"

나는 겸손하게 하나님의 말씀을 내가 이해한 대로 설명해 줬다. 그들이 복음을 듣지 않고 거듭나지 않았다면 그들은 천국에 갈 수 없다고 말이다. 그는 잠시 곰곰이 생각하더니 대답했다. "저 사제들은 주님 앞에서 언젠가 대답할 것이 많을 것으로 믿는다." 나는 키토로 돌아올 때까지 내가 전한 복음을 현지인들이 얼마나 잘 이해했는지에 대해 거의 생각하지 않았고 나의 이치에 맞는 방식으로만 내가 얼마나 많이 설교했는지를 생각했을 때 스스로 우월하고 정당하게 느꼈다.

> 나는 프랑스령 가이아나의 수도인 카엔 외곽에 있는 무허가 마을에서 약간의 아이티 사람들과 함께 아마존의 양철 지붕 아래에서 빵을 만들었다. 우리는 아무런 악기도 없이 크리올(Creole)어로 노래를 불렀다. 나는 손을 뻗어 땅에 놓여 있는 빈 물병을 붙잡고 그 속에 조약돌 몇 개를 집어넣었다. 나는 그것을 흔들며 약간의 리듬을 만들기 시작했다. 여덟 명 내지 열 명의 사람들은 웃기 시작했고 더 열정적으로 노래를 부르기 시작했다. 그것은 최고의 비판적 상황화였다. 우리는 성경 공부를 시작했다. 대부분은 책을 읽을 수 없기에 듣기만 했다. 그들은 그 시점에서 열심히 배우기를 갈망했다. 백인 선교사도 그들 중 한 명이었다.
> － 댄 시어드, 갈보리선교침례교회 담임목사 · 링컨대학교 초빙교수

선교지 문화의 현지인들은 기독교를 외국인의 종교로 본다. 왜냐하면, 너무나 많은 선교사가 상황화를 실패하거나 그것을 시도하지도 않기 때문이다. 선교사들은 상황화 되지 않은 복음이 중국어를 사용하는 사람들에게 영어로 설교하는 것보다 문화적으로 더 적절하지 않다는 것을 알아야 한다. 상황화에 어울리지 않게 선교하는 것은 선교사가 자신도 모르게 현지인들에게 예수를 영접하기 전에 이스라엘의 문화를 전함으로써 본의 아니게 복음을 왜곡시키고 현대 유대인으로 만드는 꼴이 된다.

반대로, 어떤 기준이나 신학적 반성이 없이 문화를 스스로 상황화 하도록 내버려 두면 복음의 메시지에 대한 혼합주의와 폭력이 발생하게 된다. 비판적 상황화의 목표는 하나님의 말씀에 충실하면서도 문화에 민감한 방식으로 설교하고, 가르치고, 번역하고, 사역하는 것이다. 우리는 복음의 메시지를 상황화 해 우리의 청중들이 그것을 제대로 이해할 수 있도록 해야 하며 그 과정에서 우리는 반드시 비판적이어야 한다.

9. 결론

비판적 상황화는 각각의 문화에서 복음을 바라보는 데에 이해를 제공하면서도 혼합주의에 대해 경계하며 성경 말씀의 권위와 완전성을 믿는다. 또한, 신자들의 삶에서 성령의 역사를 인정한다. 믿는 자들이 성경을 이해하고 삶에 적용하는 데 있어서 그분의 조명을 겸손히 존중한다. 복음의 범위 내에서 상황화를 유지하려는 신학적으로 훈련된 선교사들에게는 비판적 상황화는 보호장치가 될 것이다. 이로써 새로 얻은 문화권의 교회와 전 세계 신자들 사이에 공통점이 생기게 된다.

사실 영어로 가르치면서 충분한 인력과 장소로 기존 서구의 대학과 신학교 그대로 따와서 서구의 교회와 같은 교회를 위한 지도자를 양성하기가 훨씬 쉬워 보일 것이다. 그러나 전 세계 사람들은 결코 외국 종교를 받아들이거나 외국어로 복음을 분명하게 알아듣지 못할 것이다. 비판적 상황화의 힘든 작업은 언어를 배우고 세계의 다른 문화가 각각의 상황에서 어떻게 언어를 사용하는지를 배워야 한다.

왜 당신은 그것을 하길 원하는가?

바울은 고린도전서 13장에서 사랑이 기독교인의 삶의 연료라고 말한다. 비록 비판적 상황화는 지루하고 고통스러운 일일지도 모르나, 그것은 어떤 영지주의의 비밀 같은 지식이 아니다. 그것은 사람들을 이해하고 사랑하고, 하나님의 말씀에 감사하며, 당신을 인도하시는 성령을 신뢰하는 것이다.

역설적으로, 사랑이 없으면 사람과 천사의 말을 한다고 해도 아무런 소용이 없다. 비판적 상황화의 필수적인 과정으로 어려움을 겪어도 사랑만 있으면 당신은 결국 소통하게 될 것이다(고전 13장).

왜 전 세계의 문화에 가서 전하고 가르치는 이 책에서 비판적 상황에 관한 내용을 포함해야 할까?

선교사들은 성경에 신실하고 문화적으로 적절한 방식으로 전 세계의 문화에 도달해야만 한다. 따라서, 교회는 문화적 현실에 민감해야만 하고 한 세대를 넘어서 생존을 유지하려면 외국의 수입품이 되어서는 안 된다. 그러나 교회는 또한 하나님을 기쁘게 하고 그의 축복을 받기 위해 하나님의 말씀에 신실해야 하며 건전한 복음주의 신학을 받아들여야 한다.

오직 신학적으로 훈련된 선교사만이 이 과정에서 그가 사역하는 문화에서 하나님의 말씀과 복음 전도의 교리에 충실하며, 오직 훈련되고, 단련되고, 준비된 현지인들만이 비판적 상황화의 과정에서 선교사를 도울 수 있다. 훈련된 선교사들은 앞으로 신실하게 그 과정을 계속해서 할 수 있는 지도자들을 훈련해야 한다.

추천도서

Hesselgrave, David J. *Communicating Christ Cross-Culturally*. 2nd ed. Grand Rapids, MI: Zondervan, 1991.

_____. *Contextualization: Meanings, Methods, and Models*. Pasadena, CA: William Carey Library, 2003.

Hiebert, Paul G. *Transforming Worldviews: An Anthropological Understanding of How People Change*. Grand Rapids: Baker Academic, 2008.

Piper, John and Justin Taylor, eds. *The Supremacy of Christ in a Postmodern World*. Wheaton: Crossway, 2007.

Shaw, R. Daniel and Charles E. Van Engen. *Communicating God's Word in a Complex World*. Lanham, MD: Rowman & Little field Publishers, 2003.

Van Rheenen, Gailyn. *Communicating Christ in Animistic Con- texts*. Pasadena, CA: William Carey Library, 1996.

_____, ed. *Contextualization and Syncretism: Navigating Cultural Contexts*. Pasadena, CA: William Carey Library, 2006.

제3부

결론

선교학은 중요하다. 생각은 결과를 가져온다. 당신이 가진 철학은 당신의 선교학을 움직일 것이다. 이 말은 단지 낡은 표현이 아니다. 진실은, 당신이 생각하는 것이 당신이 하는 것을 움직이게 할 것이다; 그것이 바로 당신이 분명하게 생각하고 올바르게 믿는 것이 중요한 이유다.

가능한 한 빨리 미전도 종족에게 도달하기를 열망하는 선교학자들은 선교의 속도를 높이기 위한 전략과 방법론을 고안하고 실행했다. 그들의 노력을 이끄는 동기는 예수님이 그의 재림을 앞당기게 하는 공식을 주셨다는 믿음이다. 따라서, 그들은 선교를 완수하기 위해 가능한 한 빨리 전도하고 떠나는 것을 선교의 책무로 재정의했다. 그들은 가능한 한 빨리 그리스도의 재림을 촉진하기 위해 전 세계의 미전도 지역에서 복음을 전하도록 선교사를 보내고 또 보내지기도 한다.

그러나 이 강력한 열망이 그들을 빠르게 이동하게 하지만 후에는 혼란이 생기게 된다. 그들이 만약 예수님의 재림을 재촉할 수만 있다면, 무지한 선교사들은 선교지에 오래 머물러 있지 않을 것이며, 예수님이 곧 다시 오실 것이라는 믿음으로 이것을 정당화한다. 오늘날 전 세계의 미전도 종족에 대한 주제로 그 어느 때보다 큰 관심과 많은 연구 자료를 이용할 수 있다. 더구나, 미전도 종족들뿐만 아니라 교회 개척을 하지 않은 장소에 세간의 주목이 갈수록 집중되고 있다. 대부분의 현대 선교 전략의 목표는 단순히 선교지에 도착해서 복음을 전하고 빨리 떠나는 것이다. 그러나 지상 대 명령 안에 있는 그리스도의 명령에 충실하기 위해서, 우리가 이러한 장소에 있는 종족들에게 가서 가르치기 위해 모든 노력을 다해 복음을 전파하고 성경적으로 책임감 있고, 문화적으로 적절한 사역으로 복음을 상황화 하는 것이 중요하다.

빌레모니(Philemoni)는 탄자니아 므완자(Mwanza) 지역에 새로 부임한 미국인 선교사의 경비원 겸 관리원으로서 새로 알게 된 19세의 새 신랑이었다. 1984년, 이 열정적이고 젊은 아프리카 기독교인은 우리 선교회의 국제적인 신학교에서 인가를 받은 나의 첫 번째 TEE(신학 교육) 수업에 참여하기를 원했다. 스와힐리어가 부족하지만, 나는 수많은 젊은이와 그를 가르쳤고 성경과 신학 자격증을 위한 일련의 과정을 훈련했다. 빌레모니가 교육을 이수하던 중, 어느 주일에 나는 그에게 교회를 개척하고 있는 외딴 이웃에게로 함께 방문하자고 말했다. 우리는 그곳에서 그리스도를 구주로 영접한 전통 의술가를 만났다. 어떤 이는 그를 주술사라고도 불렀다. 그 주술 의사의 영향으로 인해 그 지역에 니야카토(Nyakato)침례교회가 시작됐다.

4년 후에 나는 탄자니아의 므완자를 떠나게 됐고 수단 북부 지역에서 우리 선교부의 사역을 시작하게 됐다. 나는 교회의 동의를 얻어 떠나기 전 빌리모니를 시간제 목사로 세우게 됐다. 그 후 18년이 지나, 나는 므완자에 다시 선교여행으로 방문할 기회가 있었다. 몇 년 전에, 교회는 재정적으로 자립해, 빌레모니는 그곳의 전임 목사가 돼 있었다. 니야카토침례교회는 탄자니아의 북서쪽에서 두 번째로 큰 침례교회로 성장해 있었다.

빌레모니는 나와 초창기에 제자훈련 교재로 사용했던 그 TEE 책을 자랑스럽게 보여줬다. 빌레모니의 부족인 수쿠마(Sukuma) 사람들은 반투족(Bantu)이다. 빌레모니는 낮에 므완자 주변을 배회하는 수많은 마사이 부족들을 어떻게 관찰했는지를 내게 말해줬다. 빌레모니는 부족적, 언어적 장벽을 넘어 반투족이 아닌 이 사람들에게 접근을 했고 복음을 전했다. 놀랍게도, 내가 예배 시간에 설교하고 있는데 신도들 사이에 마사이 족의 전통 붉은 예복을 입은 15명 정도의 남자들이 니아카토침례교회의 대부분을 차지하는 수쿠마 부족의 서양식 의복을 입은 사람들과 섞여 있었다. 솔직히, 나는 빌레모니에게 그들의 부족을 넘어서서 다른 종족에게 선교하자고 제안한 적이 한 번도 없었다. 나는 단지 제자훈련의 과정을 시작했는데 성령은 내가 상상하지 못했던 길로 그를 인도하셨다.

- 로빈 하다와이, 미드웨스턴 침례 신학대학원 선교학 부교수
이전 수단, 탄자니아, 동남부 아메리카 선교사

안타깝게도 선교의 역사는 우리가 가능한 한 많이 수많은 미전도 종족에게 도달하기 위해 서두르는 과정에서, 우리가 새로운 미전도 종족을 만들고 있을지도 모른다는 사실을 보여준다.

어떻게 그럴 수 있을까?

우리가 알고 있는 10/40창의 선교지 지역과 복음을 가장 접하기 어려운 지역을 생각해 보자. 이러한 지역은 믿는 자들의 수가 가장 적기 때문에 현재 필요한 복음증거의 최우선 지역으로 간주한다. 그러나 시리아, 이집트, 메소포타미아의 지역은 한때 기독교가 가장 번성한 지역 중 하나였지만 지금은 10/40창에 속한 지역이 됐다. 역사는 선교사들이 한때 교회를 세우고 전도했던 지역이 지금도 그렇게 유지될 것이라는 보장이 없다는 사실을 보여준다.

마찬가지로, 한때 아메리카 대륙에 선교사를 보낸 장엄한 기독교의 모국이었던 서유럽을 생각해 보자. 서유럽은 현재 통계적으로 10/40창에 필적할 정도로 매년 빠른 속도로 복음주의 기독교인들의 비율이 감소하고 있다. 대부분 유럽인은 기독교를 가리켜 유행이 지나고 비 적절한 것으로 여긴다. 당신이 어떤 나라를 다시 미전도 종족이 되게 하려면 전도했던 장소를 철수하고 그곳이 옛날 방식으로 되돌아가도록 내버려 두는 것이다. 사역에는 사계절이 있다. 전도서 3:1-8은 모든 것에도 사계절이 있다

고 가르친다. 나는 찾음과 추수, 전도와 가르침, 떠남 사이의 성경에서 말하는 균형은 백분율의 공식도 아니고, 둘 중의 하나 또는 대답을 요구하는 상호 배타적인 이분법도 아니라고 주장해왔다. 대신 찾음과 추수의 전략 사이의 균형은 성령의 이끄심을 따르는 것이고 하나님의 말씀에 충실해야 한다. 왜냐하면, 그 연속체의 양쪽은 모두 타당하고, 성경적이며, 필수적이기 때문이다.

하나님은 우리가 그의 사역을 할 수 있도록 그는 아시며, 준비시키고, 이끄시며, 또한 공급하신다. 몇몇 개척선교사들은 현장에 도착해, 현지인들이 그리스도께 오는 것을 보고, 하나님이 그들을 훈련의 사역으로 이끄시는 것을 느끼기 시작한다. 이러한 인도하심은 리더십 훈련이나 목회준비에 종사함에 따라 계속 발전하고 변화할 수 있을지도 모른다. 그들이 선교사 소명을 듣기에 가장 필수적인 요소는 하나님께 가까이 나아가서 그분의 고요하고 작은 음성을 듣는 것이다. 매일의 사역 속에서 그분의 인도를 받기 위해 선교사들은 거기에 머물러 있어야만 한다.

사역의 모든 측면에서 균형을 잡기 위한 어려움이 항상 존재한다. 그 균형의 문제는 현지의 전체 사람들이 기독교를 받아들이도록 이끌거나 복음의 진전에 있어 최첨단에 서게 하는 '티핑 포인트'를 발견하는 것만큼 그리 쉬운 것은 아니다. 선교사들과 선교 단체들은 그들에게 있어 더 흥미진진한 길을 따르려고 현재의 사역을 버리려고 하는 유혹에 저항해야 한다.

몇몇 선교사들은 한때 '최고의 보고서를 작성하는 사람이 가장 많은 후원을 받는다.'라는 속설을 농담 삼아 털어놓았다. 그 진술의 진실은 현대 선교의 철학과 방법론, 전략의 많은 부분을 움직이게 한다. 그러나 선교사들은 하나님의 소명에 충실해야만 한다. 그들은 가장 하기 쉬운 길로 빠져들어 가거나 여론에 변화하는 바람에 의해 항해해서는 안 된다. 하나님이 원하시는 균형을 찾고 유지하기 위해 만족하는 것은 인내가 필요하다. 인내는 우리의 즉각적인 만족감이나 초고속 인터넷 세계 속에서 길러지지 않는 덕목이다. 그러나 최종 결승선까지 이어지는 충성스러운 선교사의 사명은 하나님을 기쁘시게 하는 것으로서 일시적인 성공보다는 유지하기가 더 어렵다.

현대 선교의 아버지로 불리는 윌리엄 캐리는 '충성스럽게 뚜벅뚜벅 걷는 것'이 그가 이룩한 모든 것을 성취하는 비결이라고 말했다. 그는 어떤 것도 한 걸음씩, 끈기 있게 추구할 수 있다고 말했다. 마찬가지로, 아우카(Auca) 지역에서 자신의 오빠와 네 명의 친구들을 잃은 라헬 세인트(Rachel Saint)은 그 지역에 계속 머물러 살면서 죽을 때까지 그들을 전도하고 가르쳤다.

> 주 예수님이 이 특별한 장소에서 그분의 사역을 하시게 하려고 나와 같은 누군가를 사용하신 것은 어떤 이유가 있는 게 아닐까?
> 나는 선교 사역을 지원하기에도 나이가 너무 많았고, 의학으로도 도울 수 없고, 성경 학자도 아니고, 결코 뛰어난 성경 번역가도 아니었지. 그녀의 조카가 물었다. 왜 하나님이 그녀에게 사명을 부여하고 이런 식으로 그녀를 사용했는지 물어보았다. 그녀는 대답했다. "글쎄, 스티브 보이, 나는 진심으로 주 예수를 나의 온 맘으로 사랑했고, 그분을 완전히 신뢰한단다. 나는 그저 그분이 나에게 무엇을 주시든지 끈기 있게 하는 법을 배웠단다.[1]

그래서 선교 역사상 가장 큰 공로를 세운 많은 사람은 유행을 일으키거나 최신의 혁신을 이룩한 사람들이 아니다. 그들은 단지 예수님을 진심으로 사랑했고 주님이 그들에게 주신 사명을 끈기 있게 견딘다. 하나님이 당신에게 주신 책무에 충실하면 당신의 이름이 높아질 수도 있고 또는 아무도 모르게 수고하며 평생 무명으로 살 수도 있지만, 충성스러운 것은 우리 아버지 하나님을 기쁘게 하는 것이다. 결국 그것이 당신이 진실로 원하는 것이고, 그것이 당신이 아는 큰 변화를 가져올 것이다. 당신은 거기서 평

---

1 Steve Saint, *End of the Spear* (Carol Stream, IL: SaltRiver, 2005), 184.

안을 발견할 것이다. 왜냐하면, 당신이 신실한 가운데, 인내하며, 그분의 말씀에 충성하고, 또 그 결과를 그분에게 맡기면서 하나님께 영광을 돌리기 때문이다.

오늘날 국제적인 선교의 책무는 단지 전하고 떠나는 것이 아니라 종족에게 가서 제자훈련을 하고 가르치는 것이다. 속도에 대한 욕구는 우리가 전도하고 빨리 나아가도록 유혹한다. 새로운 신자들은 종종 그러한 생각의 오류에 빠지기도 한다.

빌 테일러(Bill Taylor)는 말했다. "라틴 아메리카 현지인들은 선교사들이 오기를 원한다. 그러나 선교사들이 그들과 함께 살기를 원하고, 그들로부터 배우기를 원하며, 그들을 사랑하고, 그들을 섬기며, 그들의 역사를 이해하고, 문화를 받아들이고, 그들과 함께, 시간이 지날수록 그들을 세워주기를 원한다. 그들은 속도를 중요시하는 어떤 선교사들이 하는 것처럼 우리에게 '직장을 그만두어라'라는 말을 하지 않는다. 그것보다는 우리와 함께 있으면서 '그 일이 완성될 때까지 사역하자'라고 말한다."[2] 이 책은 하나님이 우리가 현지인들에게 단순히 가기를 원한다는 생각으로 유혹된 자들에게 경각심을 주기 위해 노력했다. 하나님은 그렇지 않으신다. 하나님은 우리가 구원의 메시지로 그들에게 전하고 가르치며 그가 명령한 모든 것을 지키도록 가르칠 것을 원하신다.

---

[2] William David Taylor, *Crisis and Hope in Latin America: An Evangelical Perspective* (Pasadena, CA: William Carey Library, 1996), 498.

감사

이 책에 수백 명의 사람이 그들의 의견과 아이디어, 영향을 줬다. 그들 중 다수는 하나님의 나라를 이루고 주님께 영광을 돌리기 위한 순수한 소망을 가진 선교사들로서 하나님을 신실하게 섬기고 있는 자들이다. 그들의 구체적인 사역의 배경에서 나온 축복과 위험성에 대한 통찰은 이 책의 곳곳에서 관찰됐고 결과로 흘러 들어가 다른 어떤 것보다 더 풍성하고 유용한 자료가 됐다.

이 책에서 다룬 많은 통찰은 효과적인 다른 문화 간의 사역을 위해 학생들을 가르치고 있는 선교학 교수들이 상담을 통해 얻은 지식을 제공한 것이다. 실제로 목회자, 선교사, 선교학 교수, 선교 단체 행정가들, 교회 성도들의 지혜와 제안, 통찰력은 이 책의 내용 속에 스며있다. 그들의 통찰력이 없었다면 이 책은 메마른 학문적 이론에 불과했을 것이다. 이러한 거인들의 어깨 위에 서 있는 것 외에도 하나님은 내게 유럽, 아프리카, 아시아, 남아메리카, 중앙아메리카, 북아메리카, 카리브해의 세계로 가서 전하고, 설교하고, 또 가르칠 기회를 주셨다.

내가 만난 사람들, 예배했던 교회들, 경험했던 문화, 내가 배운 교훈이 이 책의 페이지 안에 심겨 있다. 결과적으로 내가 저지른 실수 외에는, 어떤 것도 독점적이고 창조적인 저자라고 말할 수 없을 것이다. 내 생각을 기꺼이 들어주고, 조언해주고, 또 비판해 준 선교사들과 목회자들, 교회 성도들, 학생들, 교수들에게 큰 은혜를 입었다. 나는 또한 복음주의 선교학회와의 관계를 통해서 얻은 통찰력에 감사한다.

지역 및 미국 전역에서 열린 선교학회에서 학술논문의 형태로 이 내용 중의 일부를 발표할 수 있었던 기회는 내가 존경하는 전문적 선교학자들의 혜택을 받을 수 있었다.

나는 이 연구를 믿어준 무디 출판사의 모든 관계자에게도 심심한 감사의 인사를 전한다. 나는 그들의 전문성과 격려, 편집에 대한 통찰력에 감사한다. 특히 책임 편집자인 데이브 드윗(Dave DeWit)과 그 외 참고서적 팀에도 감사하고 싶다. 또한, 다나 윌커슨(Dana Wilkerson)의 통찰력에 감사한다. 그녀는 내 글을 다듬고 명확히 하기 위해 수고해 줬다. 내가 모든 민족을 전도하고 가르치기 위해 적절한 선교학적, 이론적, 전략적 이슈를 연구하고 성찰하도록 한 서던침례신학대학원에 있는 나의 동료 교수들과 학생들은 내게 너무나 소중한 분들이다. 바쁜 학기 중 힘든 기간에도 나의 연구에 도움을 준 학생들은 내게 큰 힘이 됐다. 나의 조교이면서 박사과정 학생인 윌 부룩스는 내가 위에 언급한 대로 이 책의 연구뿐만 아니라 학기 중에 학교의 일을 함께 처리해가면서 나에게 도움을 줬다.

나의 첫 번째 책인 『선교사의 부르심』(The Missionary Call, 2008)을 쓰는 동안 가장 큰 도움을 준 사람 중 하나는 제니퍼 라이엘(Jennifer Lyell)이다. 무디 출판사의 편집자로서 그녀는 자신의 책무를 초월해 그 작품을 다듬고 그것이 이 책처럼 성공하도록 도와줬다. 그녀는 이 책을 위한 연구에도 자신의 시간을 기꺼이 내어줬다. 그녀는 이 책이 더 개선되도록 편집, 포맷, 내용 점검 등 나와 이메일을 주고받으면서 도와줬다. 그녀는 나의 주장을 더 세련되게 만들고자 충고도 아끼지 않았고, 내가 시간이 너무 촉박해서 포기하고 싶은 유혹이 들었을 때도 이 일을 끝까지 완성하도록 격려해 줬다.

끝으로 나의 사랑하는 가족들에게 감사한다. 내가 글을 써야 하는 부족한 시간을 집중하도록 내게 자유를 허락해 준 것 외에도 아내 메리는 원고의 모든 페이지를 읽고 책의 질이 더 좋아지도록 유용한 제안을 했다. 나의 사랑하는 딸인 몰리도 역시 지속해서 나를 격려해 주었고 내가 연구와 글쓰기에 집중하는 동안 전혀 불평하지 않았다. 크리스토퍼와 케롤은 나의 삶과 사역에 끊임없는 축복을 가져다주는 존재들이다. 그들은 선교사로 섬기고 있어서 내가 글을 쓰고 있는 동안 나의 마음속에 항상 그들이 있었다. 하나님이 이 책을 그들과 또 하나님의 영광과 그리스도를 높이는 사역을 위해 효과적으로 사용하시기를 바란다. 또 이 책을 읽는 모든 자를 축복하기 위한 도구와 자료로써 사용되기를 소원한다.

부록

서던침례교단 국제선교부 교회론 성명서*

1) 국제선교부 2005년 1월 25일 교회의 정의

지역교회의 정의는 침례교인의 신앙과 메시지(The Baptist Faith and Message) 2000년 판에 나와 있다.

> 복음의 신앙과 교제 안에서 언약으로 맺어진 주 예수 그리스도의 신약교회는 침례 받은 신자들이 모든 개체로서, 예수 그리스도의 두 가지 의식을 지키고, 그리스도의 가르침에 헌신하며, 그의 말씀으로 신자들에게 주어진 은사와 권리, 특권을 행하며, 땅끝까지 복음을 땅끝까지 전하기 위해 노력한다.

> 각 교회는 그리스도의 주권 아래에서 민주적인 과정을 통해 운영한다. 이러한 회중 안에 있는 각 회원은 주되신 그리스도에게 동등한 책임을 다해야 한다. 이들의 성경적 직분자는 목사와 집사이다. 남자와 여자 모두 교회 안에서 봉사의 일을 할 수 있지만, 목사직은 성경에 의해 자격이 부여된 남자로만 제한된다.

---

* 이 성명서는 국제선교부의 웹싸이트에서 찾아볼 수 있다. http://www.imb.org/main/news/details.asp?LanguageID=1709&StoryID=3838#.]

2) 지침들

우리는 모든 지역교회가 예수 그리스도의 주권과 그분의 정확한 말씀의 권위 아래 자율적이라고 믿는다. 이 사실은 미국뿐 아니라 해외에서도 마찬가지이다. 우리와 관련된 일부 해외 교회들이 우리가 추구하지 않는 교리와 실천을 선택할 수도 있다. 그렇지만 우리는 교회를 개척할 때 쌓아온 기초, 교회 지도자를 훈련할 때 제공하는 가르침, 교회의 수를 계수할 때 우리가 사용하는 기준에 대해 하나님과 서던침례교인들에게 책임을 다해야 한다. 비록 해외의 지역교회들이 그들의 문화적 환경의 필요에 따라 믿음과 실천을 다른 방식으로 표현한다고 할지라도 우리는 교회 개척과 가르침의 사역에서 침례교인의 신앙 및 메시지 2000과 일치하는 믿음과 실천을 마련하고자 노력을 다할 것이다. 위에서 말한 교회의 정의와 이러한 정의가 도출된 성경의 흐름에서 우리는 교회 개척, 지도력훈련, 통계 보고에 관한 다음 지침을 지킬 것이다.

① 교회는 교회가 되는 데 있어 목적이 있다. 구성원들은 자신들을 교회라 생각한다. 그들은 성경이 교회에 요구하는 모든 것을 추구함에서 구성원 서로 서로와 하나님께(언약과 관련돼) 헌신 돼 있다.
② 교회는 예수 그리스도 안에서 침례 받은 신자들의 가견적인 공동체다.
③ 교회는 물 안에 신자들을 푹 담그는 방식으로 침례를 행한다.[1]
④ 교회는 성찬식을 정기적으로 준수한다.
⑤ 지역교회의 권위와 그 지도력을 따라 의식을 집행할 회원을 지명할 수 있다.
⑥ 교회는 교회가 믿고 행하는 모든 것에 대한 궁극적인 권위로서 틀림없는 하나님의 말씀에 복종한다.

---

1 이 진술은 침례의 특별한 형태의 기관 승인을 의미하는 것이 아니다.

⑦ 교회는 예배, 기도, 말씀 연구, 친교를 위해 정기적으로 모인다. 교회 구성원들은 서로의 필요를 위해 사역하며 서로를 책임 있게 돌보고 필요에 따라 교회의 규율을 행사한다. 구성원들은 서로를 격려하고 거룩함과 그리스도 안에서의 성숙함, 사랑으로 서로를 세워간다.

⑧ 교회는 교회의 존재가 시작될 때부터 지역적으로나 세계적으로 지상대 명령을 수행해야 할 책임이 있다.

⑨ 교회는 예수그리스도의 주권과 말씀의 권위 아래서 자율적이고 자치적이다.

⑩ 교회에는 성경에 규정된 자격에 따라 철저하게 검증되고 구별되며 인정받는 지도자들이 있다. 교회는 교회 지도부의 두 가지 성경적 직분인 목회자/장로/감독과 집사를 인정한다. 남자와 여자 모두 교회에서 봉사의 일을 할 수 있지만, 목사와 장로, 감독의 직분은 성경에 의해 자격이 주어진 남자로 제한된다.

———————————————————— CLC 선교학 도서 안내

기독교와 타종교 선교

테리 머크, 프란시스 S. 아드니 지음 |
이대헌 옮김 | 신국판 | 664면

다소 일방적이고 권위적인 방식 대신 '선물공여선교'(giftive mission)라는 방식으로 타문화와 종교권에 복음을 증거해야 함을 주장하면서 구체적인 방식을 상세하게 설명한다.

서양식 선교 방식의 종말

진기영 지음 | 신국판 | 408면

본서는 윌리엄 캐리(William Carey, 1761-1834)로 대표되는 서양식 선교 방식에 대한 비판적 연구서로, 대안적인 선교 방식까지 제공한다.